本书出版获得2022年江苏高校"青蓝工程"号：苏教师函[2022]29号）资助

高职院校"岗课赛证"综合育人实施路径探究

林 俊　沈怡玥◎著

WUHAN UNIVERSITY PRESS

武汉大学出版社

图书在版编目（CIP）数据

高职院校"岗课赛证"综合育人实施路径探究/林俊,沈怡玥著.—武汉：武汉大学出版社,2024.10

ISBN 978-7-307-24256-2

Ⅰ.高…　Ⅱ.①林…　②沈…　Ⅲ.高等职业教育—人才培养—培养模式—研究—中国　Ⅳ.G718.5

中国国家版本馆 CIP 数据核字（2024）第 033414 号

责任编辑:周媛媛　冯红彩　　　责任校对:鄢春梅　　　版式设计:文豪设计

出版发行:**武汉大学出版社**　（430072　武昌　珞珈山）

（电子邮箱:cbs22@whu.edu.cn　网址:www.wdp.com.cn）

印刷:武汉图物印刷有限公司

开本:720×1000　1/16　印张:17　字数:235 千字

版次:2024 年 10 月第 1 版　　2024 年 10 月第 1 次印刷

ISBN 978-7-307-24256-2　　定价:88.00 元

前　　言

　　随着我国经济进入高质量发展阶段，经济发展方式、产业结构调整的不断升级，对我国高新技能人才的培养提出了新的要求。高职教育作为我国高等教育的重要组成部分，对我国人才输出、人才结构的优化起着重要的作用。职业教育应顺应时代发展的潮流，主动把握新时代下高新技术人才培养的特点，推动我国职业教育改革，如此才能增强职业教育学生的就业竞争优势，助力我国职业教育高质量发展。职业教育改革，不仅对职业教育学生提高就业竞争优势、稳定就业有着重要作用，而且对国家人才战略的调整有着重要意义。

　　全国职业教育大会创造性地提出了建设技能型社会的理念和战略。相关研究表明，职业教育招生人数占比每提高1个百分点，第二、第三产业吸纳就业的比重就上升约0.5个百分点。职业教育的发展是解决我国就业问题的关键一招，解决好我国当前大学生结构性就业、高技能人才供不应求等社会性问题，对我国建设技能型社会具有重要意义。

　　"岗课赛证"模式的提出，为解决我国结构性就业问题提供了一个重要的方式方法。具体来说，"岗课赛证"的融通强调了工作岗位标准、职业院校的人才培养课程体系、职业技能大赛与职业技能等级证书的有机衔接及结合，这对加快我国技能型社会建设具有重要的战略意义。一方面，"岗课赛证"综合育人模式的提出，有效满足了我国高素质技术技能型人才培养的社会需要。这一模式解决了职业教育与行业企业人才需求相脱离的问题，打通了两者有效衔接的"关键点"，有利于培养更多能够满足市场需求的、具有针对性就业技能的人才。完善"岗课赛证"综合育人机制，可促使职业院校按照生产实际和行业岗位需求来设计开发课程,开发模块化、系统化的实训课程体系,提升学生的多元化实践技能。以职业教育人的标准为整个育人模式的逻辑起点,坚持德技兼修、育训结合,这样不仅能有效深化校企合作、产教融合,而且对进一步推进我国职业教育现代化具有重要影响。另一方面,"岗课赛证"综合育人模式改革是我国职业教育发展的一次新尝试,也是高职院校推进"三教"改革、提升人才培养质量的新选择。以"岗课赛证"引领"三教"改革,对建设一批高水平的职业学校,实现产业、专业、就业一体化具有重要作用。推进"岗课赛证"综合育人模式的深化,能够为职业院校教育教学带来全新的教育资源,还能够将岗位标准、职业技能大赛内容、"1+X"证书标准融入专业课程体系,形成专业课程体系动态调整管理机制,进一步实现产业优化升级。

2021年,在我国职业教育活动周(5月22日—28日)中,教育部强调了"岗课赛证"融合教育的重要意义。同年,国务院办公厅印发的《关于推动现代职业教育高质量发展的意见》指出,职业教育是国民教育体系和人力资源开发的重要组成部分,各职业学校要完善"岗课赛证"综合育人机制,提升职业教育的影响力、竞争力。这些要求的提出,为我国职业教育发展改革提供了明确的方向。在现代化教育改革的背景下,职业教育的发展转型已经成为当前职业教育领域研究的重点。"岗课赛证"教育模式也成为职业教育发展的重要方向。因此,职业教育在教育改革的推进过程中,要深刻挖掘"岗课赛证"的时代内涵,结合当前职业教育发展的需要,推进职业教育综合育人路径的实施,进一步厘清"岗课赛证"教育模式与职业教育未来发展趋势的关系,为"岗课赛证"与职业教育深入融合提供方向和参考。

目　　录

第一章 "岗课赛证"综合育人概述

岗、课、赛、证是高职院校职业教育人才培养的关键环节，也是职业教育领域研究的重点方向和内容。高职院校职业教育模式先后经历了"岗课证赛""课岗证赛""课岗赛证""岗课赛证"等多个发展阶段，最终形成"岗课赛证"综合性教育模式。在职业教育的改革应用中，"岗课赛证"综合育人模式能优化职业教育育人体系，提高职业教育的课堂效率，实现理论教育与实践教育的有机统一，引导职业院校的教育模式逐渐向综合性、多层次的育人模式转变。

"岗课赛证"综合育人模式改革，主要是指在职业教育人才培养过程中，以就业目标岗位为导向，以课堂教学为中心，以职业技能大赛、职业技能等级证书考试为辅助，打造综合性的职业教育课堂。在此基础上，能够有效帮助学生提前了解专业岗位的就业情况，结合最新的市场就业需求进行针对性的课堂教育，提高职业教育与学生就业岗位之间的衔接力度，最大化保证接受职业教育学生的竞争优势。同时，利用职业技能大赛提高学生的竞争意识，使其树立正确的职业观念，在竞赛中逐渐找到自己的职业目标。而职业技能等级证书是职业院校学生职业竞争优势最有力的保障。以职业技能等级证书考试的重点为学习导向，能够让职业院校的学生提前熟悉专业技能的重点，强化实践课堂教育，提高职业教育课堂教学的实际效果，为高职院校学生未来的职业发展做好准备。

当前，"岗课赛证"综合育人模式已经成为职业院校技术技能型人才培养的重要教育模式。高职院校应积极推动一线教师优化职业教育教学人才培养体系，根据当前的就业市场信息制定科学合理的学科目标，以职业资格考核中的相关指标为依据，优化职业教育课堂的教学内容，鼓励学生积极参与技能大赛，提高创新素养，促进学生与院校之间的良性互动。总之，在"岗课赛证"综合育人模式下，职业技能大赛与职业技能等级证书的考核并非简单的教育工具辅助手段，二者有利于形成综合性、全方位的教育育人体系，从而提升职业教育的质量。职业教育改革的标准不应是单一的，而应是多层次、多元化的，无论是在核心素养的教育模式下，还是在"岗课赛证"综合育人模式下，其最终目的都是优化职业教育改革体系，以学生发展为中心，提高学的在就业能力和就业信心，帮助学生认清当前就业形势，使学生主动投身于社会主义建设发展中，培养学生正确的就业择业意识，完善学生综合素质培养体系，提升职业教育在我国就业市场中的竞争优势。

第一节　"岗课赛证"综合育人的时代背景、内涵与特点

一、时代背景

党的二十大报告指出："推动战略性新兴产业融合集群发展，构建新一代信息技术、人工智能、生物技术、新能源、新材料、高端设备、绿色环保等一批新的增长引擎。"[1]职业院校承担着为国家提供战略性技术技能型人才的重要使命，持续做好高新技术产业的人才培养供给侧结构性改革，必须促进教育链、人才链与产业链、创新链之间的有效贯通，大力推动我国人才供给侧结构性改革，为社会主义新时代的建设发展提供源源不

---

[1] 资料来自中国政府网，https://www.gov.cn/xinwen/2022-10/25/content_5721685.htm.

断的人才支撑。

职业教育应顺应时代发展趋势，以国家高新技术技能型人才的战略需求为目标导向，以高新技术工作岗位的要求为开展职业教育的重要方向，结合新时代教育教学的特点，主动将培养高新技术人才作为首要的办学目标。另外，职业教育还应聚焦高新科技发展的前沿，把握新兴技术产业发展的重要方向，顺应"产业变革带动教育变革"的趋势，调整当前职业教育专业学科的建设体系，优化职业教育人才培养方案，创新职业教育教学人才培养结构，为企业提供更多高技能、应用型、复合型、创新型的人才，以高质量的人才培养应对新时代的挑战。

"岗课赛证"综合育人模式是职业教育顺应时代发展的重要改革措施。随着中国特色社会主义进入新时代，我国人才培养结构出现了与时代发展不相适应的问题，供给与需求不匹配、不协调、不平衡成为当前阻碍我国经济高质量发展的重要问题之一。自中国特色社会主义进入新时代以来，我国对高新技术人才的需求逐年增长，并且越来越重视提高技术人才的核心素养。一方面，随着我国高等教育的普及和经济的快速发展，人们越来越重视高等教育。作为我国高等教育的重要补充，职业教育也受到社会各界的广泛关注。推进高等职业教育"岗课赛证"综合育人模式的改革，不仅符合社会主义现代化教育的根本要求，而且是突出职业院校专业特色、培养新时代技术技能型人才的重要转折，对优化我国人才供给侧结构性改革具有重要作用。另一方面，职业教育的广泛发展使我国技术技能型人才的比例不断上升，职业教育培养的人才也逐渐成为我国人才市场上的主要组成部分。为职业教育人才提供更多的技术岗位，提高职业教育人才的市场竞争力，保证高新技术岗位的人才需求与供给相匹配成为当前我国职业教育发展中主要的问题之一。在此背景下，针对职业教育的改革迫在眉睫。

人才是推动社会经济发展的第一要义。随着新一轮科技革命和产业的更新迭代速度加快，为了培养更多具有创新性、竞争力的人才，我国从战略层面制定了促进人才发展的多项政策。纵观我国的教育教学改革和人才培养实践，无疑都是立足于当前的就业形势和职业教育的根本目标，自觉把人才培养和优化工作置于党和国家发展大局中逐渐推进，着眼于当前的行业发展趋势与岗位职业要求，由"技术培养"的单项小圈子转向"综合培养"的大圈子，增强职业教育人才在市场竞争中的优势。

除顺应市场经济发展之外，将"岗课赛证"综合育人模式应用于职业教育中，是深化校企合作协同育人的关键步骤。产教融合、校企合作是职业教育发展的本质，提高职业教育专业的针对性和市场适应性是职业教育改革的必由之路。我国的高等教育较注重产学结合的教育模式，而"岗课赛证"综合育人模式正是产学结合教育模式的集中表现。"岗课赛证"综合育人模式的应用与实践平衡了职业教育环境，充分集中了职业院校教育资源，凝聚了育人合力，推动了职业教育精细化、专业化、特色化、新颖化，培养了更多的人才，实现了人才产出与经济效益的最大化。

随着高等教育的普及与发展，职业教育成为越来越多学生和家长的选择。但是，受我国传统教育观念的影响，大部分的学生和家长并不重视职业教育，往往区别对待本科教育与职业教育。就我国高等教育院校的学科设置来看，本科教育往往在教学环境、教学资源、师资力量等方面占有显著优势，职业教育院校的教学条件相对差一些。职业院校如果不能顺应时代的发展，打造具有竞争力的特色专业，就会慢慢丧失其在教育竞争中的优势。职业院校应深化新时代综合育人的理论分析，顺应学生成长成才的发展规律，进一步以"岗课赛证"综合育人模式为基础，优化职业教育院校课程体系，实现职业教育改革。

另外，增强职业教育在市场竞争中的优势也是当前职业教育毕业生的迫切需要。我国的就业形势日渐严峻，影响毕业生就业的因素很多，学历、工作经验、专业等是毕业生顺利实现高质量就业的关键因素。在新时代下，虽然高学历不再是唯一的就业"敲门砖"，但仍然是毕业生在就业市场竞争中的重要优势之一。就我国毕业生的就业现状来看，职业教育毕业生在找工作时仍然会遇到"学历歧视"的情况。要想切实提高职业教育学生的就业竞争优势，主动契合当下新时代高新技术人才的需求，弥补职业教育学生的"学历短板"，就必须从其他方面强化职业教育学生的优势。相关调查指出，落实"岗课赛证"综合育人模式有利于提高职业院校的教育质量。以岗位要求为逻辑起点，精准对接人才培养目标与工作岗位要求，以"标准本位"为职业教育的入口。同时，将职业技能等级证书考试的内容作为职业教育的重点，以"能力本位"为职业教育的出口，保证职业教育持续不断地向社会输送高质量人才。

将"岗课赛证"综合育人模式作为职业教育改革发展的重要方向，更加契合职业教育的发展理念，也更加符合技术技能型人才的培养规律。不仅如此，提高职业教育学生的就业竞争优势也是现实所需。随着我国传统工业向高新技术产业转型升级，接受普通职业教育的毕业生往往只能从事低端的劳动工作，在薪资水平、福利待遇等方面与接受本科教育的学生相差较多，其现实需求难以得到满足。将"岗课赛证"综合育人模式融入职业教育的改革发展，不仅能够有效提高职业教育毕业生的就业竞争力，缓解我国人才结构比例失衡的现状，还能够有效改善职业教育毕业生的就业状况，保证其福利待遇，满足其现实需求。

二、育人内涵

"岗课赛证"综合育人模式在职业教育领域具有显著的优势。将"岗课赛证"综合育人模式引入职业教育课堂改革，能够提高职业课堂教学实效，丰富职业课堂教育的内容。首先，从目标导向上看，"岗课赛证"综合育人模式将满足工作岗位的需求作为课堂教学的重要目标，将岗位职业、岗位要求、岗位技能融入日常课堂教学。学生能边学习边了解市场对人才需求的定位及岗位对人才的技能要求，提前对自己的未来做好充分的规划。这样就有效提高了职业教育学生与岗位的适配性，让学生对自己的职业发展方向有清晰的认知。其次，将职业技能等级证书考试的内容融入日常课堂教学。职业技能等级证书是体现职业教育毕业生技能与知识水平的重要依据，职业技能等级证书的等级越高，则表明毕业生的技术技能水平越高。帮助学生在职业教育期间完成职业资格考试是职业院校的必要工作。将职业资格考试的内容与学生的日常学习进行结合，不仅能够帮助学生做好相关的证书考试准备，完成一定量的知识积累，还能够提升学生的自信心，帮助学生在考试过程中将理论知识与实践技能进行有效结合，强化学生的综合应用能力。最后，职业技能大赛是激发学生创新能力、提高职业素养的重要环节。随着社会的进步与发展，企业在招聘人才时不再只看重求职人员的学习成绩和专业能力，而是进行多方面的考核。核心素养、创新思维、职业道德、分析解决问题的能力等是企业招聘人才的重要指标。将职业技能大赛与职业教育课堂教学相结合，有助于提高学生的心理素养和综合应用能力，激发学生的创新意识，并使学生树立良好的职业价值观念，强化学生的竞争意识，激发学生的内在潜力。

因此，将"岗课赛证"综合育人模式引入职业教育课堂，能够有效丰富职业教育的内涵，多层次、多方面地培养学生的综合素质和能力。

（一）以学生的发展为中心

以学生的发展为中心是职业院校推进教学改革的重点方向。"岗课赛证"综合育人模式是围绕学生的发展需求而开展的，在职业教育课程体系的开发过程中，将"岗课"融合作为现代职业教育发展探索的关键点，学校与企业共同作为"岗课"教育开发的主体。在课程开发的过程中，要提升学生的综合应用能力，提高产教融合的深度和广度，实现专业课程设置与行业需求的精准对接、课堂教学内容与工作岗位的精准对接、教学过程与生产制造过程的精准对接，优化职业教育体系和框架，从而达到全面提升职业教育质量的效果。从本质上来说，推进"岗课赛证"综合育人模式的发展，旨在充分调动学生在学习过程中的自主性，提高教育教学内容的针对性和全面性，满足不同专业学生教学需求的多样性，强化学生与就业岗位之间的适配性，最终达到职业教育教学效果的最优化。

在传统的职业教育模式中，学生的教育教学内容基本以课本知识为主，学生的实践技能得不到相应的锻炼，职业资格证书考试的相关内容也与教学实际脱节，降低了职业教育毕业生的就业竞争力。而"岗课赛证"综合育人模式则实现工作岗位、课堂教学、技能大赛、职业资格考试之间的系统性对接，能提升课堂教学效率，完善职业教育人才培养体系建设。另外，"岗课赛证"综合育人模式的提出，以学生的职业能力可持续发展为核心，根据岗位需求对职业能力进行分析，并以此作为课程标准，以培养职业技能为主线来设置课程的内容和结构，从而形成完整的、系统的课程体系，实现对学生的全面教育。传统的职业教育模式往往以学生的技术技能实践培养为中心，弱化了职业素养与其他综合能力的培养。在"岗课赛证"综合育人模式下，以社会需求和学生的发展需求为导向，以岗位的标准为培养依据，以学生为中心开设相关课程和实训，使学生在获得相应职业资格的基础上，与新时代人才需求的内涵相契合，积极响应社会对复合型、应用型人才培养的要求，扩大职业教育的影响力。

（二）四位一体的综合育人模式

"岗课赛证"综合育人模式四位一体，能够有效解决职业教育中存在的诸多问题，丰富职业教育课堂开展的形式和内容，通过竞赛、考证等渠道拓展实践教学形式，强化职业教育的育人效果。

职业教育是我国高等教育的重要组成部分。与本科教育不同，职业教育的重点更偏向技术技能的应用实践教学。相较于本科教学来说，职业教育的学制年限更短，与就业市场的联系也更加紧密。但是，受多方面因素的影响，职业教育院校在学习环境、教学资源、实训基地平台等方面有所欠缺，这降低了职业教育毕业生在就业中的竞争力。在此情况下，"岗课赛证"综合育人模式正是顺应了职业教育改革发展的方向，多角度、多层次地强化职业教育的专业特色，以岗促学、以赛促学、以证促学，完善职业教育的理论知识体系，不仅要求学生掌握教学大纲中的专业基础理论知识，还要求学生对行业发展的最新情况、工作岗位的职责、自身的未来规划发展、职业技能等级证书考核等有相应的了解。在实训技能和实操能力方面，"岗课赛证"综合育人模式能够利用技能大赛和职业资格考试中的实训环节来增强学生的动手能力，搭建良好的互动性教学平台，让学生在学习过程中主动掌握相关设备的操作技巧。

除上述技能之外，"岗课赛证"综合育人模式还强调对学生其他能力的培养和锻炼。例如，在传统的职业教育课堂中，教师为了保证教育教学效果的最大化，不得不采用统一的教学方式，忽略了学生在课堂学习过程中的个性化需求。不同专业学生的个体情况不同，教师为统一教学进度，往往在大部分学生掌握相关知识之后再进行下一步的教学计划。长此以往，容易导致学生丧失主动学习能力和探索创新能力，不利于学生的综合发展。不仅如此，在核心素养的教学理念之下，学生的心理素质、职业道德、抗压能力和分析解决问题能力的提高并不是通过课堂教学来实现的，而是需要职业院校和教师营造相应的教学情景，模拟学生在工作岗位中遇到的真实情况，将个人的潜力发挥到最大。

相较于本科教育，职业教育的课堂教学更具实践性。将"岗课赛证"综合育人模式引入课堂教学改革，顺应了职业教育改革发展的目标。四位一体的综合育人模式更是将实践教育与理论教育紧密联系，在课堂教学中最大限度地还原岗位工作的真实场景，强化学生对职业岗位的情感认同，树立职业道德，在学习和工作中时刻保持清醒的头脑。

（三）产教融合的人才培养体系

在传统的职业教育模式中，产教融合的教育模式是职业教育改革发展的重点方向。将课堂学习和企业实习相连接，强化"双师型"教师队伍建设，搭建实训基地平台，有效强化专业特色。但是，传统的产教融合模式仍然存在一些问题，在一定程度上制约了学生的综合发展。产教融合的教育模式旨在实现课堂教学和企业实训的对接。学生在校内完成学习任务后，到企业进行实习，根据校企双方制定的实习要求完成实习任务，强化自身的社会适应能力和实践能力。就目前职业院校的人才培养体系来看，校企之间的教学联系并不紧密，教学内容与实训内容仍然存在脱节的现象。

一方面，从教育主体来说，职业院校和企业是不同的教学主体，在教学内容、教学方式、管理方式等方面存在一定的差别，如果不能找到连接学校和企业之间的教学共同点，并以此为契机开展教学活动，很容易导致校企双方的教学内容相脱节，给学生带来不适。另一方面，搭建校企合作平台并不是简单地为学生提供实习基地，而是需要校企双方以学生的发展为目标，共同制订育人方案，加强二者之间的有效衔接，促进职业教育的创新发展。在此过程中，职业院校与企业需要投入大量的资金和人力支持，以确保校企合作的顺利开展。在职业院校的专业设置中，许多专业需要校企双方搭建一体化的实训平台，保证学生掌握核心应用技术，进而实现校企合作的效果最大化。各个地区的产业集群特点并不相同，这就需要校企双方紧跟市场发展的需求，随时调整教学方向和教学策略，保证学生在毕业后拥有较强的就业竞争力。但是，从我国职业院校和企业合作的现状来看，校企合作模式还有待深化。校企合作无论是在管理机制上，还是在教学内容上都存在一定的滞后性，人才流动率较高，并且校企合作的模式逐渐僵化。由于学生在企业中实习的时间较短，企业往往不愿意投入大量的时间和精力加以培养，导致学生在企业实习的过程中往往只能接触到最简单的工作，不仅降低了学生对实习就业的积极性，还违背了校企合作模式建立的初衷。另外，在职业资格考试中，考试的内容和重点往往是根据教学大纲及职责岗位需求的标准制定的，考试的题型较为固定。但是职业教育中大部分专业的实践性较强，技术更新速度较快，职业资格等级考试如果不能紧跟最新的技术前沿，那么就丧失了职业技能等级证书考核的真正意义。

在"岗课赛证"综合育人模式下，将"岗"作为职业教育开展的关键点，将"课赛证"三种教学活动进行串联，增强职业教育活动的系统性和科学性。在四位一体的综合育人模式下，产教融合的育人体系被强化，彼此之间的联系也更加紧密。在原来的产教融合教育体系中，只有学校和企业两个主体，而在"岗课赛证"综合育人模式下，职业院校、政府、企业三方共同作为职业教育培养的主体，以市场目标为导向，利用课堂教学最大限度地还原岗位工作的场景，"岗课"融合，以岗促课，提升学生的学习体验。在举办的职业技能大赛和职业资格考试中，无论是技术比拼的重点还是考核内容的方向，都主动契合当下最新的市场岗位工作需求，以比拼竞赛的方式来提高学生的学习热情，提升其职业道德意识，树立竞争意识，实现职业教育效果的最优化。

三、育人特点

课程改革是"岗课赛证"综合育人模式的核心。以课程改革推动人才培养模式改革，融通证书认证的内容，以及技能竞赛所需的知识、能力、素养等要求，形成综合性的课程教学内容，构建符合职业教育学生成长发展的职业教育体系。职业技能大赛和职业资格考试是检验最终教学成果的试金石。在此过程中，利用常态化的职业竞赛提升学生的应变能力和自信心，强化其核心竞争力，使其在参加职业资格考试时能拥有良好的心态，帮助其扫清进入行业的障碍。"岗课赛证"综合育人模式有以下特点。

（一）以岗位为依据，聚焦学生职业能力成长

企业的岗位需求是职业人才培养的源头与价值导向，课程设计、技能大赛、证书认证都要以企业岗位需求为依据，以学生为中心，将职业能力作为培养学生成长的逻辑主线，在"岗课赛证"综合育人模式下，构建系统网络，培养高技能人才。在"岗课赛证"综合育人模式下，学校在开展教学改革时，必须紧跟最新的市场岗位需求和技术应用场景需求，不能以传统的教学模式和教学内容作为开展教学活动的主要依据，要加大职业教育课堂与就业岗位的衔接力度，保证教育效果的最优化。

（二）以课程为核心，分层次、多场景地实施教学

课程是"岗课赛证"综合育人模式的核心，基于课程教育改革和

课程体系改革才能有效实现人才培养模式的优化。在此过程中，职业院校要注重不同专业、不同类型的学生情况，分层次、多场景地开展课堂教学。在"岗课赛证"综合育人模式下，教师要尊重学生发展的自然规律，改变传统的教育教学模式，注重引导而不是教育，引导学生主动挖掘课堂教育中的重点，并利用现代化的信息技术手段对学习内容进行必要的补充。传统的教学模式已经不再适用于现代化的教学课堂，尤其是职业教育中要求学生拥有较强实践能力和创新能力的专业，教师在教学过程中要能够以最新的岗位需求和技术发展为方向，结合当前课堂教学实际和学生的个体情况，制订有针对性的课堂改革方案，以学生为课堂活动的主体，利用信息技术平台和教学实验平台开展多场景、多元化的教学活动，有效拉近与学生之间的距离，提升课堂教学效果。

（三）以竞赛为引领，不断提升人才培养质量

构建不同对象、层级、类型的技能竞赛系统，在展示教学成果的同时不断提升职业教育人才培养的质量。技能竞赛以市场岗位需求为导向，通过需求结合、标准结合、过程结合及评价结合，有效连接了"产赛教"三个教学系统，以技能竞赛促进教学改革，实现促学与促教，提升人才培养的质量。以技能竞赛为依托，教师为学生开辟"第二教学课堂"，鼓励学生积极参与技能竞赛活动，丰富学生的学习生活，使学生在技能竞赛中明确自己的优势和不足，强化学生的心理素质，锻炼学生的综合能力。同时，多样化、多层次的技能竞赛能够有效开阔学生的视野，让学生在学习过程中逐渐树立竞争意识和创新意识，聚焦当前产业发展的重点、难点进行创新突破，最终提升职业教育人才的质量。

（四）以证书为检验，对接学校与企业双主体培养

在"岗课赛证"人才培养体系中，书证融通是检验人才培养是否合格的有效路径，可以有效缩短学校培养与企业就业岗位之间的距离。证书的融入是多方面的，不仅包括从业资格证书，还包括职业技能等级证

书、职业技能培训等模块。学校要根据学生的个体情况和就业意愿进行有针对性的培养,提高等级证书的含金量。资格证书不仅能有效检验学生学习的成果,还能以此为目标提高学生的学习动力,在证书考核中明确当前市场岗位能力需求的方向,提高职业教学的实效性。

第二节 "岗课赛证"综合育人的理论依据

我国进入高质量发展阶段以后,经济发展方式和产业结构不断升级,对技术技能型人才也有了更高的要求。职业教育作为我国的主要教育类型之一,在促进产业人才结构调整、实现高质量人才培养方面具有重要的意义。企业期待职业院校培育出综合素质过硬的专业技术人才,希望人才为企业的发展和国家的工业化建设贡献力量。职业教育应主动顺应改革发展的时代浪潮,并在这一过程中逐步提升自身在高等教育中的影响力。"岗课赛证"综合育人是我国新时代职业教育人才培养模式改革中的重要探索,以回应新时代对职业院校教育发展提出的新要求。"岗课赛证"综合育人模式在融通职业教育教材内容的基础上,将岗位培训、技能竞赛、资格考试三个重要环节进行串联,保证彼此之间的有效衔接,呈现多元化、多层次的综合育人效应,在教学模式的设计逻辑上,重点突出岗位职责优先的原则,以课堂教学改革为核心,以职业技能大赛、职业技能等级证书考试为辅助,调动学生在课堂学习中的主动性,提高学生在职业发展中的行动力和社会适应性。

"岗课赛证"综合育人模式是我国新时期职业教育人才培养模式探索的重要阶段。"岗课赛证"综合育人模式融通教材建设,结合订单培养、学徒制、"1+X"证书制度等,将岗位技能要求、职业技能大赛、职业技能等级证书等有关内容有机融入教材。从概念和价值取向来看,

"岗"是学生技能学习的方向，"课"是学生技能学习的载体，"赛"是课程教学的示范和标杆，"证"是学习成果的评价和检验。"岗课赛证"综合育人是教师、教材、教法（即"三教"）改革的重要内容，是职业教育产教融合深入发展的重要表现，不仅强调职业教育中四个要素的衔接与配合，而且是职业教育人才培养模式发展的重要基点。在"岗课赛证"综合育人模式中，课程改革是连接其他三个要素的关键，是落实综合育人模式的重要抓手，能够有效弥补时代背景下职业教育发展中的不足，对推进职业教育的改革发展具有重要意义。

一、以职业人才培养为落脚点

2021年4月召开的全国职业教育大会提出，要一体化设计中职、高职、本职职业教育体系，深化"三教"改革，"岗课赛证"综合育人，提升教育质量[1]。同年10月，中共中央办公厅、国务院办公厅印发了《关于推动现代职业教育高质量发展的意见》，提出"完善'岗课赛证'综合育人机制，按照生产实际和岗位需求设计开发课程"[2]。可见，从国家层面来说，已经把"岗课赛证"综合育人模式作为我国职业教育人才培养体系的重要抓手，也为职业教育人才培养体系的改革指明了新的方向。

"岗课赛证"综合育人模式的提出，是顺应新时代职业教育改革的重要表现。当前，产业技术的发展速度加快，要求职业教育毕业生不仅要掌握较高的技术技能水平，还要拥有创新能力、沟通能力、协作能力等其他素养，这对职业教育院校来说是一个不小的挑战。基于就业竞争压力不断增大、人才结构性失衡、职业院校毕业生就业困难等诸多因素，职业院校必须在有限的教育资源下提高职业技术人才培养工作的质量和效率，以课程教学改革为突破口，达到全面提高人才培养质量的效果。从职业教育培养的目标上来说，职业教育要培养具有现代信息技术技能的创新型人才，并且能够达到一定的技术技能要求，拥有良好的职业道德素养，根据

---

[1] 资料来自教育部官网，www.moe.gov.cn/jyb_xwfb/s6052/moe_838/202104/t20210413_526123.html.

[2] 资料来自中国政府网，https://www.gov.cn/zhengce/2021−10/12/content_5642120.htm.

任务驱动完成生产。而职业教育是培养新时代技术技能型人才的关键阵地。课程教学、技能竞赛、职业技能等级证书考核、岗位培训等是职业教育中不可缺少的重要环节。"岗课赛证"综合育人模式顺应了职业教育改革发展的方向，以人才培养为落脚点，学校和企业共同作为"岗课赛证"融通的课程体系联合开发的主体。"岗课赛证"综合育人模式以学生的职业需求为核心，根据岗位需求对职业能力进行综合分析，并以此作为课堂教学开展的重要标准。

在人才培养模式探索方面，"岗课赛证"综合育人模式是对职业教育人才体系建设的新思考和新探索。在新时代，行业更迭速度加快，职业技术人员要想在激烈的就业竞争中脱颖而出，就必须强化自身的综合能力，以最新的社会需求为导向，以岗位的核心需求为依据，最大限度地提高技术能力，并且拥有良好的职业道德和意志品质，获取相关的职业技能等级证书，积极响应社会主义建设下对复合型、应用型人才的需求。"岗课赛证"综合育人模式并不是对职业教育模式的创新，而是将职业教育中最关键的四个环节进行有机整合，以课程改革为中心，强化职业教育课堂教学效果。

二、以"课证"融通为切入点

从学界对职业教育的研究现状来看，关于"课证"的研究成果较为丰富，涵盖了从中职到应用型本科教育的全部职业教育层次；从研究内容上来看，涉及"课证"融通、"1+X"证书制度、教学改革等方面，其中，"1+X"证书制度是职业教育学者的切入点。相关学者认为，教学改革质量与"课证"融通的推行效果相辅相成，将"课"与"证"的关系分为外部与内部的关系。产教融合是"课证"融通改革的逻辑起点，更是现代职业教育发展的方向。为此，对"岗课赛证"综合育人模式作了相应的调整，将岗位要求放在课程改革的重要位置，突出职业教育的职业性，这既是"课证"融通的关键所在，也是职业教育类型特征的重要体现。

在逻辑上，"岗课赛证"综合育人模式以岗位要求和职业素质为教学改革推进的重要起点，以职业技能等级证书为课程改革的检验方式，以技能竞赛为教学活动的重要补充，形成完整的教学闭环，打破原有的单项传播式的教育教学模式，进一步发挥职业教育中市场导向的优势，提升职业教育效率和效果。在传统的职业教育模式中，专业课程的教学往往是根据学校制定的教学大纲和教师规划的重点内容来开展的，并没有将职业技能等级证书考试的相关内容作为课堂教学的主要内容，课程内容与职业技能等级证书考试之间的联系并不大。当然，以教材为主的教学内容往往具有一定的经典性和不可替代性，但是，从教材内容的编撰到投入使用需要一定的时间，这就造成教学内容与社会生产的实际需求存在一定的差异。教师如果一味地将教材内容作为教学活动的重点，不仅不能引起学生的学习兴趣，还会导致学生所学的技术内容与岗位需求脱节，学生在毕业之后，不得不重新进行相关的岗前职业培训，这不仅增加了学生的投入成本，还降低了职业教育的效果。

基于此，"岗课赛证"综合育人模式的理念被提出，强调利用"课证"融通的理念来构建特色专业课程教学体系，不断创新教育教学模式。根据专业教育特色和企业对岗位能力的要求，逐渐将每个项目环节分为多个任务，根据任务驱动进行职业能力的培养。

"课证"融通是实现职业教育现代化的内在要求，也是提升职业教育人才培养质量的重要手段。要想构建与社会主义现代化相适应的教学体系，就需要通过教学改革与课程开发设计来实现"课证"融通的最终效果。以学生为中心，依据学生职业发展，将问题教学和项目教学并举，在学习过程中，使学生以团队、小组的形式展开，将其置于特定的情景，提升学生的综合技能。在项目设置上，遵循职业技能教学中从简单到复杂的教学规律，引导学生从认识、掌握、胜任、熟练，到管理阶段的升级，最终实现创新能力的培养，顺应职业教育教学发展的规律。

传统的职业教育以实践课程体系为学生学习的主要载体，在促进课程教学标准与职业技能等级证书标准精准衔接的同时，以职业标准为依托，以市场需求为导向，将课程内容与专业知识进行有机融合。在"岗课赛证"综合育人模式下，能够有效利用学分制与职业技能等级证书的互认，实现真正意义上的"课证"融通。"课证"融通并不是单纯地颁发两张证书，而是实现课程教学体系和技能标准与国家职业标准的精准对接，将职业院校的人才培养标准与国家的职业人才能力标准需求实现融通，既能够顺应新时代教育发展的理念，又能够促进职业院校的转型升级，向现代化、国际化的职业标准迈进。"融通"不仅是学校教育的要求，也是国家和社会产业升级的需要。将"课证"融通延伸至整个职业教育体系，依据职业技能等级证书中的相关内容对课程教学内容进行优化，能让学生在学习的过程中了解当前行业发展的最前沿动态，明确自己未来发展的方向。

从某种角度来看，国家组织的职业资格等级考试具有明确的指向性，代表国家对某一行业领域的发展程度、发展重点、发展方向及从业人员的资质水平和道德修养的要求，获得职业技能等级证书就代表获得国家对个人从事某一专业领域工作的认可，无论是对企业招聘还是对个人发展都具有重要的参考意义。同样，某一专业领域的职业技能等级证书也是个人获得社会认可、提升社会地位、获得相应劳动报酬的关键依据，是教育教学结果的重要参考标准。将职业技能等级证书作为职业教育环节的切入点，能够强化职业技能等级证书的指向作用，避免职业教学内容与社会实际需求不相符的情况出现。推进"课证"一体化改革，是提升职业教育质量的关键举措，以职业资格考试的内容为课程教育教学的主要参考，能够优化课程改革，让学生在练习中了解近年来行业专业发展的趋势，保证学生掌握最前沿的职业技能等级证书考试信息，提高学生的备考通过率，提高职业教育的整体质量。

三、以专业建设和教学改革为关键

一直以来，课程改革是职业教育领域研究的重点方向。我国学者关于"课赛"融合的相关研究较多,其研究结果表明,将职业技能大赛作为提升职业教育质量和效果的突破口具有显著的作用。对于学生来说,职业技能大赛是对学习成果的检验,更是提升其专业能力、强化个人综合能力的重要平台。一般来说,职业技能大赛的主办方以学校或者政府为主体,对职业教育中某一专业领域中的技术技能内容进行考核比拼,激发学生的创新思维,提高学生的竞赛意识。而在"岗课赛证"综合育人模式中,正是以专业建设和教学改革为关键点,推动职业技能大赛常态化、串行化,不断深化"工学"结合的人才培养模式,以赛促学,以学生的能力提升为专业建设的根本,实现"课赛"融合的创新发展。

职业技能大赛是职业教育中的关键环节。在职业教育的专业设置中,大部分专业具有很强的实践性,这也注定了强化实践环节的教学效果是职业教育课程改革的重要环节。而以职业技能大赛的形式促进专业实践环节的改革,能够让学生在竞赛中逐渐明确学习目标,进一步完善个人职业生涯规划,实现专业知识水平的提升。因此,"岗课赛证"综合育人模式正是以职业技能大赛的平台为基础,加强职业竞赛与课程教学的关联程度,优化职业技能大赛的赛程体系,将赛程的设计形式、比赛内容、比赛重点与课堂教学实现对接,从而让学生在竞赛中提升自信心,拥有较强的心理素质,正确认识到自己和他人的优势与不足,拥有持之以恒的学习动力。

"课赛"融合也是"岗课赛证"综合育人模式的基本思路。在以往的职业教育模式中,专业课程的教学内容往往以教学大纲或者教师规划的重点内容为依托,结合不同学生的个性和当下就业形势下的人才需求合理调整课程教学内容。但是教材内容从编撰到投入使用需要一定的时间,教学内容不可避免地存在一定的滞后性。职业技能大赛不仅是对职业院校学生专业能力和综合素质的考查,而且对课程教育教学内容和方向具有指导作用。

就职业技能大赛与专业课程的结合程度来看,以往的职业教育并没有将职业技能大赛作为指导专业课程改革的重要参考。一方面,随着我国人民群众越来越重视高等教育，接受职业教育的学生人数也在逐年增加，为了最大限度地保证教学质量，教师往往需要根据学生的实际情况选择相应的教学内容。学生的个体情况、学习能力、思维方式存在一定的差异，这就导致在教学过程中有一部分学生并不能很快地吸收较难的知识点。为了保证所有学生都跟上教学的步伐，教师不得不放慢教学进度。从比赛形式上看，职业技能大赛是一群拥有较高专业技能的学生进行比拼，这就表明职业技能大赛在参与主体的选择上是有限的而非大众的，教师在选拔参赛人时往往只考虑学习成绩较好的学生，其他学生对职业技能大赛并没有太强的参与感。另一方面，在职业技能大赛的项目内容上，一些有拓展性和提升性的项目常常作为技能竞赛的主要内容，而这些竞赛项目往往与职业教育的课程大纲或者实际教学情况不符，教师若将职业技能大赛作为课程教学的主要组成部分，那么职业技能大赛的作用将会逐渐被边缘化。

"岗课赛证"综合育人模式旨在将技能竞赛作为课堂教学活动的主要组成部分，教师通过对竞赛内容的把握和对学生竞赛的指导，可以使学生更好地了解行业发展的最新动态及对技术技能人员的最新要求，从而实现课程内容、课程形式、教学方法的与时俱进。对于学生来说，参加职业技能大赛不仅可以展现学到的专业知识和技能，还可以切身体会行业最新的前沿科技，提升自己的综合应用能力。在"岗课赛证"综合育人模式下，职业院校将职业技能大赛的项目设计与专业人才培养课程体系相结合，完成专业课程教学的任务。围绕技能竞赛中的岗位职责要求和技能要求，有针对性地提高学生的能力。利用竞赛平台的优势，不断深化"岗课赛证"综合育人模式，树立以竞赛促教育、以竞赛促改革的教学理念，寻求专业建设的最优化路径，提升学生的就业竞争力。另外，要将职业技能大赛作为职业教育改革的重要内容，就必须保证人人都愿意、人人都主动参与竞赛，丰富职业技能大赛的形式，提高学生在课堂学习中的获得感。

在"岗课赛证"综合育人模式下，强调工匠精神的培育是开展职业教育活动的重要核心，职业院校教师在开展教学活动时，应将职业道德、工匠精神融入课堂教学，以职业技能大赛为抓手，在指导学生精进技术和能力的同时，引导学生树立正确的职业观念，督促其持之以恒地学习，与时俱进，刻苦钻研，充分理解新时代工匠精神的内涵，将其与自身的理念相结合，成为新时代社会主义建设的重要人才。

四、以"产赛教"为课程研究的发力点

关于"赛教"融合的研究，我国学者以"教学模式的探索"为主要研究方向。在理论研究领域，强调"赛教"融合的教学模式对促进职业教育教学改革具有重要的意义。"岗课赛证"综合育人模式正是顺应了"赛教"融合的重要趋势，以职业技能大赛为抓手，以企业的实训项目为载体，通过"赛教"的形式将职业技能大赛与课程教学改革相融合，真正实现"以赛促改"的最终目标。

关于"产赛教"融合的相关研究，我国学者进行了诸多探讨，大部分学者聚焦"产赛教"融合的机理与路径展开相关研究。需求融合、标准融合、过程融合和评价融合是职业教育中"产赛教"融合的关键机制。应将职业教育置于政府、企业、技能大赛和职业院校彼此紧密联系的关系网络中，构建完整的职业教育体系。在此过程中，教师作为课堂教学活动开展的组织者和领导者，以及职业教育网络体系的"教育枢纽"，扮演着重要角色。

基于上述理论，"岗课赛证"综合育人模式是将"产赛教"三个教学环节重新进行组合，认为"产赛教"的融合模式实质上是将学生的实训环节放在课程改革推进的首要位置。在学生学习的过程中，实训环节实际上能够最大限度地模拟生产场景，让学生在实训的过程中真实地感受工作岗位的内涵与压力，丰富学生的就业经验。在此理论基础上，"岗课赛证"综合育人模式成为职业教育创新发展的新路径。

"岗课赛证"融通是构建育人路径的关键所在。"岗课赛证"综合育人模式的提出与我国的职业教育政策发展有很大的关系。在核心教育理念之下，学生的综合素质能力得到重视，这就要求职业院校必须紧跟时代

发展的内涵，调整职业院校育人的新模式。综合素质能力不仅包括较高的专业技术水平，还包括学生的创新能力、沟通能力、职业素养等。在此逻辑上，高职院校必须在"岗课赛证"综合育人模式的功能上形成相互影响、相互促进的逻辑关系，构建基于岗位技能标准设计课程定向培养高技能人才的育人体系，全面推进"岗课赛证"综合育人模式的形成。

2021年12月3日，教育部办公室印发的《"十四五"职业教育规划教材建设实施方案》强调，要"加快建设新形态教育"，"开展'岗课赛证'融通教材建设"，"推动教材配套资源和数字教材建设"[1]，形成全方位的综合育人体系。基于此，职业教育新形态教材建设应将"岗课赛证"四项标准有机结合，并进行数字化改造，打造因地制宜的融媒体教材，这对职业教育的高质量发展具有重要的意义。在政策的支持下，"岗课赛证"综合育人模式已成为一个独立的研究课题，无论是从其内涵、本质、特征、功能，还是从研究范围的深度和广度上来说，"岗课赛证"综合育人模式的提出具有十分重要的理论意义，能够有效指导职业教育领域的课程改革发展。

第三节 "岗课赛证"育人主体与权责分析

在"岗课赛证"综合育人模式下，"岗"是融通关系中的基石，是融通关系中逻辑出发的起点，课程教学和实训竞赛是融通过程中的主要载体。通过对行业岗位的责权分析，遵循职业发展的客观规律，从单一到复杂、从基础到综合，构建整个职业能力培养体系。职业技能大赛和职业技能等级证书考试是整个融通体系的标准，既强化了人才培养体系的针对性，也有效检验了职业教育教学成果，对整个职业教育改革起到一定的引导和示范作用。在整个育人体系的建设中，要强化职业院校、企业、政府

---

[1] 资料来自中国政府网，https://www.gov.cn/zhengce/zhengceku/2021-12/08/content_5659302.htm.

与社会等主体在"岗课赛证"综合育人模式人才培养中的重要作用，明确各主体的权责，形成组织合力。

一、职业院校

在"岗课赛证"综合育人模式中，课程改革是育人体系的核心，学生的发展是课程改革推进的关键。在"岗课赛证"综合育人模式中，高职院校要发挥关键的引领作用，立足于职业院校的公信力和活力，加强与企业、政府和社会群体之间的联系，实现"岗课赛证"一体化人才培养的协同效应。高职院校必须明确自身的职责，大力推进课程教育教学模式改革，整合校内的教育教学资源，为学生提供良好的学习环境和生活环境。我国大部分职业教育院校在教学环境、教育资源、实训基地、师资力量等方面有所欠缺，在一定程度上影响了职业教育人才培养质量。在此情况下，职业院校必须主动顺应当前教育改革发展的趋势，为"岗课赛证"综合育人模式的开展提供良好的环境，积极寻求与相关企业之间的有效合作，为学生搭建一体化实训平台。

职业院校要秉承市场的行业导向属性，积极进行深入的企业调研，不断创新人才培养模式。课程改革是整个教育模式中的关键环节，职业院校应大力鼓励专业教师推进课程改革，积极与市场对接，打通资源共享渠道，搭建多主体的合作平台，引领职业教育的改革发展。教师是实施"岗课赛证"综合育人模式的主体，对推进职业教育改革具有重要作用。因此，职业院校必须强化师资力量建设，打造一支具有高专业水平的师资团队，主动深化"岗课赛证"综合育人模式的内涵，设计课程教学体系，实现人才培养质量标准与课堂教学内容的对接。

一方面，在加强师资力量建设上，职业院校必须充分发挥主导和督促作用，积极组建"岗课赛证"综合育人模式研究小组，鼓励各专业教师积极参与。如此有利于各专业教师充分表达对该教学模式的看法，并结合自身的实际对教学进行补充，深刻理解"岗课赛证"综合育人模式的内涵。定期组织专业教师学习先进的教学理念和教学方法、实践技能，保证各专业教师及时掌握最前沿的行业核心技术，使其以饱满的热情和高水平的专业能力组织课堂教学活动。教师是开展教学模式改革的组织者和引领者，职业院校应为教师的教学活动开展提供良好的实践平台，大力支持职业教师推进课堂教学改革，主动与企业沟通联系，定期组织教师到企业参观学习，有效提高教师的专业能力。新时代对职业院校的教师提出了更高的要求。职业院校应给予教师充分的发挥空间，让教师主动引导学生进行专业领域的探索，同时应提供完善的实训设备，构建信息化建设平台，利用互联网组织教师进行学习，拓宽其视野。

另一方面，教师作为课堂教学活动的组织领导者，应拥有较强的创新意识。教学没有固定形式，而是需要教师根据教学进度和学生的实际情况随时进行调整，以保证教学模式与课堂教学活动开展相适应。在"岗课赛证"综合育人模式下，职业教育课堂在设计上具有灵活性、综合性，教师要时刻以学生的发展为中心。在课程目标的设计上，要契合当前国家对职业教育人才培养的要求，以职业要求引导课堂改革，完善学生的综合素质培养；在教学目标的设计上，既要符合国家培养人才的标准，也要考虑学生的实际需求，更要将职业技能等级证书的考核和技能掌握列入其中。在此过程中需要注意的是，学生的个体情况不同，教师在制定学期教学目标时要注意兼顾共性与个性，尊重学生的个性化发展需求，以工匠精神为教育教学活动开展的主旨，将理论教育与实践教育相结合。

在课堂教学内容的设计上，专业教师要摒弃传统的以教材为主的教学方法，利用互联网海量的信息资源对课堂教学内容进行相应的补充。只有增强教学内容与社会需求连接的紧密性，才能有效增强学生的就业竞争能力。不同专业对学生的实践技能要求不同，教师在教学过程中要加大实践技能培训的比重，利用职业技能大赛、实训平台、课堂情景模拟等方式增强学生对技术技能的掌握程度，创新课堂教学的形式。在"岗课赛证"育人模式下，以"岗"为教学导向，让学生明确自身职业未来发展的方向；以

"赛"丰富课堂活动的形式，激发学生的学习兴趣，鼓励学生在竞赛中提高自身的综合能力；以"证"为检验，形成完整的教学闭环，强化育人效果。在最终的课程评价体系上，课程评价要与教学目标相契合。在技能考核上，要以职业资格考试的内容为参考方向，不断完善教学评价体系。

高职院校在实施"岗课赛证"综合育人模式教学改革的过程中，要加强宣传工作，注重教学内容的设计。一方面，学生是课堂活动设计的中心，教师要帮助学生理解"岗课赛证"综合育人模式教学改革的重要意义，引导其通过正确的方式与方法获取相关证书，激发学生的学习动力。另一方面，在教学中，教师要积极向学生普及我国职业教育改革的政策和方针，帮助学生从多个角度看待国家推进职业教育模式改革的必要性，明确自身的职业发展方向，树立人人平等、职业平等的理念，鼓励学生树立成为复合型、应用型人才的目标。高职院校要积极开展"岗课赛证"主题宣传活动，使"岗课赛证"综合育人模式与校园文化建设制度相结合，教师要营造良好的教学氛围，促进"岗课赛证"四要素相互融合，帮助学生更好地掌握相关技能，提升职业素养，达到"以赛促教、以赛促学、以赛强技"的目的。

二、企业

企业在"岗课赛证"综合育人模式中要积极发挥协助作用。在推进教学模式与课程改革融合的过程中，企业是学校了解市场就业导向的前沿桥梁，更是与职业院校开展联合教育的重要主体。在此基础上，企业要充分发挥自己的潜在优势，提高市场敏锐度，及时察觉行业就业市场发展的动向，并与职业院校积极进行沟通，共同调整课程教育教学的形式和内容。在产教融合的教学模式下，一般由企业为学生提供相关的实习岗位，并根据学生在学校期间的学习情况制订相关的实训计划，锻炼学生的综合能力，提高学生的社会适应能力。在"岗课赛证"综合育人模式下，企业更要发挥好自身的优势，积极与职业院校搭建实训平台，投入相应的资金,以学生职业素养和职业技能的提升为核心,为课堂教育教学做好相应的补充。同时,企业与企业之间也要共同搭建资源共享平台,推动多主体育人合作模式的形成,引领行业的发展,带动行业产业的升级改革。

在"岗课赛证"综合育人模式中,企业的"风向标"作用非常重要。因此,职业院校的教师不仅要具备专业教学能力,还要具备丰富的实践经验与高超的职业技能。就目前职业院校的教师队伍现状来看,大部分教师进入学校工作后,相关的专业技术技能并没有得到持续的提高。一方面,教学任务压力过大,教师没有更多的时间提高自身的实践技能,给予学生最新的技术信息指导;另一方面,在传统的教学理念影响下,职业院校中部分专业教师认为学生的实践技能教学是进入企业实习之后才进行的,而在学校期间只教授理论知识和相对简单的技能操作,这在一定程度上影响了职业院校育人的质量。

基于此,在"岗课赛证"综合育人模式下,企业要发挥好"风向标"的作用,以敏锐的洞察力关注行业发展的最新变化,并积极投入校企合作模式的改革,与职业教育院校共同搭建实训平台,在学生实习的过程中维护好学生的合法权益,积极开展"双师型"培养建设,主动让企业的管理人员深入实训的一线工作,亲自指导学生的技术技能应用。另外,企业要加强实训平台信息化建设,加快企业资源的利用与开发,鼓励学生在实训期间进行技术创新,参与项目的研发。在"岗课赛证"综合育人模式下,企业要积极利用自身设备齐全、资源丰富的优势,最大限度地为学生提供良好的实习环境,强化学生的专业知识技能。企业要尊重学生发展的客观规律,引导学生将理论和实践相结合,有效提高其心理素质。实践课堂是锻炼学生心理素质、提高其综合能力的最佳场地,在学生实训过程中,实训教师要引导学生将职业道德、工匠精神的思想理念深入行动中,为学生走向社会奠定良好的基础,使学生主动将自身的发展与新时代社会主义建设相统一。

在企业实训内容的设计上,企业要将学生的实训过程与职业技能等级证书的考核内容相统一，保证实训环节与课程教学内容、职业技能等级证书的考核内容环环相扣，形成全方位的育人体系。企业实训是学生走向社会职场的第一步。除专业的技术技能和岗位职责之外，实训企业还要引导学生树立正确的职业观念和求职意识，正确看待市场竞争，并且拥有刻苦钻研、持之以恒的探索精神，热爱自己的岗位，养成勤劳勇敢、坚韧不拔的品格。

三、政府、社会

教育是国之大计。在当下，推进职业院校的教育改革，不能仅依靠学校和企业的带动，还需要政府和社会各界的大力支持与配合，如此才能促进职业教育的高质量发展。未来不断提升"岗课赛证"四位一体的教学效果，我国政府要大力举办各类职业技能竞赛，为职业院校积极提供优质的教学资源，建设教学资源库，鼓励职业院校、企业之间进行积极协作，搭建互助教学平台，提高资源库的利用率。在职业院校教学模式的改革方面，政府和社会各界要加大支持力度，为职业院校的改革发展提供坚实的保障。

在政策上，政府要鼓励职业院校与企业之间的联合创新，在合理的范围内为职业院校的课程改革提供相应的政策支持，积极为职业院校和企业提供最新的行业发展信息，起到指引导向的重要作用。虽然职业教育已成为我国高等教育的重要组成部分，对我国的创新人才输出有着巨大作用，但在传统的教育教学观念下，许多学生和家长并没有认识到职业教育的重要意义，片面地认为职业教育就是"低人一等"，在一定程度上阻碍了职业院校的招生和改革发展。

政府要鼓励职业院校、企业或者其他社会主体积极举办技能竞赛，完善竞赛的制度评选标准，鼓励全民参与，营造良好的竞赛环境。在以往的职业技能大赛中，存在参与主体不充分、比赛类型单一、项目设置不合理等问题。要以政府为主导，针对职业技能大赛的项目内容、类型进行优化。在"岗课赛证"综合育人模式下，课程改革的最终目标是让学生的学习内容与岗位职责形成直接对接，运用技能竞赛、证书考核等方式加强学生的技能技巧应用，提升学生的综合素质与能力，优化职业教育培养体系，最终提升我国职业教育人才培养质量。因此，职业技能大赛作为职业教育课程改革的重要环节，更应将其作用最大化。

一方面，以政府为主导，加大对举办职业技能大赛的支持力度，鼓励各个职业院校、企业参与，丰富职业技能大赛的内容。在竞赛的内容上，要涵盖多个专业、多个领域，鼓励全体学生踊跃参与，实现技能竞赛常态化，激发学生的兴趣；以职业道德精神和创新技能应用两个方面为重点，根据最新的市场导向和学生的实际水平进行等级规划，让学生根据自身的水平自由地选择竞赛的难度。在职业技能大赛的规则制定和考核方式上，要以公平公正为基准，以创新精神、探索精神、拓展精神为核心，注重激发学生对职业技能大赛的兴趣，让学生在此过程中做到沉着冷静，直面自己在技能竞争中存在的不足，并且培养持续钻研的好习惯。通过分层竞赛，学生更容易获得成就感。政府也要呼吁院校和企业将学生职业技能大赛的获奖情况、职业素养等纳入考评体系，突出考评体系的层次性和差异性，提高职业技能大赛的含金量。

另一方面，以政府和教育机构为中心，完善职业技能等级证书考核的规章制度，将职业技能等级证书的考核纳入职业教育体系建设。在某种意义上，职业技能等级证书是职业院校毕业生的"敲门砖"，是对其个人能力和综合素养综合判定的依据，更对职业院校的课程改革和职业技能大赛的项目内容具有非常重要的指向作用。因此，政府要强化职业技能等级证书的含金量，严格规范职业技能等级证书考核的制度和内容。在职业资格考核的过程中，要注意考核内容的多元化和丰富化，激发学生的创新思维。在职业技能等级证书的考核内容上，不能照搬教材中的原有内容，要结合当下最新的行业信息进行改编和创新，及时根据市场导向调整考核的内容。

综上所述，在"岗课赛证"综合育人模式下，要强化多主体之间的组织合力，明确各主体之间的权责范围。在职业院校的人才培养过程中，要改变其他主体被动参与的状态，各主体之间要积极进行沟通协调，加深彼此之间的沟通交流。以企业成员为主，组建专业建设指导委员会，对专业教学进行指导和提供咨询服务，实时改进职业院校人才培养目标的方向和规格。职业院校也要积极对接产业转型升级，以政府和企业提供的岗位职业导向为依据，按照行业对技能人才的需求不断提高职业院校学生的核心能力，实施全方位育人，培育一批具有较强实践性和创新能力的高技能人才。就主体关系而言，"岗课赛证"综合育人模式连接了教育主管部门、行业企业、职业院校和社会组织等利益相关的主体，要想加强各主体之间的有效合作，就必须建立稳定的投入产出机制。政府部门为职业院校和企业合作提供政策优惠、资金支持和技术指导，行业企业为职业院校的教学改革提供最新的信息、场地、设备、岗位人力支援等，职业院校投入相应的教学场地、教学设备、师资力量，为技能大赛提供相应的交流平台和行业专家引领等。

在"岗课赛证"综合育人模式探索中，要充分发挥各主体的作用，加强彼此之间的沟通协作，以学生的发展为目标，优化职业教育人才培养体系，保障各主体之间的利益。还要建立完善的教学评价机制，围绕"岗课赛证"融合的效果进行评估，不再以考试成绩为单方面的教学评价标准，而是注重评价内容的丰富性，将学生的学习情况、竞赛参与程度、职业技能等级证书的考核情况等纳入考评体系。在核心素养体系之下，单方面的教学评价指标已经不足以涵盖学生的学习情况，教学评价的标准和内容也要根据学生的成长和变化进行适当的调整，保证教学评价的方式和内容与学生的学习情况相适应，提升"岗课赛证"一体化人才培养体系的效果。另外，要注重考核和评价模式的规范化，对学生的考核更要多元化，注重职业院校学生职业素养的考核，根据不同专业的特点确定考核的形式。在此过程中，高校要注意不能鼓励学生以参加技能竞赛、创新创业大赛和获得职业技能等级证书等形式代替考试。考核评价的重点在于调整教学模式中存在的不足，促进人才培养模式进一步优化和完善。对此，要形成多方主体参与的考核评价体系，形成综合性的评价指标，促进"岗课赛证"综合育人模式与职业院校课程教学改革深度融合，实现职业教育人才培养效果的最优化。

第二章 高职院校实施"岗课赛证"的可行性分析

在当前社会经济、科技快速发展的背景下，我国乃至整个世界都形成了一种新的发展格局，技术变革、社会进步正在对人类社会造成新的影响，产业转型升级正在发生。与之相对应的是，对新型高素质技术技能型人才的需求不断增加。从我国职业教育发展的角度来说，增强职业技术技能教育的适应性是其实现高质量发展的关键，高职院校实施"岗课赛证"综合育人模式成为增强职业技术教育适应性的关键。在新时代，高等职业教育是面向市场的就业教育和实践教育，以新型高质量技术技能型人才的供需平衡为抓手，以增强职业技术技能教育的适应性为目标。"岗课赛证"综合育人模式将人才需求、人才培养、人才展现和人才供给紧密融合在一起，使产业界、教育界、竞赛界和证书界四大系统相互联结，有利于教育链、人才链和产业链的相互衔接与统一，从而有效增强职业技术教育的适应性，满足新发展格局下的人才供给需要。

第一节　高职院校育人现状分析

高等职业教育以培养高素质技术技能型人才为目标，促使受教育者不断掌握相关技术技能、不断提升综合素质和职业素养的同时，为社会发展提供所需人才，促进社会各个行业人才的供需平衡。高职院校是开展高等职业教育的主阵地，是人们学习技术技能的重要场所，是高素质技术技能型人才诞生的摇篮。我国幅员辽阔，不同地区的高职院校育人现状存在一定的差异，但总体而言大同小异。本节将选取江西省高职院校育人现状进行具体分析，数据主要来自《江西省高等职业教育质量年度报告（2021）》。

一、高职院校人才培养质量的现状

（一）高职院校技术技能型人才培养规模快速扩张

随着我国教育改革的不断深化及相关政策的不断制定、落实与完善，我国教育正处于快速发展阶段，高等职业教育也取得了一系列重要发展成果。在我国社会快速发展的背景下，人们接受高等职业教育的需求不断增加，我国高职院校的数量也在快速增长，我国高职院校技术技能型人才培养规模形成快速扩张的局面。以我国江西省高职院校发展为例，截至2020年10月，江西省独立设置的高职院校已经达到62所。按照建设层次进行划分，具体包括1所国家示范院校、4所国家骨干院校、12所省级示范院校及45所其他高职院校；按照院校办学主体进行划分，具体包括49所公办高职院校和13所民办高职院校；按照院校性质类别进行划分，具体包括22所综合院校、19所理工院校、6所医药院校、5所师范院校、4所财经院校、3所农业院校、1所林业院校、1所政法院校和1所艺术院校；按照院校所在区域进行划分，南昌地区有29所高职院校，九江地区有6所高职院校，赣州地区有5所高职院校，宜春和上饶地区各有4所高职院校，抚州、新余和萍乡地区各有3所高职院校，景德镇和鹰潭地区各有2所高职院校，吉安地区拥有1所高职院校。2020年，江西省高职院校总共占地面积为3231万平方米，在校人数共433796人，拥有的科研仪器设备价值达3801万元，共有馆藏纸质图书3230万册，固有资产总值高达211.05亿元。2020年，江西省高职院校在校生人数中，全日制高职院校学生总共为433152人，其中高中起点的学生总共为352862人，毕业生总共为133411人。2017—2020年江西省高职院校规模变化如表2.1所示。

表2.1　2017—2020年江西省高职院校规模变化

年份	院校数量/所	在校生总数/人	全日制高职在校生总数/人	毕业生人数/人	生师比	
					平均值	中位值
2018年	59	365045	364856	113029	15.38	15.78
2019年	60	379146	378289	117478	15.73	15.75
2020年	62	433796	433152	133411	17.00	16.77

从表2.1中可以看出，2017—2020年江西省高职院校的院校数量、在校生总数、全日制高职院校在校生总数、毕业生人数都实现了持续的正增长，江西省高职院校人才培养规模不断扩张。可见，江西省高职院校在2019—2020年这一时期的招生人数增长明显加快，与我国2019年开展的高职百万扩招工作存在一定联系。

（二）高职院校技术技能型人才培养模式多元化

我国高等职业教育在发展过程中，既结合自身独特发展环境，也充分从其他国家高等职业教育发展过程中汲取经验，在实践中不断探索，使我国高职院校技术技能型人才培养模式多元化发展并不断创新。我国高职院校技术技能型人才培养模式经历了从"3+1"培养模式到"2+4"培养模式，再到现在的产教融合和"岗课赛证"综合育人模式的一系列变化。人们在教育改革实践过程中不断对原有人才培养模式进行创新和完善，使我国高职院校技术技能型人才培养模式得以不断改进并越来越适应我国人才培养需求。江西省在2020年积极构建"国赛、省赛、校赛"的工作体系，积极推动"赛教"融合，发挥大赛对高质量技术技能型人才培养的积极促进作用和引领作用，进一步激发学生对技术技能学习的兴趣,并为学生展现自身优秀技术技能提供良好平台,使高等职业教育逐步形成更加浓厚的"人人皆能成才、人人尽展其才"的教学氛围。同时,江西省高职院校还不断深化校企合作,推动产学研一体化,为"岗课赛证"综合育人模式的发展提供重要支持。"赛教"融合模式的发展明显提升了高职院校学生学习技术技能的积极性,高职院校组织相关技能竞赛的积极性也得到提升,教育氛围更加活跃,在为学生提供展示自我良好平台的同时,还能够有效促进学生专业能力、实践能力、创新创业能力等各项能力的提升。

二、高职院校技术技能型人才培养质量存在的问题

本部分依然以《江西省高等职业教育质量年度报告(2021)》为依据,对我国高职院校技术技能型人才培养过程中存在的问题进行分析和讨论,具体从专业建设、课程建设、师资队伍建设、毕业生就业情况等维度展开系统调查。以上各个维度对人才培养具有重要影响,各个维度的建设情况等能够反映人才培养质量。在建设过程中,各个维度存在的问题就是人才培养质量存在的问题。准确、全面地把握各个维度中高职院校技术技能型人才培养质量存在的问题,是我国高职院校技术技能型人才培养模式进一步改革创新的重要依据。

(一)高职院校毕业生就业率逐年下降

根据《江西省高等职业教育质量年度报告(2021)》中的统计数据,2017—2020年我国江西省高职院校在院校数量、在校生人数、毕业生人数等方面均实现了持续增长。2019—2020年招生人数增长较快,毕业生人数相对较多;相对应地,高职院校毕业生初次就业率呈逐年下降的趋势。从统计数据来看,2018年,江西省全省高职院校毕业生为113029人,就业人数为104087人,初次就业率为92.09%;2019年,江西省全省高职院校毕业生为117478人,就业人数为104011人,初次就业率为88.54%;2020年,江西省全省高职院校毕业生为133411人,就业人数

为111399人，初次就业率为83.50%。由此可见，江西省全省高职院校在2018—2020年的毕业生人数虽然不断增加，但毕业生初次就业率却出现逐年下降的情况，江西省高职院校2020年毕业生初次就业率略低于我国全国高职院校毕业生平均就业水平。造成这一现象的原因包括高职院校人才培养规模快速扩张，我国社会新发展格局下的人才需求发生变化，人们对高等职业教育观念逐渐发生改变，等等。

教育部在2021年印发的《职业教育专业目录（2021年）》中，将我国职业教育明确分为19个专业大类、97个专业类、1349个专业，其中中职专业358个、高职专科专业744个、高职本科专业247个[1]。我国目前高等职业教育专业体系仍然以工科为主，工科专业的数量在高等职业教育中明显较多。在当前新发展格局下，我国科技、工程、农业、医药等行业处于较快的转型升级过程中，相关行业所需的高素质、强能力专业技术技能型人才数量明显增多，相关技术技能型人才培养出现供不应求的情况。

（二）技术技能型人才素质与岗位要求不匹配

我国当前新发展格局下人员结构性矛盾逐渐增加，岗位要求与工作者文化技术水平之间产生不匹配的矛盾，经济结构与劳动力之间产生不匹配的矛盾。我国高职院校人才培养模式需要适应现代产业转型升级的进程才能逐渐解决目前的人员结构性矛盾，才能更好地培养现代产业新岗位所需的高素质技术技能型人才，才能为社会和经济发展等方面提供更加充足的人才保障。

现代科技发展使人们的生产组织方式发生了一系列革命性变化，相关岗位要求也产生了剧烈变化，岗位本身也在发生巨大变化。新的岗位不断产生，从前的岗位逐渐走向没落或消失。新的岗位对工作者的文化技术水平及综合素质等提出更高要求，创新意识对现代新兴产业的工作者来说变得更加重要。与传统产业相对成熟和稳定的岗位要求相比，新兴产业的岗位要求仍处于不断变化的过程中，其岗位要求在不断提高和完善。岗位要求变化刺激

---

[1] 资料来自教育部官网，www.moe.gov.cn/srcsite/A07/moe_953/202103/t20210319_521135.html.

人才需求发生变化，人才需求的变化又刺激职业教育发生变化。我国高等职业教育要进一步增强职业技术教育适应性，以有效解决我国目前的人员结构性矛盾，促进我国社会、经济等方面持续健康发展。2019年5月，国务院办公厅在《职业技能提升行动方案（2019—2021年）》中明确指出，实施职业技能提升行动，"到2021年底技能劳动者占就业人员总量的比例达到25%以上，高技能人才占技能劳动者的比例达到30%以上"[1]。

我国企业用人需求、高技术技能型人才需求要高于人才数量，劳动力市场处于供不应求的状态，导致企业用人成本相对较高，社会、经济发展受到一定限制。在当前经济新常态的背景下，我国职业教育面临新的挑战和机遇，高等职业教育人才培养模式和体系需要进一步改革和创新。

（三）技术技能型人才就业质量不高

毕业生的就业质量是高职院校人才培养质量的主要反馈，毕业生的就业质量越高，则高职院校人才培养的质量越高。毕业生的就业质量与其就业率具有密切联系。通常情况下，毕业生就业率越高，则其就业质量越高，并能够在一定程度上反映相应高职院校的人才培养质量和办学水平等。毕业生初次就业率越高的高职院校更容易得到人们的认可，从而获得良好的声誉，有利于相应院校的进一步发展。因此，高职院校毕业生就业率对衡量相关院校的人才培养质量具有重要价值，对高等职业教育的持续健康发展具有重要意义。《江西省高等职业教育质量年度报告（2021）》中的数据表明，2018—2020年，江西省高职院校毕业生初次就业率逐年下降，且略低于全国高职院校毕业生初次就业率，从一定程度上反映出我国高职院校技术技能型人才就业质量逐渐下降的问题和现状。

三、高职院校技术技能型人才培养质量问题的归因

（一）高职院校人才培养经费缺乏来源

人才培养必然需要一定的经济基础。当前社会背景下，高职院校在

---

[1] 资料来自中国政府网，https://www.gov.cn/zhengce/content/2019-05/24/content_5394415.htm.

培养技术技能型人才方面需要支出大量经费，从而优化教学条件，保证教学质量。经费不足将会导致高职院校难以生存和正常发展，培养经费对高职院校提升人才培养质量具有不可或缺的重要作用。

高等职业教育更加注重实践教学，学生必须充分结合实践和理论，才能真正形成思考问题和解决问题的能力，才能真正掌握专业技术技能，并更好地胜任相关岗位。实践教学需要高等职业院校投入更多的经费。相比理论教学，实践教学需要更多的基础物质条件作为支撑。没有足够的物质条件，实践教学则难以进行。例如，实践教学必须依赖相关仪器设备，若学生不能在实践过程中学习和使用相关仪器设备，则无法真正获得实践经验和实践能力。因此，对于高等职业院校来说，经费充足这一因素对提升其人才培养质量十分重要。高职院校要想获取人才培养经费，必须开拓足够的经费来源。充足且持续的经费来源是高职院校健康生存和持续发展的重要基础，经费来源是否充足在一定程度上可以直接决定高职院校的未来发展前景。我国政府虽然给予高职院校大量财政拨款，但高职院校与企业之间缺乏合作依然会导致其经费紧张，经费来源缺乏可持续性，无法保证高等职业教育经费的自给自足。高职院校实践教学的各种设备可以通过与企业合作来获取，高职院校与企业之间的合作越紧密、越协调，则高职院校开展实践教学的物质条件越可以得到更大的保障，且紧随现代产业岗位要求而变化。校企合作需要相应合作机制和保障机制来维持并不断深化，相关机制不完善必然导致校企合作容易出现双方沟通不利、相互不协调等问题，高职院校实践教学质量也将难以得到充分保障。高职院校要想长久发展，必然需要充足的经费支持，这也是高职院校提升人才培养质量必不可少的重要元素。当高职院校缺乏充足的经费支持时，高职院校的实训基地建设、基础物质条件等难以达到预期目标，甚至可能停止建设，最终导致学生难以获得有效的实践学习和锻炼，学生无法在学习过程中将理论与实践充分结合起来，也无法真正获得相关专业技术技能和解决问题的能力等，高职院校人才培养质量也将明显降低。因此，高职院校必须深入探索和创新与相关企业合作的各种机制和有效途径，不断加强校企合作，通过为企业提供具有良好适应性的高质量技术技能型人才，与企业建立良好的合作关系。高职院校在促进企业进一步发展的同时，也将使企业成为高职院校人才培养经费的可持续来源，促进人才培养与人才需求之间相互协调。

在高职院校人才培养规模快速扩张的背景下，其所需的培养经费也就更多，需要准备的基础物质条件也就更加丰富，这导致高职院校可能面临人才培养经费不足的问题。例如，2018—2020年江西省高职院校的人才培养规模明显扩张，许多基础性指标出现下滑，高职院校的教育经费支出明显上升。在此期间，江西省全省高职院校生均教学行政用房面积从23.57平方米减少到18.53平方米，生均教学科研仪器设备值从10647.8元减少到9060.36元，生均图书从96.12册减少到76.62册。与全国平均水平相比，江西省高职院校教育经费支出略低。从相关数据中可以明显看出，在高职院校快速扩张的同时，高职院校人才培养条件逐渐下滑，高职院校人才培养条件建设速度与其人才培养规模扩张速度不匹配，高职院校进一步提升人才培养质量、充分适应人才培养规模扩张速度受到教育经费的制约，挖掘并稳定经费来源对高职院校持续健康发展、不断提升人才培养质量具有重要意义。

（二）高职院校没能做好劳动力市场人才需求预测

劳动力市场跟随社会、经济发展而不断变化，相应技术技能型人才需求也会发生变化，这种变化具有持续性和周期性，技术技能型人才发展也呈现出持续性和周期性。从高等职业教育的角度来说，准确掌握劳动力市场人才需求信息，做好劳动力市场人才需求预测是高职院校提升人才培养质量的有效途径。要想使人才培养和人才需求实现供求平衡，则需要高职院校与用人单位相互合作，完成双向选择和双向流动，实现人才培养和人才需求之间的精准对接，高职院校培养出的技术技能型人才将更加适应企业岗位用人要求，科学的人才流动机制是人才培养和人才需求实现供求平衡的基本保障。另外，高职院校和相关企业需要共同付出努力，并建立相同的人才培养目标，单独依靠高职院校或用人单位某一方的努力，则最终人才培养质量难以得到保障。政府在深化校企合作中可以起到调控作用，帮助高职院校与用人单位展开深入沟通与交流。政府相关部门对劳动力市场的调查和监测相对便利和准确，相关部门可以将调查结果和相关数据及时发布给高职院校和人民大众，从而帮助高职院校准确掌握劳动力市场用人需求信息，提升社会公众对劳动力市场用人需求变化的理解和掌握，促使高职院校做好劳动力市场人才需求预测，帮助社会公众快速调整思想观念，进而投身到劳动力市场变化所需要的岗位中或接受相应职业教育。政府、高职院校与用人单位之间的相互合作、相互配合，能够有效提升高职院校人才培养质量。从劳动力市场人才需求预测的角度来说，用人单位需要积极接受政府的调查和监督，保证政府对劳动力市场调查结果的准确性；政府则需要不断提升对劳动力市场信息监测的专业性、充分性和公开性，使劳动力市场调查结果能够及时传递给高职院校和社会公众；高职院校应及时接收相应劳动力市场人才需求信息并做好人才需求预测，及时调整人才培养目标。

（三）院校升格导致人才培养质量下降

我国社会、经济的快速发展使职业教育进入一场新的大变革中，职业院校需要及时调整自身结构，如此才能在这场大变革中得以生存和发展。相对高职院校来说，中职院校发展速度较快，办学规模相对较大，师资力量也更加充足，其中一些发展良好的中职院校会进一步升格为高职院校，或者进入中职与高职并举的状态。中职与高职并举的职业院校一般采用"三三分段"和"五年一贯制"等模式。但是，若院校升格出现问题，则会导致人才培养质量下降。

中职院校与高职院校虽然同为职业院校，但二者之间存在的差异绝不可忽视。在中职院校升格为高职院校的过程中，一旦不能精准把握高职院校的思想本质，则将导致院校升格名存实亡。院校升格必须从根本上改变其思想本质，完成从中职院校到高职院校的真正转变，使新的高职院校完全脱离之前的中职院校，并充分适应高职院校的独特特征。中职院校原本的指导思想将发生根本性的变化，院校的教学、管理等方面也将发生相应的变化，而不是简单的名称上的转换。升格而成的高职院校若无法准确掌握高职院校的独特特征和教学目标，其在实际发展过程中将失去正确方向，导致发展陷入停滞不前的窘境，且办学质量也将无法提升，相应的职业教育水平也难以提高。

院校升格对职业院校来说如同一个转型的过程，转型不彻底、不正确都将导致转型不成功。职业院校升格需要考虑诸多问题，具体包括指导思想的调整、教学目标的转变、师资队伍能力和素养的提高等。其中任何问题得不到充分解决，都将导致职业院校的转型出现问题，进而导致高职院校人才培养质量下降。目前我国职业教育大变革对职业院校提出了新要求，我国职业院校升格将面临更多挑战和问题。例如，职业院校教学模式不再适应我国当前劳动力市场发展而引发的人才需求变化，教学模式创新对当前我国职业院校来说是发展中的必经之路，新的教学模式能够更好地培养学生的综合素质和专业素养，提升学生将实践与理论相结合的能力、创新能力及实际解决问题的能力等，学生掌握的专业技术技能和素养等将更加契合企业转型升级的岗位要求变化。因此，我国职业院校升格时不仅需要认清高职院校与中职院校之间的差异，还需要及时增强自身职业教育的适应性，根据我国劳动力市场人才需求的变化及时调整教学目标和教学方法等。

（四）高职院校专业建设与产业发展需求脱节

高职院校人才培养以专业为基本单位，高职院校专业布局情况和建设情况与其人才培养质量之间存在直接联系，高职院校专业布局和建设追求科学和合理，需要充分结合产业发展情况进行更新和调整。产业发展会产生新的人才需求，进而形成新的人才需求结构，专业结构则需要与人才结构相匹配才能更加科学化和合理化，进而有效保证高职院校人才培养质量。及时、适宜地调整专业结构是高职院校提升自身职业教育适应性的重要基础，也是高职院校改革创新的重点内容。高职院校属于独立的教育机构，通过自主决定和设置专业结构，高职院校在专业建设方面具有自主性。专业类别的要素可以对高职院校的专业形成造成一定影响。专业形成具有一定的特殊性，可以与产业结构相互影响。高职院校专业建设与产业发展需求之间的脱节具体体现在以下三方面。

1.专业结构与产业结构不适应

我国综合经济发展速度十分迅猛，信息化和工业化进程居世界前列，在实现"四个现代化"的道路上取得了一系列耀眼成绩。在我国综合国力、国际影响力迅速提升的同时，我国产业结构调整也面临巨大的挑战。从2016—2020年我国江西省高职院校专业结构与江西省产业结构相匹配的情况来看，江西省产业结构呈第一产业和第二产业比例逐年下降，第三产业比例逐年上升的趋势；其产业结构中占比最高的为第二产业，其次为第三产业，最后是第一产业。从江西省三种产业结构的比率中可以看出，江西省十分重视工业发展，并逐渐发展第三产业，江西省经济发展重心逐渐向第三产业偏移。截至2020年，江西省高职院校专业设置及学生规模情况如表2.2所示。

表2.2 江西省高职院校专业设置及学生规模情况一览表

产业类型	专业类别名称	专业布点数	在校生规模/万人
第一产业	农林牧渔大类	47	0.9277
	水利大类	3	0.2341
第二产业	装备制造大类	273	4.2463
	土木建筑大类	156	3.3449
	能源动力与材料大类	37	0.7509
	资源环境与安全大类	32	0.4704
	食品药品与粮食大类	24	0.1932
	轻工纺织大类	16	0.1428
	生物与化工大类	9	0.1175
第三产业	财经商贸大类	281	7.7628
	教育与体育大类	153	6.843
	电子信息大类	285	6.6209
	医药卫生大类	87	4.6628
	文化艺术大类	147	2.1116
	交通运输大类	102	1.6531
	公安与司法大类	16	0.8853
	旅游大类	61	0.7464
	公共管理与服务大类	44	0.4732
	新闻传播大类	32	0.2959

从表2.2中可以看到，江西省高职院校专业结构以第三产业为主导，从专业布点数的角度来看，2020年江西省全省高职院校在第一产业的专业布点数占专业总布点数的2.8%，在第二产业的专业布点数占专业总布点数的30.3%，在第三产业的专业布点数占专业总布点数的66.9%。具体来说，江西省全省高职院校中与第一产业相关的专业主要集中在农林牧渔、水利等方面，数量为50个；与第二产业相关的专业主要集中在装备制造类、土木建筑类等方面，数量为547个；与第三产业相关的专业主要集中在电子信息、财经商贸等方面，数量为1208个。江西省高职院校中专业设置数量最多的为电子信息专业，其专业布点数占总专业布点数的15.8%，数量高达285个，远远超过高职院校在第一专业的布点数，基本达到高职院校在第二专业布点数的一半。在招生人数上，电子信息专业同样占据优势，人们认为该专业更加具有发展前景。除电子信息专业外，财经商贸专业布点数量快速增加，与江西省快速增长的经济总量相呼应。不同地区的产业结构占比可以在一定程度上反映某地区人才需求占比，而产业结构与专业结构相匹配的程度代表着人才培养与人才需求之间的对接程度，只有当产业结构与专业结构匹配程度较高时，人才培养与人才需求之间才能达到相对平衡，从而促进社会、经济等方面的稳定持续发展。当产业结构与专业结构匹配程度较低时，高职院校培养出的毕业生在就业方面会遇到一定困难，且容易造成教育资源和人力资源出现一定程度的浪费，而相关企业在寻找高素质、专业人才时也会遇到一定困难，并对企业发展造成一定制约。

总体来看，江西省经济总量在2015—2021年实现快速增长，促使江西省对财经类人才的需求迅猛增长，刺激江西省高职院校大量布点财经商贸专业，社会大众也认可该专业的发展前景并积极投身其中。江西省经济总量中占据较大优势的产业为第二产业，表现出以制造类为主的特点，高职院校在第二专业的布点数相对较少，第二专业的相关产业在人才需求方面显现出较为紧张的局面。

江西省产业结构比率中占比由高到低分别为第二产业、第三产业和第一产业，第一产业和第二产业比例逐年下降，第三产业比例逐年上升，江西省产业结构比率中占比由高到低分别为第三产业、第二产业和第一产业。从比率来说，江西省高职院校专业结构与江西省产业结构相匹配的程度不高，二者不匹配的问题在于高职院校在第一产业和第二产业的专业布点数较少，其中第一产业的专业布点数相对匮乏，在第三产业的专业布点数又存在过多的问题。不同行业要求员工拥有不同的专业技能和专业素养，专业结构与产业结构的匹配程度能够直接影响行业的发展前景，二者间的匹配程度越高，则行业越能获得更加充足的人才供给，学生在学有所成后也能够充分发挥自身专业技术技能并实现自我价值，行业发展变得更加健康和稳定。高职院校在培养学生专业素养时要与产业结构相适应，以更好地保证人才培养质量。

2.缺乏特色专业群

特色专业群一般具有两个基本特征，一是以相关院校的优势专业为核心，学校在发展相关专业方面具有较强的实力；二是与区域产业紧密结合，形成地域特色。高职院校特色专业群的设置能够有效提升人才培养质量，促进区域经济发展，有利于高职院校形成自身独特优势，进一步深化校企合作等。

在专业建设方面，江西省高职专业设置涵盖我国高职专业目录全部19个大类396个专业，2020年专业布点数为1805个。但从整体来看，江西省仍有许多高职院校并没有充分形成自身优势专业，没有找到与区域产业相连接的方式和道路，缺乏自身特色专业群，导致相关高职院校没有形成自身鲜明特色和独特市场竞争力，校企合作的效果相对较差，高职院校的发展自然受到限制，在促进区域经济发展方面作用较小。

3.专业同质化现象严重

专业同质化现象使高职院校的优势资源进一步分散，从而导致其优势资源无法充分集中并发挥最大效能。我国当前高职院校专业同质化现象较为严重，该问题产生的一个重要原因在于我国高职院校在快速扩张的过程中追求扩大专业设置规模，忽视了自身优势资源的集中和效能的充分发挥。以江西省高职院校专业设置为例，其在专业设置时存在追求热门专业数量、规模的问题，很多情况下并没有充分结合自身优势来设置专业，没有将自身优势资源的效能充分发挥出来，使学生就业能力和综合素质无法得到充分锻炼。同时，大量高职院校追求热门专业数量、规模，导致热门专业的人才培养数量过多，最终出现人才培养大于人才需求的情况，相关专业的毕业生在就业时显得相对拥挤和紧张。而其他非热门行业的相关企业在招工时显得相对困难。近年来，我国金融、经济和电子信息等领域快速发展，与互联网技术、数字技术的融合不断深入，快速地改变了人们的日常生活和思想观念，相关专业也成为热门专业。江西省全省高职院校在金融、经济和电子信息等领域热门专业的布点数量高达566个，占专业总布点数的31.36%，导致江西省高职院校在热门专业的设置方面出现较为严重的同质化现象，江西省高职院校人才培养与市场需求的匹配程度降低，相关院校原本的优势资源也没有得到充分发挥，教育资源出现一定程度的浪费。这种不合理的专业设置间接导致追求热门专业数量、规模的高职院校之间的竞争更加激烈。在当前新兴产业快速发展、产业结构逐渐转型的背景下，传统基础产业受到人们的忽视，高职院校在专业设置时也出现忽视传统技术产业相关专业的问题。例如，江西省全省高职院校在水利、轻工和纺织、生物和化工三大类产业相关的专业布点数仅占专业布点总数的1.56%，与热门专业相关的专业布点的占比相差甚远。

（五）师资队伍建设无法满足人才培养需求

在任何教学活动中，教师与学生都是两个不可缺少的主体，二者之间形成共生关系，缺一不可。师资队伍建设的质量直接关系人才培养的质量，师资队伍建设无法满足人才培养需求时，人才培养的质量将难以得到保障。师资队伍建设是人才培养的基础，具体包括提升教师综合素质、教学能力及专业素养等。教师的综合素质越高、教学能力越强、专业素养越深厚，在人才培养过程中则越容易对学生产生积极影响，为学生树立良好的榜样，潜移默化地改变学生的行为和思想等，其人才培养的质量也越高。我国高职院校在师资队伍建设方面存在一定不足，无法满足当前劳动力市场人才需求，主要问题包括以下三点。

1.师资队伍结构不合理

截至2020年，江西省全省高职院校的教师总数为30891人，较往年增长12.15%，生师比达到16.77:1，与江西省高职院校规模扩张的步调一致。高职院校教师中专任教师数量为22480人，同比增长15.88%。其中年龄在45岁以下的教师数量占教师总数的75.04%，同比增长2.23%；硕士研究生以上学历的教师占51.04%，同比增长4.14%；"双师型"教师占41.47%，同比降低5.72%；专任教师中达到高级职称的教师共有4910人，省级以上教学名师的数量为184人，在教师总数中占比较小。从该统计数据结果可以看出，江西省高职院校师资队伍年龄结构过于年轻化，拥有高级职称的教师比例较低。在师资队伍年龄结构过于年轻化方面的问题具体为年轻教师缺乏教学经验，专业素养不足，等等。江西省高职院校中年龄在45岁以下的教师数量占教师总数的75.04%，且占比仍然在逐年增长，大量年轻教师涌入高职院校师资队伍，使高职院校师资队伍的质量参差不齐。造成这一问题的原因与高职院校招生规模快速扩张有关，学生数量的快速增长促使高职院校生师比快速提高，高职院校必须招聘更多教师以更好地完成教学任务，而有经验的、专业素养较高的优秀教师数量不会突然增长，高职院校只能招聘年轻教师来应对生师比的快速提高，这也导致教学活动的质量有所下降，优势资源的效能也无法得到充分发挥。职业教育注重培养学生的实践能力，高职院校教师不仅要帮助学生掌握相关理论，还要培养学生的实践能力，引导学生将实践与理论相结合，并能够真正解决实际问题。因此，高等职业教育对教师的教学能力要求更高，年轻教师在缺乏教学经验、实践经历的情况下较难完成培养学生实践能力的教学目标。

在师资队伍职称结构不合理方面，具体表现在高职院校中拥有高级职称教师的数量较少，相较全国平均水平来说略低。高等职业教育与普通高等教育的内容和人才培养目标等存在一定差异，对普通高等院校教师和高等职业院校教师素质和教学能力的要求并不相同，但高职院校与普通本科院校使用的职称晋升制度却一模一样，导致高职院校教师获取高级职称面临一定困难。由于高职院校更加注重培养学生的实践能力，高职院校对教师的实践能力要求更高，而对教师的科研能力要求较低。普通高等院校更加看重教师的科研能力，其职称评价标准也更多参考教师的科研能力，而非实践能力。高职院校与普通高等院校使用的职称晋升制度相同，对高等职业院校的教师获取职称而言并不合理，一些实践能力良好、拥有丰富教学经验的高职院校教师由于科研能力较弱，在评定职称时面临困难。普通高等院校的职称晋升制度并不完全适用于高等职业院校，这一问题也是高等职业院校师资结构不合理的主要原因之一。

2."双师型"教师数量和质量不足，来源渠道单一

《国家职业教育改革实施方案》对我国职业教育师资队伍建设提出指导意见，明确提出，到2022年我国职业教育中"双师型"教师占专业课教师总数超过一半以上[1]。"双师型"教师队伍建设是促进职业教育发展的基础，是我国高等职业教育的主要目标，能够进一步提升高职院校人才培养质量，促进区域经济发展。高职院校"双师型"教师队伍建设依赖实践教学体系发展，实践教学体系的不断完善能够为"双师型"教师的形成和发展提供良好环境。"双师型"教师能够有效推动高职院校的教学创新，在相关团队中起到核心作用。"双师型"教师队伍建设的质量关系人才培养质量，而高职院校"双师型"教师队伍建设存在一定问题，许多高职院校中"双师型"教师的数量明显不足，且教学水平相对较弱。以江西省高职院校"双师型"教师队伍建设情况为例，截至2020年，江西省高职院校全省教师总数为30891人，其中"双师型"素质专任教师占教师总数的

---

[1] 资料来自中国政府网，https://www.gov.cn/zhengce/content/2019-02/13/content_5365341.htm.

41.47%，且出现同比降低的情况。2018—2020年，江西省高职院校"双师型"素质专任教师数量占教师总数的比例逐年下降，并逐渐形成更大的师生比例失衡，一位"双师型"专任教师需要面对更多的学生，教学质量相应有所下降。我国高等职业院校的招生规模不断扩张，"双师型"素质专任教师的比例却逐年下降，二者相互矛盾，使师生比例失衡逐渐严重。

我国高职院校中"双师型"专任教师的专业素质普遍不高，其问题主要体现在"双师型"专任教师普遍缺乏实践经验，对岗位人才需求变化了解不充分，教师缺乏到实际岗位进行锻炼的平台和机会。而相关岗位、充分掌握专业技术技能的人才引入教师队伍后也缺乏相应的教学经验和应具备的专业素养等。高职院校"双师型"教师的专业素质较差会使人才培养达不到预期目标，难以满足我国当前社会发展和产业转型升级的人才需求变化。我国高职院校"双师型"教师专业素质的锻炼、培养和评价等相关体系和制度并不完善，很多高职院校缺乏培养"双师型"教师的体系，对"双师型"教师队伍建设也不太重视，相应职业技能等级证书考试对"双师型"教师教学能力、专业素养等方面的考核相对宽松，并不能真正对"双师型"教师应具备的能力进行精准考验。最终各个方面的不足导致我国高职院校"双师型"教师队伍建设质量较低，形成"双师型"教师专业素质普遍不高的现象。

面对快速增长的"双师型"教师需求，许多高职院校通过创新来寻找优化师资结构、解决"双师型"教师需求不足等问题的方法。例如，江西省的一部分高职院校通过聘用兼职教师的方法来快速提升"双师型"教师数量。很大一部分兼职教师来自高校毕业生、高校退休老师等。这种方法虽然能够快速缓解我国高职院校"双师型"教师数量不足的问题，但高职院校专职教师队伍的结构并没有得到有效优化。许多高职院校还从相关企业引入具有丰富实践经历并掌握相应岗位实际技术技能的人才来担任"双师型"兼职教师，许多工科院校则从相关企业聘请优秀科技人员来担任"双师型"兼职教师。这种从企业引入相关人才担任"双师型"教师的方法对校企合作提出较高要求。校企双方合作不够深入会使该方法的实施成本显著提高，实施的效果也将大打折扣。从企业聘请的"双师型"兼职教师虽然实践经历比较丰富，对相关岗位需求的了解更加准确，但在教学经验、教学能力和教师专业素养等方面相对不足，从而导致兼职教师在实际人才培养活动中无法取得预期效果。同时，兼职教师队伍人员流动性较大，相对专职教师来说稳定性不足，会对高职院校人才培养质量造成一定的不利影响。总体来说，我国高职院校提升"双师型"教师数量和质量、拓展"双师型"教师来源等仍存在许多需要解决的问题。

3.教师教学水平不足

高等职业教育要求学生能够将理论与实践相结合，并获得实际解决问题的能力。相比于其他类型的教育，高等职业教育重视培养学生的专业技术技能，在教学活动中包括大量技能实操训练相关内容。当前我国高职院校教师普遍形成重实践、轻理论的教学观念，教学活动主要通过教师示范、学生模仿来完成，并没有将技能实操训练与理论知识教育充分结合起来。学生提升专业技术技能主要通过重复训练来实现，缺少对技术技能学习的深入思考和理解，对学生今后提升职业技术技能水平造成一定限制。高职院校教师存在局限的教学观念和相对单一的教学模式及方法，难以使学生在学习过程中形成将理论与实践相结合的良好习惯，学生较难掌握将理论与实践相结合的方式和方法，使学生在面临实际问题时容易产生较多疑惑和不解之处。任何教学活动都需要教师引导学生，教师的思想观念和教学方法等可以直接影响教学活动的质量，我国高等职业教育要想持续健康发展，必须不断提升教师教学水平，使教师教学水平能够满足新的劳动力市场人才培养需要。劳动力市场人才培养需要不断变化，高职院校教师教学水平也需要及时进行调整。相对应地，高职院校传统的教学模式、教材选用、课程体系和教学计划制订等方面也需要及时进行调整，从而保证人才培养质量。高职院校教师教学水平的提升不仅需要教师及时调整思想观念，还需要高职院校不断改革，创新教学模式和课程体系等。

第二节 企业人才需求分析

职业教育具有促进区域经济发展的作用，其原理在于职业教育能够为相关产业或企业提供其所需要的人才。相关产业或企业拥有的人才数量越多、质量越高，则相关产业或企业的发展速度也越快，并能够实现可持续发展。相应地，职业教育需要与产业或企业发展人才需求对接以创造更大价值，职业教育本身的功能才能够得到充分发挥。因此，职业教育具有鲜明的市场导向性，做好劳动力市场人才需求预测是高职院校提升市场竞争力、充分发挥自身功能的重要环节。相关产业或企业的人才需求可以为高职院校人才培养指引方向。当前社会形成了丰富多彩的行业及企业，对满足人们日常生活中的各种需求、维持社会正常运转等起到重要的推动作用，而不同行业和不同企业的人才需求各不相同，且富于变化。因此，本节主要从现代服务业的角度对相关企业人才需求进行分析，以求企业人才需求分析相对具体化。

我国正处于经济转型阶段，各个行业正在快速实现创新发展和转型升级，现代服务业就是传统服务业转型升级的结果。随着现代服务业的快速发展和升级，对该行业的人才需求也发生了巨大变化，现代服务业对高技能人才的需求逐渐增长。现代服务业属于知识和技术密集型行业，对高技能人才的需求巨大，只有其高技能人才需求得到相对满足的情况下，现代服务业发展才可以更快、更强。高技能人才的匮乏则会导致现代服务业发展变缓，甚至陷入停滞。高职院校培养现代服务业人才时需要以现代服务业发展人才需求为指引。从宏观角度来说，高职院校培养现代服务业人才需要考虑现代服务业发展所需要的人才数量、人才结构和人才质量等。从微观角度来说，高职院校培养现代服务业人才需要考虑现代服务业相关企业的各种岗位对人才的具体需求，如相关岗位人才需要掌握的知识、需要拥有的能力和素质等。

一、宏观角度分析

（一）现代服务业发展对高技能人才数量需求更大

随着社会和生产力的不断发展，经济发展方式也在不断进行转型升级，现代服务业这一经济形态正在成为所有经济形态中的主体，并在经济发展过程中起到主导作用。当前背景下，现代服务业在世界经济中的增长幅度较大，尤其是在发达国家中。现代服务业在创造就业岗位和社会财富方面的潜力正在被逐渐激活，通常情况下，发展越好的国家，其现代服务业的潜力也被挖掘得更充分。当一个国家进入后工业社会后，这个国家的经济形态将从产品经济逐渐向服务经济转变，现代服务业也会随之兴起。后工业社会的一大特点就是从事农业和制造业的人逐渐变少，而从事服务业的人逐渐变多。世界上第一个服务型经济国家为美国，当地绝大部分人民群众不再从事农业生产和工业生产活动，而是投身于现代服务业相关岗位，通过自身服务创造价值。相关数据显示，美国在20世纪70年代后，已有约60%的劳动力投身到服务业中，到1980年，这一比例上升到约70%，到2010年，这一比例已经上升到81.2%，美国当地绝大部分劳动力通过服务换取劳动报酬。除美国外，法国、荷兰、英国等发达国家当地劳动力投身服务业的比例均已达到70%以上，服务经济成为当地的主要经济支撑。这种经济发展方式和经济形态的转变与一个国家的工业化进程有关，遵循一定的产业结构演进规律。在工业化进程不断深入的情况下，一个国家的产业结构将从以第一产业为主体逐渐向以第二产业、第三产业为主体发展演变，当以第三产业为主体时，服务业就业人口则成为这个国家就业人口的主体。

随着我国工业化进程不断推进，产业结构的主体逐渐向第三产业演进，第三产业就业人口大幅上升，第一产业、第二产业的就业人口逐年下降。2012—2016年，我国服务业劳动人口就业比重从31.6%提升至

43.5%，成为我国吸纳就业人口最多的产业，也是我国就业增长最为迅速的产业。2012—2015年，我国就业增长最快的三个行业分别是租赁和商务服务业、科学研究技术服务和地质勘查业、信息传输计算机服务和软件业，三者的增速依次为72.7%、50.3%、38.7%。[1]现代服务业并不是指单一的行业，而是拥有多种门类，以上三者都属于现代服务业的范畴，具有信息、知识和技术相对密集和以服务为核心的特点，对高技能人才的需求量巨大。于2016年发布的《中国劳动力市场技能缺口研究》明确指出，我国劳动力市场对现代服务业高技能人才的需求逐渐上升，对劳动力的教育水平和质量提出更高要求；现代服务业中全球化程度较高的行业包括信息技术领域服务（即IT服务）、会计服务、软件服务、研发服务、市场和客户服务等。随着现代服务业的不断发展，相关岗位对人才的数量需求不断增加，相关产业要想保持自身优势或提升市场竞争力，必须拥有大规模的高技能人才储备作为支撑，这些岗位对技术综合化和技术含量要求较高，从业者必须具备良好的专业能力和专业素养。

（二）现代服务业需要结构均衡的高技能人才

现代服务业主要分为四个种类的服务业，即流通服务业、个人服务业、社会服务业和生产性服务业。其中，每一类服务业的服务对象和服务内容各有特点，但都要求从业者具备较强的专业能力和专业素养。人才供需达到结构均衡状态时，相关服务业才可以持续健康发展。现代服务业相关岗位对从业者专业能力和专业素养的要求不断提高，是现代服务业的一大发展趋势。因此，岗位的从业者需要更加专注行业中的某一环节，进而提升自身在某一环节的专业能力和专业素养，如此从业者方有时间、有精力及时更新自身相关领域知识和思想观念，及时了解服务对象的变化，并更好地将理论与实践相结合，提高自身解决某一环节实际问题的能力，从业者的服务水平也将得到提升。

知识密集型服务业是服务业的有机组成部分之一。在现代服务业

---

[1] 郭同欣. 改革创新促进了我国就业持续扩大 [N]. 人民日报，2017-03-29（11）.

中，知识密集型服务业的比重逐渐上升，是后工业社会背景下刺激经济增长的重要力量来源。现代服务业往往是新技术宣传、使用和推广的前沿行业，相关从业者也成为新技术的主要使用者和推广者。在提供技术服务和技术支持的现代服务业中，这种现象更加明显。新技术在现代服务业从业者的使用和推广下可以快速发展，并与其他各种技术相互融合，进而用于解决实际问题，为人们提供更加良好的服务。专业和技术服务是现代服务业的主要服务内容之一，高技能人才在现代服务业中变得更加重要，并能够主导现代服务业的发展。在现代服务业不断发展的过程中，其相关岗位对劳动者的职业结构和专业能力要求处于不断变化中，现代服务业对从事智力服务的高技能人才的需求明显增加。现代服务业的发展促使许多新的岗位产生，涉及的工作内容包括管理、策划创意、设计和分析等，相关从业人员需要掌握的理论知识和专业技术技能更加复杂和繁多，高技能人才的需求随之提高。一般来说，需要掌握更多理论知识和专业技术技能的工作岗位将对从业者的专业能力和专业素养提出更高要求。现代服务业内部结构均衡发展需要各种不同专业能力的高技能人才的支持，高技能人才培养成为现代服务业持续健康发展的关键。

（三）现代服务业需要高技能人才

现代经济社会的发展使服务质量之间的竞争越发激烈，消费者也越来越重视产品和服务，服务已成为提升市场竞争力的一个重要方面。"生产型制造"正在逐渐向"服务型制造"转变，服务产品化成为一种新的发展趋势。现代服务业是优质服务和先进技术的有机结合，只有先进技术而没有优质服务的产品在当下社会难以得到广大消费者的认可。任何服务业的服务对象都是顾客，顾客需要什么样的服务可以决定服务业的发展方向，满足顾客需要始终是服务业的发展目标。在营销学中，顾客满意度是一个极为重要的概念，是对顾客使用产品（服务）感受的一种评测结果，能够反映顾客对产品的满意程度。

在当前社会背景下，制造业水平和人民的消费水平不断提升，服务质量对顾客满意度的影响逐渐增长，消费者在日常生活中越来越重视服务品质，顾客在购买产品时经常会参考产品的服务品质。产品质量和服务质量都是提升顾客满意度的关键，服务质量的提升能够有效提升顾客满意度，使顾客在使用产品（服务）时产生更多愉悦情绪，从而更加认可相关产品（服务）。顾客在购买和使用产品（服务）时会产生"事前期待"和"实际评价"，顾客"实际评价"在接近和超越"事前期待"的情况下，顾客满意度较高。在消费者眼中，服务是产品不可分割的一部分，服务质量是产品质量的组成部分。从组织角度来说，提升服务质量是提升产品竞争优势的重要手段，在当前社会背景下具有更大潜力来提升顾客满意度。不同顾客在购买产品时的"事前期待"不尽相同，个性化服务是满足不同顾客"事前期待"的关键。在评价服务质量时，顾客满意度是重要标准。服务质量不仅受服务提供方的影响，也受服务接受方的影响，这也是服务业与其他行业的差异之一。顾客在服务过程中可以起到决定性作用，不同顾客对相同服务的满意程度可能形成巨大差异。因此，服务质量相较于产品质量来说更难控制和评价，从事服务业的高技能人才必须具备良好的服务素质，才能够更好地保障服务质量，提升顾客满意度。相关从业者的服务素质高低是服务创新能力和竞争力提升的关键，相关从业者在掌握良好服务能力的同时必须不断提升服务素质和服务态度，从而使服务更具竞争力。

二、微观角度分析

从能力本位职业教育理论的角度来说，职业教育人才培养需要对相应具体工作进行分析，从而制定更加明确的人才培养目标。现代服务业相关企业用人需求可以影响现代服务业人才培养目标。不同企业的人才需求不同，其人才需求是现代服务业发展形成的人才需求的最小单位。

（一）现代服务业相关企业人才需求的类目框架

类目可以看作一种概念的设计，类目建构需要在概念界定的基础上才能完成，在具体操作层面可以用于对研究问题和研究目的相关变量进行分析、确定和分类。在后工业社会理论中，服务知识、服务能力和服务情感是现代服务业相关企业人才需求类目框架构建的三个主要维度，具体的现代服务业相关企业人才需求类目框架如表2.3所示。

表2.3　现代服务业相关企业人才需求类目框架

主维度	子维度	内容描述
服务知识	专业知识	拥有相关专业能力，掌握相关知识背景
服务能力	人际沟通能力	善于沟通并能合理处理人际关系
	表达能力	拥有良好的语言和文字表达能力
	团队合作能力	拥有良好的团队合作精神和能力
	问题分析和解决能力	快速分析和判断问题并找出解决方法的能力
	销售能力	销售能力和营销能力
	协调能力	能够协调好多方关系
	顾客关系能力	与顾客建立并保持良好关系
	学习能力	快速掌握新知识、新技能的能力
	执行能力	迅速投入实际行动并能够取得良好成效
	信息技术能力	熟悉网络知识和相关网络办公软件
	创新创业能力	勇于开拓和创新，拥有良好的创新意识和能力
	思维能力	拥有较强的思维能力
	策划能力	拥有较强的策划能力
服务情感	服务意识	拥有较强的服务意识
	服务品质	诚信、热情、为他人着想
	性格开朗	以积极乐观的态度面对生活和工作
	工作认真	在工作过程中保持严谨的态度
	合作精神	善于与他人合作，具有良好的合作精神
	责任心	重视自身责任并努力完成
	亲和力	与人相处时保持平和的态度
其他	身体素质	拥有健康的身体
	抗压能力	正确面对并处理好工作压力带来的不利影响
	工作经验	拥有丰富的工作经历和经验

该类目框架建构对现代服务业诸多企业招聘信息进行分析，并从服务知识、服务能力和服务情感三个维度进行分类，包含各个企业对相关岗位员工的要求，但该类目框架并未达到尽善尽美，很多子维度及其内容描述并不全面和准确，仅供参考。

（二）现代服务业相关企业对人才各种能力的重视程度

前文提到的现代服务业相关企业人才需求的类目框架中共涉及24种用人指标，而现代服务业相关企业对人才不同能力的重视程度有所差异，有些能力为现代服务业相关企业广泛重视，而对有些能力的重视程度较低。例如，绝大多数现代服务业相关企业十分重视人才的人际沟通能力，但对人才的身体素质并没有作出严格要求。

1.人际沟通能力和表达能力

服务行业必然存在提供服务的人和接受服务的人，简单来说是指服务者和顾客，二者相互依存，二者间的相互作用是服务业的立足之本。服务者要想为顾客提供良好的服务，必须与顾客进行沟通和交流，而沟通和交流过程中则必须依靠良好的人际沟通能力和表达能力，才能使双方的沟通有序、高效进行，服务者才能更加顺利地将服务内容传达给顾客，才能更好地完成服务过程。因此，人际沟通能力和表达能力是现代服务业相关企业最重视的人才需求指标。

2.团队合作能力、问题分析和解决能力等

现代服务业十分重视服务质量，相关企业要想提升自身服务质量，则需要根据顾客个性化的需求为其提供更加个性化的服务，相关从业人员则需要具备良好的个性化服务能力。除人际沟通能力和表达能力以外，团队合作能力、问题分析和解决能力、销售能力、协调能力、顾客关系能力、学习能力、执行能力是相关从业人员向顾客充分表达服务内容并提供个性化服务能力的关键指标，是现代服务业相关企业第二重视的用人指标。

3.信息技术能力

现代服务业与现代科学技术息息相关，科技是推动现代服务业发展的重要动力。当前社会背景下，信息网络技术是现代服务业发展的主要支撑，掌握信息技术能力对相关从业者来说必不可少。现代服务业的商业模式、管理方法及服务模式等受到新一代信息技术发展的影响，大数据分析技术、人工智能技术、物联网技术等新一代信息技术正在实际应用中发挥越来越大的作用。我国不断推进"互联网+"战略，积极拥抱互联网变化，人们的日常生活正在与新一代信息技术紧密联系在一起。在此环境中，服务业相关企业对人才掌握信息技术的能力提出更高要求，信息技术能力成为现代服务业相关企业第三重视的用人指标。

4.创新创业能力、思维能力和策划能力

我国经济形态逐渐向服务型经济转变，现代服务业相关企业对人才的质量提出了新的要求，服务创新形成更大需求。创新驱动发展战略对国家建设的巨大作用被广泛认可，我国极为重视改革创新，积极接纳新思想和新活动，为现代服务业创新发展提供良好环境，创新创业能力、思维能力和策划能力成为现代服务业相关企业第四重视的用人指标。

5.服务意识和服务品质等

服务意识、服务品质、性格开朗、工作认真、合作精神、责任心、亲和力等相关企业用人指标都属于服务情感的维度。服务情感是现代服务业相关从业者必须具备的素质，是现代服务业相关企业招聘人才的重要指标。相较于其他层面的劳动来说，服务者更多的是付出情绪劳动。服务情感对服务者来说至关重要，是服务者向顾客提供良好服务的基础。

6.专业知识

现代服务业发展要求从业者掌握相关专业知识，必要的专业知识是服务者完成服务的基础。在相关岗位上的从业者需要掌握一定的专业知识才能了解其工作内容，明确其工作目标。因此，现代服务业相关企业对从业者掌握相关知识十分重视。

服务知识、服务能力和服务情感是现代服务业相关企业用人需求的三个主要部分。其中，服务知识是服务能力和服务情感的基础；服务能力具体分为信息化服务能力、个性化服务能力和创新服务能力等；服务情感具体包括服务意识、服务品质和责任心等。从高职院校人才培养的角度来说，高职院校需要结合现代服务业用人需求进行人才培养活动，其人才培养内容也应包括服务知识、服务能力和服务情感三个部分。

第三章 高职院校"岗课赛证"综合育人模式探究

2021年，中共中央办公厅、国务院办公厅印发了《关于推动现代职业教育高质量发展的意见》，明确指出我国职业教育要"完善'岗课赛证'综合育人机制"[1]。我国高职院校积极响应国家政策，纷纷展开对"岗课赛证"综合育人模式的探索和完善，其中具体包括对"1+X"证书制度与"岗课赛证"综合育人模式相结合、"岗课赛证"创新创业社团育人模式及校企合作人才培养模式的探索和完善等。其中，校企深化合作是高职院校具体落实"岗课赛证"综合育人理念的关键。校企合作已经是一个老生常谈的话题，是我国教育深化改革的一大抓手。《中共中央关于全面深化改革若干重大问题决定》明确指出："加快现代职业教育体系建设，深化产教融合、校企合作，培养高素质劳动者和技能型人才。"[2]校企合作是高职院校提升人才培养质量，发挥职业教育优势，提高自身在职业教育行业竞争力的必然选择，是我国目前职业教育发展的趋势。但我国目前校企合作面临高职院校办学特色定位不准、校企双方合作育人成本偏高且缺乏良好沟通和交流的平台等实际问题。解决这些问题也是推进我国高职院校"岗课赛证"综合育人模式发展、完善我国"岗课赛证"综合育人机制的有效手段。

---

[1] 资料来自中国政府网，https://www.gov.cn/zhengce/2021-10/12/content_5642120.htm.

[2] 资料来自中国政府网，https://www.gov.cn/jrzg/2013-11/15/content_2528179.htm.

第一节 "1+X"证书制度与"岗课赛证"综合育人模式的结合

国务院在2019年发布的《国家职业教育改革实施方案》中提出，在职业院校、应用型本科高校启动"1+X"证书制度试点工作[1]。2021年，中共中央办公厅、国务院办公厅印发了《关于推动现代职业教育高质量发展的意见》，明确指出完善"岗课赛证"综合育人机制的职业教育发展方向[2]。"1+X"证书制度与"岗课赛证"综合育人模式的结合是进一步提升我国高职院校人才培养质量的一种创新途径。本节将以专业核心课程建设为切入点，探索高职院校中"1+X"证书制度与"岗课赛证"综合育人模式的结合。在我国大力发展职业教育的背景下，"1+X"证书制度与"岗课赛证"综合育人模式相结合成为一种趋势，有利于促进各级各类职业院校完成制度创新，提升职业院校人才培养质量。

一、以课程改革为核心，构建新的课程体系

"1+X"证书制度中的"1"和"X"分别代表学历证书和若干职业技能等级证书，该证书制度是新时代职业教育制度创新的重要成果，也是我国职业教育未来发展的方向。该证书制度的优势在于能够融合学历教育和职业技能培训，从而使学生在学习过程中逐渐成长为复合型技术技能型人才，并使职业教育的适应性进一步提升。"1+X"证书制度不仅能体现职业教育的类型特征，而且能有效提升高职院校人才培养质量。在国家政策的指引下，我国职业技能等级证书大量涌现且涵盖范围十分广泛，具体包括物流管理、汽车运用与维修、建筑、食品检验等领域，为我国"1+X"证书制度试点工作的开展奠定了坚实基础。

[1] 资料来自中国政府网，https://www.gov.cn/zhengce/content/2019-02/13/content_5365341.htm.
[2] 资料来自中国政府网，https://www.gov.cn/zhengce/2021-10/12/content_5642120.htm.

对于高职院校来说，"1+X"证书制度实践探索是其提高教育质量、促进专业发展、增强市场竞争力的重要抓手。这种制度创新并没有规定具体的实施路径，不同高职院校需要结合自身实际情况来探索适宜的"1+X"证书制度实施路径。高职院校要想取得制度创新的预期成效仍需解决许多实际问题和困难。本节以我国苏州工业园区服务外包职业学院计算机网络技术专业对"1+X"证书制度与"岗课赛证"综合育人模式具体实施方案的探索为例。该职业院校自2020年起开始组织学生参加网络系统建设与运维（中级）资格证书的认证，并从专业建设、课程改革、职业技能大赛等方面探索"1+X"证书制度与"岗课赛证"综合育人模式的具体实施方案，其实施方案以课程改革为落脚点，以支撑其他各个方面的改革，使"岗课赛证"四个方面进一步融为一体。

（一）实施岗位考核，从岗位需求中提取教学内容

职业资格等级证书是实际工作岗位所需职业技能和职业素养的一种体现，职业教育的人才培养目的是培养学生在实际工作岗位中的职业技能和职业素养。"1+X"证书制度可以使职业教育更加契合其人才培养目的，并更好地满足相关企业实际用人需求，这也是"1+X"证书制度的出发点和落脚点。在"1+X"证书制度的推动下，职业教育的适应性不断提升，高职院校毕业生可以在毕业后找到适宜的就业岗位。苏州工业园区服务外包职业学院计算机网络技术专业"1+X"证书制度实施团队通过线上、线下两种渠道对相关合作企业进行深入调查，深入了解网络专业发展趋势和技术标准变化，并与合作企业工作人员共同分析和探讨网络专业的工作岗位、工作过程及工作任务等，从而摸清不同工作岗位的不同技能要求，为教学内容和课程体系改革奠定基础。例如，在网络运维岗位上，需要具备的技能包括网络规划和网络管理能力、与顾客良好沟通的能力及文档撰写能力等。传统教学主要培养学生的网络规划和网络管理能力，缺乏对学生沟通能力和文档撰写能力的培养和锻炼。当学生毕业进入网络运维岗位时，学生的沟通能力和文档撰写能力的不足会使其不适应并难以充分

完成相关工作岗位的内容，学生在与他人沟通时容易产生误会，撰写的文档也会比较混乱，从而降低信息传递的效率和准确性。因此，人才培养活动以相关岗位的实际技能要求为导向，推进"1+X"证书制度落实对提升职业教育人才培养质量具有重要意义和价值。

（二）重构课程体系，实现"三个对接"

根据"1+X"证书制度开展与之相适应的课程改革是一项系统工程，涵盖内容非常广泛和复杂，具体包括人才培养方案、教学目标、教学内容、考核方式及"三教"改革等相关内容。下面以我国苏州工业园区服务外包职业学院计算机网络技术专业课程体系构建为例进行分析。

1.课程体系分层递进

苏州工业园区服务外包职业学院计算机网络技术专业具体分为Cisco网络技术、软件开发与云计算等方向，不同专业方向的学生都可以考取证书。该学院计算机网络技术专业课程体系重构遵循"底层共享、中层独立、高层互选"的构建原则，注重培养学生的专业素质和专业技术能力，使学生通过专业课程学习既能获得学历证书，也能具备在实际岗位工作的能力。在专业课程设置过程中能够实现"三个对接"，具体是指教学标准与岗位用人标准的对接、教学过程和实际生产过程的对接、教学内容和证书考核内容的对接。"1+X"证书制度背景下，该学院专业课程设置的出发点为岗位用人要求和证书考核要求，具体载体为相关企业工作场景和项目。该学院新建专业课程体系中"底层共享"层面的内容包括计算机网络技术、职业英语、前端技术开发、C语言程序设计、IT素养等。"中层独立"的内容包括不同专业方向的各种专业课程，如Cisco网络技术方向的专业课程包括IT智能布线、CCNA认证培训、CCNP认证培训、CCNA、Routing等，不同专业方向上的课程相互独立。"高层互选"的内容包括商务沟通与礼仪、网络经营与优化、IT市场营销、IT英语、分布式系统与云计算等课程。当学生掌握了相关专业方向上的各种专业技术技能后，可以选择性地学习这些课程，从而提升其跨界融合能力和适应工作岗位的能力。

2.书证融通

"1+X"证书制度的推进使学生需要掌握的能力增多，学习内容也相应增多。过去学生只需要学习与学历证书相关的课程，而现在学生还要学习与职业技能等级证书考核相关的课程。这种变化必然使学生的负担加重，而合理的课程设置能够有效减轻学生负担，提升教学效率。在重构课程体系和实际教学活动过程中，学校管理人员及教师需要结合实际情况不断优化课程体系和教学方法等，从而更好地培养学生的专业技术能力和专业素养，同时减轻学生的学习负担。该学院网络技术专业课程体系重构遵循"部分对接、补差强化"的总体原则，有效推动"1+X"证书制度的落实和不断优化，学院人才培养质量得到明显提高。具体来说，"部分对接"的课程改革方式是指学院"1+X"证书制度实施团队通过解构证书考核内容来分析当前课程内容与证书考核内容之间的对接点，在保证学时允许的情况下对课程内容进行删减或增加，使课程内容与证书考核内容充分结合在一起。"补差强化"的课程改革方式是指为学生提供针对性的强化训练，从而弥补学生的不足之处。证书考核内容中包含许多难点，学生容易在这些难点上出现问题，通过"补差强化"的培养策略能够帮助学生补齐自身短板，顺利通过考核。

二、落实"三教"改革，提升人才培养质量

"三教"改革具体是指教师、教材和教法三个方面的改革，是落实"1+X"证书制度的重要途径，能够明确"1+X"证书制度与"岗课赛证"相结合后"谁来教、教什么、怎么教"的问题。从"三教"改革的角度来看，"1+X"证书制度与"岗课赛证"综合育人模式相结合的实际困境具体包括教师素质需要提升、教材内容需要更新、教学方法需要创新等。

（一）提高教师队伍综合素质

在教师素质提升方面，"1+X"证书制度与"岗课赛证"综合育人模式相结合要求教师增加培养学生通过各种职业资格等级证书考核的能

力，教师需要掌握的专业能力、专业素质等也需要进一步提升。教师根据实际教学所需进一步提升自身专业能力和专业素质是落实"1+X"证书制度与"岗课赛证"综合育人模式相结合的基础。一般情况下，职业院校教师队伍只有任教经验，没有到企业相关岗位参加工作的经验，教师对职业资格等级证书考核的了解程度不足。而部分有工作经验或对职业资格等级证书考核有一定了解的教师，也因为其与传统职业教育关系较弱而逐渐淡忘。因此，"1+X"证书制度与"岗课赛证"综合育人模式相结合要求教师接受证书技能培训，增强教师对相关岗位和职业等级资格证书考核的认识。

教师是教学活动的主导者，教师在充分掌握相关理论知识和专业技能的情况下才能够更好地引导学生成长。"1+X"证书制度背景下，教师需要通过相关职业技能等级证书考核或充分了解资格证书考核内容才能真正提升教学质量，使学生通过职业资格等级证书考核，提升学生适应相关工作岗位的能力等。

提高教师队伍综合素质需要从多个方面展开，具体如下：教师应及时调整自身思想观念，积极参与新专业技能和专业素质的学习，提升教学能力，探索新的教学方法，等等。职业院校对教师的支持同样至关重要，职业院校可以通过减轻教师教学、教研等各个方面的工作量来增加教师参与学习活动的时间；也可以在教师绩效考核和职称评审方面进行改革，提升教师从事"1+X"证书教学培训工作的积极性和成就感；还可以为教师提升教学能力提供良好的平台和机会，组织教师参加相关职业资格等级证书培训，为教师提供到相关岗位实际工作环境中进行参观或锻炼的机会，加深教师对职业资格等级证书培训、企业真实用人需求等方面的了解，从而提升教师的实践能力、教学能力及综合素质。

（二）建设新形态一体化教材

在教材内容更新方面，人才培养目标的改变使传统教材内容需要及时更新，要能够反映证书考核中的新技术、新工艺、新规范和新要求等，要与证书的考核内容保持同步。当前社会背景下，教学活动通过信息化技术手段开展逐渐成为一种趋势，加上证书考核相关内容需要实践训练，职业院校需要提供与教学活动、证书考核内容相匹配的教学资源，为"1+X"证书制度与"岗课赛证"综合育人模式相结合提供充足的物质条件支持。

教材是教学活动的重要工具，是知识的重要载体，对教学活动开展来说起着不可忽视的作用。教材质量能够在一定程度上影响教学活动的质量。随着"1+X"证书制度与"岗课赛证"综合育人模式的结合不断深入，各职业院校推进"1+X"证书制度面临教材质量较低、与人才培养活动不匹配等问题。过去的职业教育教材相较于当前职业院校课程体系改革来说内容已经过时，因此建设新形态一体化教材成为推进"1+X"证书制度与"岗课赛证"综合育人模式相结合的重要途径。

1.明确教材建设方向

2021年，教育部办公厅发布了《"十四五"职业教育规划教材建设实施方案》，提出"全面贯彻党的教育方针，落实立德树人根本任务，强化教材建设国家事权，突出职业教育类型特色，坚持'统分结合、质量为先、分级规划、动态更新'原则"，明确指出"加快建设新形态教材"为职业教育重点建设领域，并提出"结合专业教学改革实际""开展'岗课赛证'融通教材建设"[1]。职业院校和相关教材编写团队应充分研读各类教材建设标准，明确国家政策相关指示和目的，充分结合教学改革实践开展教材建设。

2.组建和增强教材编写团队

教材建设工作由教材编写团队具体实施，教材编写团队的质量直接关系教材建设的质量。通过校企合作、双元协同的方式来组建和增强教材编写团队，可以使教材建设更加适应职业院校实际情况，并与企业真实用人需求准确对接。教材编写团队应融合具有高级职称的专业教师、中青年骨干教师、企业技术骨干等，保证编写团队质量。企业技术骨干的加入可以使教材建设更加贴合岗位实际情况，并将相关行业的新技术、新工艺、新规范和新要求纳入教材内容，从而及时更新教师和学生对相关岗位

---

[1] 资料来自中国政府网，https://www.gov.cn/zhengce/zhengceku/2021-12/08/content_5659302.htm.

的认知。

3.加强教材思政建设

立德树人是教育改革的根本任务，加强教材思政建设是建设新形态一体化教材不可或缺的一部分，是提升学生综合素质、促进学生全面发展、帮助学生树立正确价值观的重要途径。我国高度重视学生全面发展，重视思想政治教育。各级各类职业院校积极响应国家方针与政策，持续加强课程思政建设，加大课程思政建设的宣传，使院校管理者、教师和学生逐渐深入了解课程思政建设的重要性，并通过组织培训提升教师课程思政建设能力。高职院校建设新形态一体化教材也应融合建设，与院校思想政治教育相配合。教材编写团队在建设教材时应充分挖掘相关内容中的课程思政元素，使课程思政与专业教学有机融合在一起。教材建设与思想政治建设的有机融合，可以使人才培养活动在培养学生专业技能和专业素养的同时，提升学生综合素质，促进学生全面发展。

4.创新教材体例

随着"1+X"证书制度与"岗课赛证"综合育人模式的结合程度不断深入，专业课程教学和教材出版要求向结构化、模块化发展。教材编写团队在组织教材内容时也需要使用模块化、项目化及任务式的形式。传统教材建设一般采用章节式结构，而模块化、项目化和任务式的教材内容组织形式将企业相关岗位典型工作任务、企业真实生产项目及案例等作为教材内容，组成一个个教学单元。这种教学单元能使教师和学生在教学活动中仿佛置身于真实的应用场景，更容易使学生对学习内容产生兴趣，并积极主动地展开专业技能学习和实践。学生对相关企业正式岗位的了解将更加清晰，有利于学生今后适应相关岗位。

（三）创新教学模式

在教学方法创新方面，"1+X"证书制度与"岗课赛证"综合育人模式相结合更加注重培养学生的实践能力、解决问题的能力、适应工作岗位的能力等。传统职业教育活动以理论教学为主，教学方法主要是"教师讲学生听",学生在教学活动中长时间处于被动位置,可能会降低学生学习的主动性和积极性,且教学活动较难激发学生的学习兴趣,学生实践能力、解决问题的能力等较少得到锻炼,最终导致传统职业院校培养的学生适应相关实际工作岗位的能力较差,学生的专业技能和专业素质与企业真实用人需求之间产生较大差异。新的人才培养目标、新的教材内容等需要用新的教学方法来配合,"1+X"证书制度与"岗课赛证"综合育人模式相结合要求教师与学生在教学活动中逐渐探索出适宜的教学方法,注重培养学生的实践能力、通过职业资格等级证书考核的能力等。

在"1+X"证书制度与"岗课赛证"综合育人模式相结合的具体实施过程中,证书考核内容逐渐与企业实际案例项目相结合,每一个项目又可细分为若干个学习任务,这些学习任务既与实际充分结合,又包含逻辑关系紧密的考核知识点,学生在学习过程中可以做到一举两得。教师的教学方法也要根据教学需要和时代发展变化进行创新,充分利用信息化技术手段实现线上与线下相结合、"翻转课堂+项目引领"等教学模式。学生可以通过网络自主搜集学习资料,在线下向教师询问问题等。在课堂上,教师结合实际项目引导学生展开技能实训,引导学生将实践与理论充分结合,让学生在实践中逐渐成长,切实提升学生的实践能力、解决问题的能力、适应工作岗位的能力等。新的教学模式能够有效激发学生的积极性和主动性,并为学生积极主动地开展学习活动提供良好的环境和条件。随着校企合作的不断深入,企业生产场所可以成为学生实践训练场所,如此学校授课空间将得到极大延伸,也为教学模式创新奠定基础。这种新的教学模式有利于实现课内课外的一体化,有利于学生结合企业实际工作经历展开学习,有利于激发学生学习和参与相关岗位的主动性,学生掌握专业技能和专业素养的效率将明显提升,学生毕业后参与相关工作岗位的可能性增大,毕业生进入相关工作岗位后的适应性更强,人才培养与人才需求之间的对接更加精准,相关企业也更愿意为学校提供各个方面的帮助,校企合作将变得更加紧密。

三、促进企业深度参与人才培养

"1+X"证书制度与"岗课赛证"综合育人模式相结合为企业深度参与人才培养提供了良好的环境和基础，能够有效促进校企之间展开深入合作，进一步深化产教融合。"1+X"证书制度与"岗课赛证"综合育人模式相结合离不开企业的广泛参与和合作，提升教师队伍素质、建设新形态一体化教材、创新教学模式等需要企业的支持，相关企业参与学校人才培养活动越深入，则学校人才培养与相关企业岗位用人实际需求的对接也越精确，从而使人才培养与人才需求充分契合。校企双方可以共同组建"1+X"证书制度与"岗课赛证"综合育人模式相结合的实施团队，便于校企双方实现高效沟通和交流，能够更加有效地集中学校和相关企业的优势，推动"三教"改革。例如，学校教师团队和企业技术骨干团体相融合，共同参与人才培养方案、课程标准的制定和新形态一体化教材的建设等，使相关企业的教学资源得到充分开发和利用，人才培养活动也更加贴合实际。职业院校学生进入相关企业实习将更加规范，实际岗位中"师带徒"的教学模式将进一步优化，学生可以通过在相关岗位参加工作来掌握实际操作技能、提升职业素养等。这种边实践边学习的方式有利于学生明确学习目标，并制定正确且贴合实际的学习目标，学生学习专业理论和实际操作技能的效率将得到提高。在实践中学习的方式可以使学生快速理解相关理论知识，并结合实践展开深入思考，学生将自身知识转化为实际技能或成果后将对学习产生更大兴趣，教学活动的开展也将变得更加高效。学生在实践学习过程中还可以真实接触到环境中的各种问题，有利于学生真实了解实际工作环境，减少学生在就业时的不适应感，帮助学生在就业后快速适应工作岗位。

第二节 "岗课赛证"创新创业社团育人模式

我国人力资源社会保障部办公厅在2018年发布的《关于推进技工院校学生创业创新工作的通知》中明确指出，我国职业教育应"普及创新创业教育"，进一步"加强创业培训"等[1]。创新创业能力是我国产业转型升级背景下各企业对高技能人才极为重视的一种能力，对促进学生全面发展具有重要意义。职业院校开展创新创业教育不仅是国家政策的指引，也是职业院校提升人才培养质量的重要途径，能使职业院校人才培养更加契合我国劳动力市场的需求变化，为我国社会主义现代化建设和产业转型升级提供充足的人才支持。"岗课赛证"创新创业社团育人模式是"岗课赛证"综合育人理念与创新创业社团建设相结合的探索，是职业院校教学模式创新的一种渠道，有利于"岗课赛证"综合育人理念在职业院校的具体落实，并进一步促进职业院校开展创新创业教育。我国宁波市第二技师学院积极展开对"岗课赛证"创新创业社团育人模式的探索并取得了良好成效，本节将具体结合宁波市第二技师学院教学模式探索经验和创新成果，对"岗课赛证"创新创业社团育人模式进行分析和探讨。

一、创新创业社团运作存在的问题

（一）社团成员易流失

社团成员易流失的原因在于社团组织的活动内容不能引起成员的兴趣，社团成员在参与活动的过程中难以获得较强的成就感等，导致社团成员流失率较高，难以形成稳定的社员结构。社团组织的活动内容越单调、趣味性越少，则社团成员的流失速度越快，社员结构也越不稳定。

---

[1] 资料来自中国政府网，https://www.gov.cn/zhengce/zhengceku/2018-12/31/content_5433887.htm.

（二）学生自治模式效果较差

社团的运作模式多为学生自治模式，虽然配备有指导老师，但很多情况下社团运作仍然比较混乱。学生自我管理的意识相对薄弱，以自治模式为主的社团运作模式较难产生效果，进而导致社团容易出现管理混乱、组织随意等问题。社团育人模式也难以取得预期效果，社团活动设计的系统性较差，学生难以有效地获得应有的锻炼效果。

（三）社团评价体系落后

社团考评经常以年度为单位展开，其考评方法通常以社团组织的常规活动和大型活动最终育人效果的统计结果为依据进行评价，社团活动的前期策划、后续推广及最后的总结报告等包含在评价内容里。这种评价体系虽然适用于某些社团考评，但缺少多样性，容易导致学生社团活动内容同质化，不能充分体现社团考评的专业特性。

二、基于"岗课赛证"的创新创业社团育人模式

创新创业社团运作过程中的问题也是创新创业社团育人模式需要解决的问题，宁波市第二技师学院基于"岗课赛证"综合育人理念，逐步探索适宜其实际情况、更加高效的创新创业社团育人模式，具体对社团活动内容、师资团队建设、社团评价体系三个方面进行创新，同时解决了创新创业社团运作过程中的种种问题。

（一）"岗课赛证"创新创业社团活动内容创新

结合"岗课赛证"四位一体综合育人理念对创新创业社团活动内容进行创新，可以融合"岗""课""赛""证"四个方面的内容来丰富创新创业社团活动内容，提升创新创业社团活动内容的趣味性、多样性、实际性，促使"岗课赛证"综合育人理念在职业教育中的具体实施。到真实岗位进行锻炼、组织师生竞赛等可以成为创新创业社团活动的内容，学生更容易在参与社团活动中获得成就感，综合育人也易取得良好的效果。同时，创新创业社团成员易流失、社团成员结构不稳定等问题也会得到有效解决。

创新创业社团组织各种类型的比赛作为活动内容可以使社团活动内容更加丰富，社团成员的斗志也将得到一定程度的激发，与专业技能和课程内容相关联的比赛活动还可以有效刺激参赛者对相关知识和技能开展深入学习的积极性，使学生对学习内容产生兴趣，学生将更加积极主动地接受教师的引导。社团成员在参与比赛的过程中还可以检验自身学习成果，及时发现自身不足并加以改正。通过组织竞赛活动的方式可以有效地增强社团成员的效能感，提升社团育人效果。宁波市第二技师学院会定期组织创新产品竞赛和创业计划书竞赛，作为创新创业社团活动内容，在学校的鼓励和教师的引导下，各类竞赛活动有序开展，社团成员积极参与，竞赛活动成为学生展示专业技能、创新创业能力的舞台，也成为锻炼学生创新创业能力、激发学生学习兴趣的平台。社团成员在活动中将自身专业知识转化为实践成果，积极主动地探索知识的实际应用，并结合实践经历对相关知识展开深入思索和探讨，社团成员的自我效能感将得到显著提高。

社团成员创新创业能力发展与其专业水平具有一定联系，学生的专业水平是提升创新创业能力的基础，而学生的创新创业能力提升又能有效促进其专业水平的进一步提高，二者相辅相成。社团活动也是社团成员参与实践的良好平台，成员的实践能力、解决问题的能力等在参与社团活动的过程中可以得到锻炼和提升。社团成员需要在实践活动中应用所学的专业知识与技能，与共同参与活动的成员相互竞争、相互探讨等，从而发现专业知识与技能在实践应用中的更多可能性，以及自身在应用专业知识与技能方面的不足等，使社团成员的专业素养和专业技能水平等在参与活动过程中逐渐提高，有利于学生在毕业后参加就业，充分发挥自身价值。

（二）"岗课赛证"创新创业社团师资团队建设

1.建立师资管理机制

职业院校应结合"岗课赛证"综合育人理念和创新创业教育理念对其育人理念和人才培养方案进行调整，进一步加强"岗课赛证"创新创业社团师资团队建设，使教师真正成为学生创新创业的引导者，为构建创新创业教育管理机制奠定基础。优秀的创新创业导师成为社团的管理者和社员的引导者,有利于解决创新创业社团自治模式效果较差的问题。在优秀指导教师的引导下,创新创业社团的管理将变得更加有序,组织也将更加高效,社团育人的质量将明显提高。职业院校可以从校内或校外招聘选拔优秀创新创业社团指导教师,充分调动各院系专业师资力量为创新创业社团提供支持,为创新创业教育多学科、跨领域发展奠定基础。

2.提高教师专业素养

"岗课赛证"创新创业社团师资团队建设离不开教师培训机制的支持,健全的教师培训机制能够使教师得到更加专业的培训,为创新创业社团育人提供高质量教师储备。"岗课赛证"综合育人理念与创新创业教育理念相融合对教师专业素养提出了更高要求,对教师进行培训、提升教师专业素养是实现"岗课赛证"创新创业社团育人模式的重要基础。具体来说,可以为教师提供参加KAB(know about business,即了解企业)、SYB(start your business,即创办你的企业)、"双创"指导师等相关课程的培训机会,组织教师开展教学研讨会、参加创业典型观摩交流活动等,使教师队伍有更多机会接触到最新的教学观念和教学动态,引导教师队伍进行自主学习、相互讨论及自我提升,将创新创业教育课程体系更好地融入校园。

3.引入校外专业人士

深化校企合作是"岗课赛证"综合育人理念具体落实的重要基础。从相关企业引进专业人士是"岗课赛证"创新创业社团师资团队建设的有效方法,也是校企之间深化合作的重要途径。职业院校加强创新创业社团师资团队建设,除可以从合作的企业中引进人才外,还可以引进校外各个领域的专业人士,创新创业社团师资团队将更加全面并更好地满足创新创业社团项目式、模块化的发展需求,师资团队对社团成员的指导也将更加全面、专业。

(三)"岗课赛证"创新创业社团评价体系改革

1.量表评价

为了更好地对社团成员进行评价,为每位加入社团的成员建立专属档案是创新创业社团评价体系改革的基础。成员加入创新创业社团后应接受量表测试，包括创新创业能力量表和意向量表等，对成员的心理状态和能力水平进行初步测试和了解，为今后社团内的团队组建和项目选择等提供一定参考依据，再以学年为单位对社团成员进行重复测试，及时更新相关数据，并记录社团成员加入社团后的变化。这些数据是教师调整教学方法、教学内容的重要依据。

2.项目评价

创新创业社团将逐渐向项目式、模块化发展，其组织社团活动以"项目制"的形式进行，社团成员将自行组建创新创业项目组，并自主开展项目活动。社团成员自主完成项目活动要经历选题立项、可行性分析、项目实施和成果展示等环节，项目评价需要对学生完成项目的整个过程进行评价，不仅是对社团成员项目完成的结果进行评价，而且要让社团成员更加明确项目开展过程中的问题，帮助学生及时发现问题并改正。

3.成果评价

在"岗课赛证"综合育人理念与创新创业育人理念相融合的背景下，以学年为单位对社团成员进行成果评价具有重要意义。成果评价从四个维度对社团成员展开评价，具体包括对社团成员职业技能等级证书的获取情况、知识产权申请情况、竞赛奖项获取情况、项目经营和融资情况的评价。"岗位资格认可""企业经营效益""知识产权"等方面成果在彼此衔接互认的情况下可以使社团与社团教育体系实现有效连接和融通，社团成员创新创业能力将得到更加准确的评价。

三、"岗课赛证"创新创业社团育人模式成果

宁波市第二技师学院创新创业指导教师团队在管理社团和指导社团成员的过程中逐渐探索出适宜学院实际情况、与学院专业课程紧密衔接的"岗课赛证"创新创业社团育人模式，通过组织学生参与创新创业竞赛、到真实岗位锻炼等方式来丰富社团活动，有效提升学生的创新创业能力和实践能力等，学生的专业技能和专业素养也在参与社团活动的过程中

得到锻炼。创新创业指导教师团队将校内竞赛与国家级、省级、市级各类创新创业大赛相衔接，在校内竞赛活动中取得优异成绩的社员可以在学校和教师团队的支持下继续参与各级创新创业大赛，学校会为学生提供良好的能力展示平台，这些对学校创新创业社团成员也会起到示范作用，更能激发社团成员参与社会活动的激情，社团成员参与活动的氛围将更加热烈。在学校和教师团队的鼓励和引导下，宁波市第二技师学院创新创业社团成员斩获市级、省级职业能力大赛一等奖，以及国家级创业计划书大赛二等奖等荣誉。

创新创业社团组织的活动涉及多个领域和学科，社团成员的专业水平与创新创业能力可在参与社团活动的过程中得到有效锻炼，使学生考取职业技能等级证书的通过率显著提升。在创新创业社团组织的职业资格考证活动中，越来越多的社团成员参与其中，并获得多个岗位的职业技能等级证书，帮助更多社团成员成为复合型高技能人才，为学生今后参与就业和创业活动奠定良好基础。"岗课赛证"综合育人理念与创新创业教育理念在宁波市第二技师学院创新创业社团育人模式中得到充分融合。

第三节　校企合作模式

校企合作是一项系统工程，受到社会、政府、企业行业、职业院校等各个方面因素的影响，而这些影响因素还可以相互影响、相互制约。"岗课赛证"综合育人背景下，校企之间的合作进一步深化，构建更加有效的新型校企合作模式具有重要意义。校企合作是一个老生常谈的话题，是我国教育深化改革的一大抓手，是高职院校"岗课赛证"综合育人模式的具体实施关键。校企合作模式中的问题主要分为三个层面，即政府层面、职业院校层面及行业企业层面，深化校企合作、完善校企合作模式也需要从这三个层面寻找相应解决方法。

一、我国高职院校校企合作人才培养模式存在的问题

（一）企业和社会对职业教育的认知不全面

在我国人民群众的传统认知中，普通教育相比职业教育来说更有前途。绝大部分家庭希望孩子首先接受普通教育，绝大部分学生会优先选择普通高等院校就读，其次才会选择高等职业院校进行就读。我国社会整体来说对职业教育的认知不够全面、深刻，人才主要流向普通高等院校，导致我国高等职业院校生源质量较普通高等院校偏低。企业在招聘人才时也倾向于选择毕业于普通高等院校的学生，对高等职业院校的了解不足，并缺少与其合作的热情，这对我国职业教育的发展造成了一定制约。

校企合作作为一项系统工程，在具体实行过程中面临许多困难和挑战，导致校企合作开展人才培养活动流于形式或半途而废。很多情况下，企业由于缺乏与校方合作的动力而选择中断合作。当企业在与学校合作进行人才培养的过程中无法达到预期效果时，就会逐渐降低与学校合作的积极性，这是校企合作必然面临的问题。校企双方在人才培养活动中都达到预期目标才可以使合作持续进行并不断深化。学校与企业合作流于形式，将无法取得预期人才培养效果。例如，学校组织学生进入企业进行实践学习时，若只是如走马观花般走一下流程，实践教育的目的自然无法达到。校企合作难以取得成效、双方深化合作面临诸多问题、高技能人才培养质量无法得到保障等又会进一步使企业对职业教育产生偏见，职业教育的形象将进一步恶化。人们对职业教育的认知将继续存在偏差，企业与高职学校合作的积极性也难以得到激发。

（二）校企合作具体实施缺乏健全的法律法规保障

完善的法律法规是激发校企双方合作积极性的重要基础，也是提升校企双方合作育人成效的重要保障。校企双方进一步深化合作需要完善的法律法规作为保障。在国家相关法律法规的支持和引导下，校企双方合作的道路将更加通畅和安全，为校企双方合作解决后顾之忧，校企双方开展

合作的目标也更加明确。以德国制定的职业教育相关法律法规为例，德国在1969年就制定了《职业教育法》，并直接对校企双方共同培养人才的诸多细节做出详细规定，使德国校企合作开展人才培养活动获得充足法律保障。《职业教育法》中具体规定到企业进行实习的学徒必须与企业签订相关合同等，在这些合同中，学生实习的时间、劳动报酬等都得到明确。

很多国家对校企合作给予高度重视，英国将"高等教育均应采取同产业、同行业协作的措施"作为国策。国家政策和法律法规的制定具有极大的影响力，对推动校企合作具有重要引导作用和保障作用。我国校企合作开展人才培养活动很多时候由双方私自决定合作事宜，缺少法律约束和保护，导致双方在合作过程中容易出现不可预测的风险，双方之间的合作也相对随意，受到诸多人为因素的影响。在缺乏法律法规约束和保障的情况下，校企双方开展合作育人的综合成本难以控制。当双方合作育人的综合成本突变或超出某一方的预期时，双方合作极有可能陷入停滞，甚至走向破裂。

相关法律法规不断完善，使参与校企合作育人的各方进一步明确自身权利和义务等，各方在相互合作的过程中则更容易达成共识，且各方的行为受到一定约束，使校企合作的不可预测性减少，校企合作的综合成本也将趋于稳定。在法律法规的约束和保障下，各方参与校企合作的积极性自然得到提高，合作过程中面临的许多问题也将迎刃而解。

（三）校企权益与成本分担不明确

校企合作的主体是学校和企业两方，学校的主要任务是培养人才，而企业的最终目的是获取经济效益。学校和企业合作使二者的独特性质相互融合。校企合作随之获得两种特性，这既可以看作一种教育活动，也可以看作一种经济活动。良好合作的重要标准为是否达成互利共赢的目标，实现良好合作的前提是相互平等、相互沟通。学校和企业相互独立，双方达成良好合作必须建立在相互平等的基础上，且只有双方合作达到互利共赢才可以使合作持续进行。双方需要尊重对方的利益和平等地位，而不能一味地强调自身的利益和主体地位。双方的权益天平只有处于均衡状态才能支持双方合作持续进行，当这一状态被彻底打破，双方权益出现明显失衡时，校企合作则自然停滞或破裂。学校和企业在合作过程中都需要承担一定成本，人才培养活动也需要达到各自的预期目标。双方在合作过程中的权益与成本分担需要明确，并达到相对均衡状态才能使合作持续进行。

高职院校以培养高技能人才、促进学生全面发展为目标，相关企业则首先考虑生产效益。双方利益追求并非绝对一致，有时可能产生冲突。如何使双方利益均衡发展是校企合作具体实施的重点。学校和企业双方在协商谈判、相互监督、延续或终止合同、防范和应对意外事故、培养学生等方面需要付出成本，学校和企业需要考虑各个方面的成本和风险。双方明确各自权责，维持权责均衡能够有效降低双方合作成本，减少双方利益冲突。

（四）校企合作缺乏统筹全局的管理职能机构

校企合作育人与传统学校教育不同的是，学校在人才培养过程中的管理功能被弱化，由学校主要承担管理职责，转为校企双方共同承担管理职责。学生在进入企业顶岗后，在地理位置方面被分散开来，且没有固定的学习场所。学校原先的管理制度在学生顶岗期间难以充分发挥效力，属于学校的权威逐渐减弱，学生更多受到企业的管理。学生在顶岗期间会获得更多自由空间，同时容易造成学生学习目标的模糊。进入一个完全陌生的新环境，需要经过适应阶段才能逐渐稳定身心，逐渐克服紧张和陌生感。企业为学生安排的工作岗位经常为流水线工作，学生需要不断机械化地重复相关动作，对学生创新意识、创新能力、综合素质的培养与锻炼效果并不强。

相对于学校管理功能的弱化，企业在管理学生时也会受到一定限制。学生这一身份相较于普通工人来说具有其特殊之处。学生在顶岗期间需要同时遵从企业管理和学校管理，企业在管理学生时需要与学校进行协调。一般情况下，学生并不像企业正式员工一样与企业签订正式劳动合同，学生需要承担的权责和义务相对模糊，企业管理学生的方法和方式与管理正式员工的方法和方式无法完全相同，学生在顶岗期间受到的约束相对减弱。同时，企业在管理学生时依然以追求经济利益为首要目标，主要对学生进行工作管理，而在加强学生学习管理方面往往缺乏重视，学生的学习活动主要依靠自觉性。在缺乏学习管理、同时承担工作任务的情况下，学生很难保证学习活动的持续进行及学习质量。

从学生角度来看，学生在企业顶岗期间会同时获得在读学生和实习员工两种身份，且这两种身份可能会产生矛盾。作为一名在读学生，学生需要服从学校管理，需要完成相应学习目标，获得毕业证书；作为一名实习员工，学生需要服从企业管理，适应企业相关制度和工作岗位的环境，并完成相应的工作内容。学生本身的话语权相对较小，加上学生的社会经历较少，缺乏社会经验，学生表达自身诉求的能力较弱，学校和企业往往忽视学生的表达，导致学生利益逐渐出现边缘化的问题，得不到充分的保障。这些问题对校企合作开展人才培养活动造成阻碍，严重影响人才培养质量，导致校企合作育人的成效大打折扣。

（五）人才培养模式单一，容易流于形式

学校是人才培养的主阵地，是人才的孵化器，为各行各业提供人才支持，对社会发展起到重要推动作用，对一个国家和民族的生存发展来说至关重要。人才培养是学校的主要责任，因此人才培养需要与社会人才需求相对接。学校培养的人才越符合社会需要，人才可发挥的空间就越大，学校创造的价值也就越大。学校人才培养模式的不断完善和改进能够有效提升人才培养质量，促进人才发展。学校还需要形成独特的人才培养模式，使人才培养活动健康发展；学校需要树立明确的、与时俱进的人才培养目标，建立健康的人才培养机制，保证自身可持续发展。

我国校企合作人才培养模式存在相对单一、流于形式的问题。许多高职院校与企业合作的形式具体如下：组织学生到企业参观学习，组织企业招聘见面会，邀请企业人士来校做讲座，邀请相关技术人员到学校教

学，组织与学校专业有关的社会调查，等等。这些校企合作人才培养活动的形式虽然丰富多样，但是主要为短期的、临时性的活动，校企之间的合作不够深入且没有建立长效机制，造成校企合作人才培养活动流于形式。校企合作开展人才培养活动的核心依然是教育，双方在人才培养方面的合作具有较大的挖掘空间，企业可以深入参与学校课程开发和教学研究活动，学校则可以深入参与企业产品研发活动，了解企业一线操作岗位情况等。双方应就教育展开深入合作，促进人才培养与人才需求之间的精准对接。应用性和特色性是高等职业院校办学过程中需要突出的两个方面，且应同时兼顾这两个方面。其中任何一方的缺失都会对高等职业院校人才培养活动造成不利影响。

（六）合作教育考评制度不完善、不规范、不科学

20世纪90年代，我国高校推进人事制度改革，将教师科研能力高低作为主要评价标准。对教师考评起到决定性作用的因素为科研论文的质量和数量。人事制度改革对教师起到引导作用和限制作用，教师队伍越来越重视科研能力的提升，对教师全身心投入教学实践活动造成一定影响，教师的工作重心和精力不可避免地分散在提升科研能力上，教师教学能力的提升相对减缓，教学活动的质量相对降低。这种考评体系的不完善、不健全，对我国教育深化改革、提升人才培养质量造成一定影响。

从校企合作角度看，合作教育考评制度的不完善、不规范、不科学导致相关行业企业难以参与考评体系，对学生进行评价时则会出现评价主体单一、缺少企业评价的问题，对学生的评价容易与社会脱节，快速更新的社会使评价出现不合时宜的问题。教师根据自身知识体系对学生进行考查，并给予相应评价。教师知识体系出现滞后的情况下，教师考查学生时就会出现考查范围不全面、相对落后的问题，给予学生的评价也易出现准确性下降的问题。因此，校企合作教育考评制度需要积极引入企业行业评价，激励教师不断更新自身知识体系。社会在发展，时代在进步，校企合作教育考评制度也需要不断创新发展。同时，学生的创造性也在跟随时代发展、教育

背景的变化而变化，教育考评制度革新还需要充分适应学生的变化。

评价方法对评价的准确性和作用具有直接影响。例如，只是给予学生短期阶段性的诊断评价，而不给予学生动态生成性评价时，其评价结果主要由数字量化指标组成，难以体现学生的动态成长过程；学生的主体性在评价过程中被忽略，不利于学生正确人生观、价值观的树立和发展。同时，行业企业深度参与职业院校课程改革和开发、教学活动实施和考查评价等必不可少，是推动学校评价与企业评价相结合、促进评价体系和制度及时更新、与社会一线相接轨的重要手段。总而言之，教育考评制度的不完善、不规范、不科学会阻碍教师和学生创造力的发挥，降低教师和学生在教学活动中的积极性，降低校企合作开展人才培养活动的质量等。

二、我国高职院校校企合作人才培养活动产生问题的原因

（一）高职院校办学特色定位不准

高等职业院校和企业用人单位是高职院校校企合作人才培养活动的两大主体，其中任何一方出现问题都会导致校企合作人才培养活动产生问题。高职院校办学特色定位不准导致高职院校校企合作人才培养活动产生目标模糊等相关问题。

高职院校办学特色定位不准的原因比较复杂，具体包括我国高职院校办学规模快速扩张、办学理念存在偏差、办学注重功利性等。高职院校在基础不牢的情况下盲目扩大办学规模，导致其缺少精力突出自身办学特色，甚至不能真正找到自身办学特色，而办学理念的偏差也是导致高职院校办学特色定位不准的一大原因。"重文轻工""重学轻术"等是我国长久以来流传的传统思想，这些传统思想有其可取之处，同时存在一定局限性。在现代社会背景下，这些传统思想的局限性变得更大，更加不适宜现代教育的发展趋势。这些传统思想的内核表达着人们对"学业"的看重及对"知识"的认可等，但也存在对职业教育的认知偏差，人们没有将职业

教育与普通教育放在相对平等的地位。受到这些传统思想观念熏陶的人民群众数量庞大，这使我国职业教育的发展受到一定制约。高职院校在不明确自身办学理念的情况下容易被传统思想观念牵制，最终走向忽视自身办学特色、盲目跟风扩充专业、偏向教学型和学术型教育的道路，从而失去自身独特优势和竞争力。这些高职院校的人才培养质量相对较低，相关院校的毕业生可能面临既不能在理论学术上赶超高等本科院校毕业生，也不能在实践能力方面达到企业真实用人标准的尴尬处境。职业教育是与实际生产劳动紧密结合的教育，具有普通教育不可替代的独特优势，在促进学生个人独特性和创造性发展方面发挥着重要作用，为拥有不同天赋的学生提供接受专业对口教育的良好平台和机会，可以引导更多学生激发其潜力，并能够为相关行业企业提供所需人才，促进相关行业企业发展等。位于各个行业的劳动工作者是支撑人类生存发展的基础，职业教育与实际生产劳动紧密结合的属性，使职业教育发展具有重要意义。高职院校只有明确自身独特优势，树立正确的办学理念，才能找准自身办学特色定位。另外，许多高职院校办学过于受到功利驱动，这也会导致其办学理念迷失。

（二）校企合作办学成本较高

校企合作办学面临许多问题，无论是从学校方还是从企业方来说，双方合作开展人才培养活动相较其各自原先开展的人才培养活动都需要增加许多环节，包括双方协商、相互监督等。人才培养活动环节的增加又会导致不可预料的成本和风险增加。因此，校企双方合作办学的成本偏高，且在权责划分方面也面临许多问题，导致双方合作办学成本进一步增加。造成校企合作办学成本较高的原因十分复杂，具体包括以下三点。

1.相关政策和法律法规不完善

校企合作涉及学生、教师、学校和企业等，各方权益划分及投入回报需要达到均衡状态才能使合作高效、持续进行。国家制定的相关政策和法律法规可以引导校企双方展开合作育人，并为双方合作提供法律保障，进而促进多方权益划分和投资回报达到均衡状态。以学生与企业签订合同为例，学生到企业进行实习会与企业形成交流和互动，并主要受到企业管理，学生工作需要达到企业要求，而企业也需要向学生提供合理报酬；学生实习时长、每日工作时间、合同签订与终止、人身安全保障等需要在多方协商下共同决定，且需要保障多方利益保持相对均衡，实现人才培养目标。相关政策和法律法规的不完善会导致校企双方协商成本增加，双方较难达成共识，且某一方受到利益损害的情况也更容易发生，其中学生权益最容易遭到损害。

2.传统思想观念影响

在人们的传统思想观念中，教育由学校负责，而与企业无关。许多人认为教育属于国家公共事业，没有意识到校企合作的必要性和重要性，导致许多高职院校和相关企业在推进校企合作开展人才培养活动方面缺乏积极性和主动性。只是其中单独一方积极推进校企合作育人时，会碰到更多壁垒；当双方皆缺乏积极主动性时，校企合作育人则无法推进，最终流于形式，校企合作的成本自然增加。

企业的首要目标始终是创造经济效益，并不以人才培养为主。企业获取人才可以通过人才市场招聘、媒体招聘和高校招聘等途径实现，并不需要直接参与人才培养活动。校企合作开展人才培养活动从表面来看，企业在人才招揽方面需要进一步增加成本，与企业追求经济效益的首要目标相违背。校企合作开展人才培养活动是一项系统工程，合作育人要想获得良好成效一般需要投入一定的成本，且需要经过长时间的投入才能发挥成效，人才培养才能真正与企业用人需求紧密对接，并促进企业发展。许多企业在面对短时间内的巨大投入及未来不可预测的风险时，容易在开展校企合作育人时顾虑重重，并不会全力配合高职院校人才培养活动，导致校企合作开展人才培养活动成本增加。

3.人才流失率大

校企合作开展人才培养活动可以使人才培养更加契合企业真实用人

需求，可以有效减少企业招揽人才和培养员工的成本，且人才专业能力和专业素质将得到进一步提升，员工结构将更加稳定，有利于企业持续发展和高质量发展。然而，校企合作开展人才培养并不是将学生固定流向企业，学生在毕业后择业就业时依然具有完全的自主性和自由性。对企业来说，企业合作培养的人才最终流向其他企业是一大痛点，将导致企业用人成本大量增加，甚至流向其他企业的人才可能成为自身的竞争对手，企业发展反而遭受更大压力与困境等。因此，人才流失对企业参与合作育人的积极性造成巨大打击，导致企业不愿与职业院校共同开展人才培训活动。

（三）校企合作育人缺乏交流互动的平台

职业教育与生产劳动紧密结合，市场对人才的需求是高职院校人才培养的指向标。学校代表着人才培养，企业代表着人才需求，社会正常运转使人才需求与人才培养自然连接在一起，校企之间天然存在合作基础。就目前来说，我国许多高职院校和企业并未充分、直接地展开合作，双方之间的交流互动相对匮乏，并间接导致我国企业人才需求与高职院校人才培养目标和内容脱节，造成我国人才需求与人才培养之间的结构性失衡。

从高职院校人才培养方面来看，我国许多高职院校存在盲目跟风热点专业、办学特色定位不准的问题，并不能充分集中自身优势资源提升人才培养质量，导致难以形成自身办学特色。同时，高职院校缺乏对市场的关注，没有做好劳动力市场人才需求预测，在树立人才培养目标和专业设置方面没有与劳动力市场人才需求对接。许多高职院校完全根据社会热点进行专业设置，没有考虑到自身实际办学情况及企业用人需求等。这些高职院校办学特色不鲜明，缺乏与其他高职院校的竞争力，而且不能与劳动力市场人才需求相对接，使毕业生就业面临更多竞争和困难，对学生来说极不负责。造成企业人才需求与高职院校人才培养目标和内容相脱节的一大原因在于校企双方缺乏良好的交流互动平台，高职院校寻找与其优势专业相对接的企业存在较大困难，企业在寻找与用人需求相对接的高职院校同样存在较大困难。

（四）校企合作地位不平等

学校和企业相互独立，在合作过程中处于平等地位。双方合作地位的不平等将引发各类问题，并导致合作陷入僵局。学校和企业只有相互尊重、互惠互利、和平共处，双方共同开展人才培养活动才能取得良好成效。

在相互尊重、相互平等的基础上，企业配合高职院校提升人才培养质量，企业在合作过程中取得的综合收益达到预期，双方实现互利共赢才能进一步激发学校和企业相互合作的积极性，学校和企业才能更加放心地全力开展合作育人工作，校企合作也将不断深化。企业会更加深入地参与学校课程体系改革、专业设置、教材编写和教学内容制定等，并更加愿意为学校提供高品质实训基地；学校也将更愿意与企业分享其教学资源和科研资源等。校企合作育人培养出的人才质量越高，则学校和企业的收益越高，越有利于学校和企业的持续健康发展。校企双方不断深化合作、实现资源共享，能够使学校和企业的资源得到更加充分的利用，并创造出更大价值。例如，学校可以为企业提供人力和智力支持，帮助企业进一步提升科研创新能力；企业可以引进学校的各项资源和基本元素，进一步激发自身活力；企业的各种设备和工作岗位等也能够为学校人才培养活动提供更加充分的物质条件支持；等等。因此，双方实现资源共享和优势互补也需要建立在平等合作的基础上。

（五）教师队伍职业技能较弱，"双师型"教师不足

我国许多高职院校的教师队伍职业能力培训建设机制并不完善，缺乏培养"双师型"教师的平台，使高职院校教师队伍质量提升相对缓慢，跟不上我国职业教育改革的脚步。随着我国高职院校人才培养规模的快速扩张，"双师型"教师需求出现更大的缺口，加上"双师型"教师培

训建设机制及培养平台不完善，"双师型"教师数量无法快速提升，导致校企合作缺乏优秀师资队伍的支持，校企合作改进实践教学系统难以推进，校企合作育人的质量无法得到保证，且人才培养的效率较差。

校企合作开展人才培养活动在由浅入深的发展过程中需要越来越多优秀的"双师型"教师参与和主导，学生需要"双师型"教师给予更深层次的实践指导，企业也需要借助优秀"双师型"教师的力量来解决实践育人活动中的种种问题，甚至可以通过教师队伍解决生产经营中出现的问题等。"双师型"教师队伍建设同样需要企业和学校相互合作。例如，教师需要到企业实际岗位挂职锻炼来获取一线工作经验，提升其对职业技能的掌握。若校企合作不深入，则会导致教师在实践锻炼过程中无法真正接触到相关技术和技能岗位，教师参与学习的积极性也将有所下降。

三、我国高职院校校企合作人才培养活动的优化策略

（一）高职院校方面

高职院校优化校企合作人才培养活动可以采取以下三种策略。

1.突出课程特色，开发校本课程

相较于普通教育，高等职业教育更加注重专业性和差异性，高职院校需要明确并突出办学特色，才能在院校竞争中存活下来。高职院校突出自身办学特色需要以开发特色校本课程为基础，通过校企合作的方式来开发校本课程，使校本课程贴近实际，且更具特色。高职院校开发校本课程需要充分考虑到区域经济文化，充分发挥当地经济文化优势资源，增加校本课程特色。企业是经济发展的载体，高职院校与相关企业共同开发校本课程是将当地经济特色融入校本课程的有效途径。当前社会背景下，校本课程的开发需要注意本土化和国际化的衔接。校本课程开发只有以本土化独特优势为根基，才能更好地突出自身办学特色，并在国际化过程中取得一定竞争优势。企业在生存和发展过程中会形成自身企业文化，一家优秀的企业自然会诞生优秀的企业文化，在促进人的发展方面发挥重要作

用。高职院校在与企业共同开发校本课程时，可以将优秀的企业文化融入校本课程。学生在学习课程时会受到优秀企业文化的熏陶，同时会更加熟悉和了解企业，进一步激发企业参与人才培养活动的积极性。优秀企业文化包括敬业精神、创业精神、吃苦耐劳精神、团队意识和合作意识，这些精神品质和意识对学生适应工作环境、激发自身潜力、创造自身价值来说同样具有重要意义，能有效促进学生实现全面发展，提升学生实践能力和解决问题的能力。

优秀企业文化应贯穿人才培养的整个过程，使学生受到更加深刻的文化熏陶，帮助学生建立良好的精神品质和意识。校企合作共同参与人才培养方案和培养计划的制订是实现优秀企业文化融入校本课程、突出学校办学特色的基础。双方组织优秀教师团队和行业企业专家构成人才培养活动的主导团体，集中双方优势力量与资源，才能真正突出人才培养活动的特色，在人才培养活动中形成优势互补。学校可以参考企业的绩效化管理、规章制度、实际岗位工作环境、职场环境等来开发校本课程，制订人才培养方案与计划，建设学校环境等。例如，学校可以将真实工作场景搬到校园作为教学场所，也可以与企业共同举办职业技能大赛。

2.创新高校人才培养机制

我国部分高职院校尝试按照大类招生、大类培养等思路来推进教学改革和课程改革，构建更具自身特色的人才培养体系。各种教学改革方式有助于每一名学生激发潜力，并能为企业参与合作育人提供更多保障，促使企业更加积极主动地与高职院校开展人才培养活动。

学校与企业只有真正展开深入合作，才能更好地完成高职院校人才培养机制的构建，促进高职院校人才培养机制的创新与优化。校企双方合作育人需要以市场导向办学理念为连接点，促使双方在思想观念上达到统一，进而使双方在行动上保持一致，并不断深化合作。高职院校管理模式、人才培养体系、课程与教学体系等需要在改革过程中全面创新，将学校与企业双方紧紧联系在一起，构建协同育人体系和新的人才培养机制，使职业教育更加契合我国劳动力市场人才需求，并使高职院校学生的实践能力、解决问题的能力得到有效锻炼。

3.合理选择协同育人企业

在国家政策的指引下及我国职业教育改革不断深化的背景下，我国高职院校普遍认可校企合作育人的人才培养模式，并充分认识到校企合作育人的重要性和必要性。但是，我国部分高职院校对校企合作的市场化水平认识不足，这使部分高职院校在选择合作的企业时面临一定困难。一方面，与高职院校办学优势资源相匹配的企业较难找到；另一方面，高职院校与企业互不了解，双方缺乏相互沟通交流的平台。

高职院校必须合理选择与其相匹配的企业合作开展人才培养活动，这样才能保证校企双方合作的可持续发展，从而有效提升人才培养的质量。高职院校与企业可能在社会地位、公共资源等方面存在差异。这些差异越大，则双方合作开展人才培养活动遇到的问题就会越多，以致双方在思想观念上难以达成一致。同时，校企双方资源与能力的异质性与互补性程度也是决定校企双方合作是否契合的关键。高职院校合理选择协同育人企业是校企双方开展人才培养活动的第一步，扎实地迈好这一步才能使校企合作育人走向正轨。具体来说，高职院校在选择协同育人企业时应首先对企业的技术实力与信誉开展深入调查，然后进一步分析双方在能力和资源方面的异质性和互补性程度，最后结合自身办学优势选择适宜的协同育人企业。高职院校要想找到更加优秀的协同育人企业，必须不断突出自身办学特色，提升人才培养质量，在相关专业领域占据制高点。

（二）企业方面

1.与学校共享科研成果和优势资源

学校主要是培养人才，企业主要是接收人才，双方共同开展人才培养活动具有天然优势。企业在发展过程中会产生巨大的人才需求，高质量人才是推动企业发展的重要力量。因此，校企双方合作培养更多高质量人才对双方来说都有益处，能够实现合作共赢。

企业掌握的许多资源是高职院校没有并需要的，而高职院校掌握的许多资源也是企业没有且需要的，企业在向学校输入优势资源和共享科研成果的同时，高职院校也需要积极地向企业共享自身独特的优势资源和科研成果等，从而实现互利共赢。校企双方的深入合作及优势资源的共享，能有效降低双方开展人才培养活动的综合成本，使双方在合作过程中获得更多收益。

从企业角度来说，可以通过提供专项合作资金和专项奖学金、提供基础教学设备、共享最新技术成果、全力推动"双师型"教师队伍建设、合作制订人才培养计划和方案、建立良好沟通与交流的平台、合作建立人才培养教学中心及实训基地等方式来完成与高职院校共享优势资源和科研成果的目标。

2.依托专业办企业，突出企业专业品牌战略

企业创造利润离不开顾客的支持、产品的高质量及其专业的稀缺性等。在我国当前市场日渐透明化和规范化的背景下，企业之间的竞争更加有序，优秀企业更容易获得广大人民群众的认可和支持，实现企业的可持续健康发展。

企业需要提升自身实力，突出专业品牌，才能找到更优秀的高职院校开展人才培养活动。因此，企业必须密切关注市场动态和技术动态，不断提升产品质量，打响自身品牌，并拥有应对突发情况的实力，以此提升对高职院校的吸引力。在校企合作育人期间，企业应积极主动地与高职院校教师队伍和学生进行沟通交流，深入了解教师和学生的需求，保障教师和学生的权益等。在了解教师和学生在实训期间的问题后，企业应尽快与高职院校协商和讨论解决方法，确保教师和学生在实训过程中达到预期目标。企业还可以与高职院校共同组建导师队伍，创建校内校外双导师制度，使学生的校内学习和校外学习紧密对接，并确保学生在校内和校外皆能得到优秀教师的引导，促进学生专业能力和专业素养的提升。企业还可与高职院校共同推动实习生产制度的改革和创新，使学生自主工作、企业工作管理和院校教学管理相互衔接，进一步提升合作育人的效果。

校企合作人才培养模式应基于产业标准构建，使一线教学与行业企业发展精准对接。具体来说，院校评价体系要与企业用人标准相对接，教学内容要与企业实际生产活动相对接，教材内容要与企业实际生产项目相对接，模拟实训项目要与企业一线生产项目相对接，等等。校企合作人才培养模式注重学生理论素养和实践能力的同步提升，使学生毕业后真正拥有胜任相关工作岗位的能力等。

第四章　高职院校"岗课赛证"综合育人课程体系建设

　　随着"岗课赛证"综合育人模式的提出，完善"岗课赛证"综合育人机制建设、开发新的课程体系成为当前高职院校推进育人模式转型升级的重要内容，高职院校"岗课赛证"综合育人课程体系成为职业教育领域新的研究重点。课程体系的建设是深化"岗课赛证"综合育人模式内涵的具体表现，也是实现职业教育育人模式转型发展的重要内容。目前，我国有关"岗课赛证"综合育人模式的整体情况尚未明晰，如何有效地将"岗课赛证"综合育人模式的内涵与高职院校的课程体系相衔接，开发建设新的课程体系，进而促进整个职业教育的发展，成为当前高职院校的重要研究方向。实践证明，课程体系的建设与完善同育人模式的效果有着非常重要的关系，课程体系的建设是育人模式的内涵表达，也是实现"岗课赛证"多主体融通的主要阵地。从"岗课赛证"综合育人模式的内涵来看，"岗"是指通过专业人员对当前市场行业岗位的分析，确定该专业学生需要达到的能力，具有目标导向的重要作用。"课"是指专业课程建设改革，以国家有关职业教育教学的标准为中心，参考当前的市场岗位需求和学生的实际情况，选择合适的教学内容实施教学，构建标准的、多资源融合的教学课程体系，"课"是整个"岗课赛证"综合育人模式建设的中心。"赛"是指将职业技能大赛作为评定专业能力、检验教学成果、评估育人效果的重要指标，是课程体系建设中重要的辅助环节。"证"是指将职业技能等级证书的考核内容与教学大纲相衔接,实现课程目标与教学目标、教学过程与生产过程的有效连接。

从上述内容可以看出,在"岗课赛证"综合育人模式的内涵中,"课"是整个育人模式开展的中心,而其他主体是为课程体系的建设和育人模式的改革而服务的。推动高职院校"岗课赛证"综合育人模式课程体系的建设,不仅是顺应新时代职业教育改革发展趋势的重要表现,还为推进各主体、各系统、各种资源在职业教育中的应用提供更加契合的实践平台。课程体系建设必须与现代化职业教育体系相辅相成。"岗"作为育人模式的逻辑起点,将人才培养目标与工作岗位实现精准对接,将标准化的职业准入条件融入职业教育过程,并将"证"作为综合育人模式的逻辑重点,获得相应的职业资格等级证书和综合能力,有效提高人才的市场竞争力,将学生最终的综合能力作为职业教育的最终出口,为国家创新产业的建设发展源源不断地提供技术技能型人才。在"岗课赛证"综合育人模式中,"课"与"赛"是连接整个育人模式运转的中心环节,是整个育人模式逻辑的重点和难点,是育人模式与学生接触的前沿。课程体系的构建直接决定了"岗课赛证"综合育人模式能否与现代职业教育发展的要求相适应,能否与高职院校的教学情况相适应,能否与学生的个性化发展需求相适应。课程体系建设具有一定的灵活性,需要高职院校根据院校的育人目标和学生的实际情况做出相应的调整,既能够遵循"岗课赛证"综合育人模式的初衷,又能够紧贴当下市场对职业教育的发展需求,灵活运用各主体提供的教学资源,达到最优的育人效果。

第一节 高职院校"岗课赛证"综合育人课程开发原则

在建设"岗课赛证"综合育人模式课程体系之前，先要明确课程体系构建的最终目标和首要原则，为高职院校课程体系的建设提供一定的方向。在现代化职业教育的需求下，高职院校在推进专业课程体系开发建设时，不能再按照传统的课程体系建设标准来衡量课程体系建设内容，高职院校要明白，职业教育的内涵是随着时代的发展而不断变化的，教育体系的建设也必须具有一定的时代性和实际性。简言之，职业教育的课程体系建设不仅要体现鲜明的时代特色要求，还要符合当前高职院校学生发展的规律，实现职业教育的创新发展，进而推动我国技术技能型人才结构的调整。在传统的课程体系建设中，课程内容建设具有一定的滞后性，导致学生接受的职业教育与社会实际需求存在一定的不符。而在新时代，互联网信息技术的升级为职业教育的发展提供了一个全新的契机，因此高职院校的课程体系开发建设必须是鲜活的、多元化的，能够主动适应社会和学生个体的发展状况，与"岗课赛证"综合育人模式的内涵相融合，给职业教育的发展带来新的活力。

一、针对学生的需求

首先，高职院校"岗课赛证"综合育人课程开发的首要原则是主动契合学生的发展需求。学生是受教育的主体，也是课程开发建设的最终受益者。可以说，学生的实际学习需求决定了高职院校课程开发体系建设的方向。所以，在高职院校"岗课赛证"综合育人课程开发中，必须重视学生的实际需求，以学生为中心，提高课程内容与学生实际需求的适用度。在传统的高职院校课程开发建设中，一般以教育部门提供的教材为主设计课堂活动，包括学生在成长发展过程中需要的人文、历史、语言、哲学、思政，以及各具特色的专业教材，这些教材包含的内容既要具有一定的经典性，也要符合人们的需求。各个职业院校再根据其育人目标和专业优势选择合适的教材进行课程活动的开发设计。上述情况虽然在很大程度上保证了我国高等职业教育的教学效果，使各个学校的各个专业教学效果变得可以衡量，但是仍然存在一定的弊端。在核心素养的教育理念下，学生是受教育的主体，自然对课程的开发设计具有一定的发言权，单以教材为主的课程开发设计已经无法适应当前职业教育发展的需要。当然，让学生拥有一定的课程开发话语权并不是指学生想学什么就学什么，而是高职院校在开发专业课程之前，充分了解学生的个性特点、发展规划、兴趣爱好等，与高职院校的课程内容相结合，并进行有机调节，在充分满足学生学习需求的基础上，实现教学效果的最大化。

其次，符合学生的实际需求不仅是学生的个性化发展需要，还是新时代我国制造产业高质量人才培养的迫切需求。随着我国逐渐由制造大国向制造强国迈进，对高质量产业发展人才的需求越来越多样化，这就要求高职院校在培养技术技能型人才和推动课程体系开发建设时，必须朝着多元化、综合性的人才培养目标迈进。这也正是符合学生个性化发展需求的内在体现。每个学生都是独立的个体，自然其学习需求和发展需求是不同的。在传统的高职院校课程体系开发中，虽然统一的教材内容能够保证教学效果的最大化，提高课堂教学效率，但从某些方面来看，也抑制了学生的个性化发展需求。因此，在"岗课赛证"综合育人模式课程开发中，必须提高课程开发设计的针对性，教师能自由地根据学生的个体情况进行差异化教学，充分尊重学生在课堂教学中的主体地位。

最后，学生的实际需求是多方面的，要求高职院校在推进课程开发建设时注重课程体系内容的丰富性，能满足学生在成长过程中各个方面的需求。一方面，专业能力是高职院校学生的立身之本，是学生进入社会必须具备的一项专业技能。优化专业课程开发的内容，能够有效提高学生的毕业竞争优势。但是，我国产业更新换代的速度加快，市场对高质量技术技能型人才的需求也变得更加多元化，并且同一专业应对的岗位类型、领域均有所不同，每个岗位要求的专业能力也有一定的差别。因此在"岗课赛证"综合育人课程开发设计之前，要将学生的职业规划与目标岗位导向相结合，保证学生在进入社会之后能够快速适应。另一方面，在核心素养的培养下，高职院校学生的综合能力也逐渐成为求职过程中重要的优势之一。这要求学生拥有良好的道德品质和职业精神，以及创新能力、沟通能力、应变能力等。在此情况下，高职院校在进行课程开发设计时，也要紧贴学生的综合能力培养，注重课程设计内容的丰富性，以此提升"岗课赛证"综合育人模式的实效。

二、以实际应用为导向

从高职院校的办学宗旨和学生的就业实际情况来看，推进"岗课赛证"综合育人课程体系开发必须以实际应用为原则。高职院校以培养符合新时代产业发展的高质量技术技能型人才为目标，这就要求在课程的开发设计中以提高学生的实践技术操作能力为导向，提升学生的技术应用能力，以符合当前最新的企业用人标准。对高职院校学生的就业情况进行分析，大部分学生在毕业之后会从事设备管理维修、生产制造等技术技能型产业工作岗位，而此类工作岗位对操作人员的实际应用能力要求较高。因此，高职院校在推进课程开发设计时，要以实际应用为原则。传统的高职院校课程设计开发以课本教材为主要依据，根据教材的内容开展课堂教学活动。但是，由于教材的内容与社会实际需求存在一定的差异，因此部分课堂教学内容并不能有效指导学生的社会实践。

例如，高职院校教师在教授有关设备运营、维护、检修等内容时，往往以某一型号的设备作为主要的教学工具，或者将设备制造、生产过程中的环节与课堂教学活动一一对应，帮助学生掌握设备使用技能或者生产原理。随着我国由制造大国转型为制造强国，设备升级的速度加快，学生在高职院校学习的设备很可能在其进入社会之前就已经被市场淘汰。在"岗课赛证"综合育人模式的理念下，"课"的教育教学内容必须与"岗"的需求相一致，即提高课程体系内容与市场的衔接力度，利用最新的教育教学资源实现课堂内容开发设计的最优化，并且能有效被学生吸收和利用，切实提高高职院校毕业生的就业竞争力。

在某种程度上来说，"岗课赛证"综合育人模式的提出就是为了应对当下职业教育课程体系与社会实际的需求导向不相符的问题，不仅在专业技术教学实践中存在问题，在职业道德、综合素质能力的提升方面也存在同样的问题。例如，职业精神和职业价值观念也是职业教育课程体系中重要的一部分。由于种种原因，高职院校的职业精神和价值观教育与社会实际相脱节，不能正确引导学生树立人人平等、职业平等的价值理念，自然也不能深刻落实以新时代工匠精神的重要思想内涵来指导自己的社会实践活动。除职业教育之外，思想政治教育也是完善高职院校育人体系的重要内容。就目前高职院校的思想政治教育现状来看，课程教学内容的开发还停留在传统的思想道德教育层面，并未真正将思想政治教育内容中的职业价值观念、爱国主义精神及新时代社会主义核心价值观与课程教学内容的设计充分融合，降低了思想政治教育课程体系开发的实效性。因此，在"岗课赛证"综合育人模式的内涵下，职业教育课程开发的原则不仅要注重与学生的实际情况相符合，更要以实际应用为导向，能够真正指导学生的社会实践，使学生成长为新时代推动社会主义建设的职业人才。

三、突出系统性和完整性

在"岗课赛证"综合育人模式课程体系设计的原则上，要注重课程体系开发的系统性和完整性。教育是一项长期有效的建设性投资，高职院校在推进职业教育课程开发建设中，必须建立完整的方案，将学生在受教育期间所有的学习活动囊括进来，并且优化整个课程开发设计的流程，从

"岗"的实际需求出发，以"课"和"赛"为开发设计的中心环节，将"证"作为职业教育的最终出口，形成一套完整的、可循环的、系统性的职业教育体系，主动契合职业教育的发展理念和技术技能型人才培养的客观规律。

高职院校"岗课赛证"综合育人模式的内涵中，主要是将课程体系的开发建设与工作过程实现对标，"岗课"融通是育人模式课程开发设计的关键点。具体来说，就是将"岗课"融通作为现代职业教育转型的突破口，将学校和企业作为推进"岗课赛证"综合育人课程体系开发建设的共同主体，从而全面提高人才培养的效果。在课程设计开发的原则上，要注重多主体共同参与，保证各主体、各系统、各类教学资源都能有效融入职业教育的课程体系建设，以学生职业能力可持续发展为核心，系统地推进育人模式与课程体系建设相结合。另外，高职院校拥有多个专业的课程体系，在每个学期、每个阶段，不同的专业学习内容也不相同。高职院校在推进课程体系开发设计时，要注重整体性，即将"岗课赛证"综合育人模式的内涵与各个专业、各个教学阶段进行全方位的融合，不能单单针对某一专业或者专业中某类课程进行课程设计，影响最终的育人效果。

课程体系开发建设是整体高职院校教学计划设计的中心环节，在此基础上，通过形成由"岗"到"证"的综合性育人闭环，打破原有的职业教育模式，有效提升教学的效率和效果。在开发的原则上，必须注重整个育人课程闭环的完整性，实现各个主体、各个系统、各个环节紧密相连、环环相扣，系统性地推进高职院校的课程开发建设。课程内容是课程体系开发设计的中心，也是"岗课赛证"综合育人模式的具体表达。无论是在理论课程的开发上还是在实践课程的开发上，都必须注重完整性和系统性。从教学目标、教学内容、教学方法、教学互动到最终的教学评价，都必须保证各个主体能够参与进来，推动高职院校课程体系的创新性开发建设。

四、师生互动

在高等教育体系的发展过程中，师生互动越来越成为推进课堂开发建设的重要内容。师生互动不仅是增强师生之间交流、调节课堂氛围、提升教学效果的重要方式，而且能够通过教师自身的师风师德、品质素养潜移默化地影响学生，以达到全方位育人的真正目的。在传统的教育模式中，课程体系开发的设计者并不重视师生之间的互动，往往是以课堂教学效果为主要目标，教师采取的是灌输式的课堂教学方法，师生之间的有效沟通多为课堂问答等较简单的方式。课堂教学氛围比较沉闷。相关研究表明，良好的教学互动能够有效提升学生的课堂学习兴趣，拉近师生之间的距离，提高课堂教学的效果。在新时代下，师生互动已经成为推动课堂开发设计的重要原则。一方面，在素质教育下，学生的综合能力、素质培养逐渐得到重视，更需要给学生提供一个自由、平等的教学课堂来锻炼学生的综合能力。在课程开发设计中需要注重师生之间的有效互动，让学生主动参与教学活动的设计，增强师生之间的互动和交流，提高课程开发设计的效果。另一方面，从职业教育的专业设置来看，各个专业的课程体系建设虽有不同，但基本上是由理论课堂和实践教学构成，部分专业的实践课堂占比较重，在技术技能教学和设备操作教学中，更需要教师进行一对一的辅导，以有效提升实践课堂的教学效果。

师生互动是调节课堂教学氛围的重要方式。对于教师来说，增强师生之间的互动，不仅能通过教学活动提升学生的课堂活跃程度，找到课堂归属感，还能在教学活动环节中了解学生对课堂教学内容的掌握情况，从而随时调整课堂教学进度，制订针对性的教学方案。对于学生来说，增强教学互动，能构建良好的课堂教学氛围，拉近彼此之间的关系，为学生的学习过程增添更多的乐趣，使其主动吸收教学内容。而在"岗课赛证"综合育人模式下，学生要充分利用各主体的教学资源进行有效的提升和学习，在这个过程中自然少不了教师的帮助。将师生互动作为职业院校课程开发设计的重要原则，对增强育人实效、完善课程体系功能具有重要影响。

五、多元化教学

多元化的教学体系也是高职院校"岗课赛证"综合育人课程体系的开发原则。多元化教学并不是单方面的,而是指多元化的教学内容、多元化的教学模式、多元化的教学资源、多元化的教学评价等内容。保证高职院校"岗课赛证"综合育人模式课程体系建设的综合性,能够有效适应不同职业院校、不同专业、不同学生的需求。在"岗课赛证"综合育人模式之下,多方主体的参与意味着多主体在提供的教学资源上有一定的差异,教师必须进行有效的调节,才能够让教学资源契合当前学生的实际发展情况。多元化的教学课程体系具有较强的适应性,能够有效改变传统课程教学体系中单一的教学体系建设带来的弊端,有效满足不同学生的个性化学习需求,调节各主体之间的关系。多元化教学作为高职院校课程开发建设的重要原则,是推动高职院校课程体系主动适应学生发展的关键环节。

在新时代职业教育的发展背景下,高职院校的课程体系开发建设不能再按照传统的课程开发体系进行设计,而要主动适应新时代学生的教育发展需求。传统的课程体系开发往往以教材内容为中心,即"教师教什么,学生学什么"。在我国职业教育兴办初期,这种课程体系建设虽然有效保证了职业教育的教学质量,但在一定程度上抑制了学生的自由发展空间。因此,在推进"岗课赛证"综合育人课程体系设计之前,要明确职业教育育人模式转型发展的重点,即课程体系教学设计的中心由"高职院校"转向"学生"。高职院校在课程开发设计过程中要主动适应当前学生的发展情况,要将多元化教学纳入课程体系开发建设的原则,顺应新时代职业教育发展的趋势。在"岗课赛证"综合育人模式下,多元化教学具有多重含义,不仅要丰富课堂教学的主体,还要丰富课堂教学的内容、教学方式、教学评价、教学活动等教学环节,为开展高质量的职业课堂教育奠定基础。

第二节 高职院校"岗课赛证"综合育人课程设计流程

科学的课程体系流程对课程设计来说非常重要。基于"岗课赛证"综合育人模式，高职院校在推进课程设计之前，必须明确相关问题，规范课程设计的整个流程。高职院校"岗课赛证"综合育人模式的课程设计由院校、企业、政府、社会等主体共同参与，而高职院校是课程体系开发设计的重要主体，企业作为人才的需求方，其在科学推进课程设计方面发挥着重要作用。规范课程设计的流程，不仅能让各主体在推进课程设计时明确课程建设的重点和方向，还能保证课程开发设计的系统性和完整性。在开发之前，各主体需要分析当前职业教育市场需求的方向，从职业教育知识体系开发规律和教育教学规律出发，合理安排教学进度和教学内容，由多个主体共同制订开发设计的流程方案，保证整个职业教育开发设计体系的完整性和系统性。

一、确定教育目标和教学内容

在进行职业教育课程开发设计之前，要明确职业教育课程设计开发的目标和内容。教学目标是整个课程体系设计的重点，整个课程设计的内容围绕教学目标的设计展开。可以说，确定"岗课赛证"综合育人模式下高职院校课程开发设计的目标，就是为课程体系的建设提供了方向。教学内容是整个课程设计开发的主体，也是育人目标的重要体现。由于"岗课赛证"综合育人模式中包含多个育人主体，因此，课程设计的教育目标内涵一定是多元化的、丰富性的，不仅能够符合各个主体对高职院校人才培育的不同需求，还必须符合当前职业院校学生的个性化发展特点。

简单来说，课程目标的构建是围绕"培养什么人，怎样培养人"的问题进行的。在"岗课赛证"综合育人模式下，多主体的融通为快速明确课程设计的目标和教学内容的方向提供了条件。企业作为"岗课赛证"综合育人模式的重要主体，在市场需要什么样的人才、对应的工作岗位需要具备哪些素质、哪些技能方面的人才拥有较大的发言权等方面，能够给高职院校在制定专业课程目标上提供重要参考。从职业技能大赛的举办目标来看，其旨在以技能竞赛的形式提高学生的综合能力和拓展能力，激发学生的创新能力，这与高职院校的整体育人目标不谋而合。而"证"作为"岗课赛证"综合育人模式的逻辑重点，职业技能等级证书的考核内容对职业院校专业目标的设置也具有一定的指向性意义。综上，各个主体在育人目标的设置上虽有不同，但都对高职院校专业课程设计的目标具有一定的参考意义。因此，在育人目标和育人内容的选择和制定上应具有多重内涵，既能有效概括各个主体的育人目标，又能彰显职业院校的育人特色、专业特色。

企业在制定专业课程目标和内容时，应有清晰的目标定位，即通过该课程教学提高学生对该岗位的胜任能力，满足企业的发展需求。在核心素养的需求下，高职院校在设计专业目标的同时，既要保证课程目标符合当前职业教育转型发展的规律，又要突出各职业院校之间、各专业之间的特色，即目标差异化。在教学内容上，虽然专业教材具有一定的经典性，但是在现代化职业教学的需求下，也要注重教材内容的丰富性。课程内容的选择范围要以满足学生的发展需求、培养高质量技术技能型人才为核心。在"岗课赛证"综合育人模式下，专业课程的教学内容是由多方主体共同制定的，按照工作岗位需求、生产环节的流程，进行专业能力的技术定位。高校要充分发挥理论优势，从人才所需的知识体系和教育的客观规律出发，合理安排课程结构和内容。

职业教育的专业知识包括理论和实践两方面。在理论方面，职业教育专业的理论知识应涵盖专业理论基础知识、思想政治教育知识、语言知识、人文环境知识等，满足不同学生的个性化学习需求。除为学生提供必修的课程之外，高职院校还应针对院校特色和专业特色开设相应的选修课程。在专业课程实践内容安排上，要实现课堂学习过程与工作岗位流程的精准对接，提高学生的市场竞争力。此外，高职院校要持续进行学生的实践能力教育教学，将其贯穿整个教育过程，使学生内化为行为习惯，提高学生的综合能力。

二、分析学生的特点

在明确专业课程教学目标和教学内容之后，接下来要分析学生的特点，选择合适的教育模式。教育模式的选择对课程教学的效果也很重要。在开发设计专业课程时，也要考虑学生的特点。在个性化的教学理念之下，学生的主观能动性被放大。无论是教学内容的选择还是教学方法的选择，都要考虑学生的适应程度。以往，在职业教育办学初期，教学资源较为匮乏，师资力量有限，为了保证教学效果的最大化，教师往往采用无差别的教育教学方式，即学生在受教育的内容、受教育的方式、教学评价等方面是一样的。随着教育现代化的逐渐发展，学生的个性化发展需求逐渐受到多方关注。不同学生在不同阶段的特点不同，因此不论哪一个阶段，教师都要选用科学的、可行的教学方法，这样不仅能主动适应学生的发展规律，还能利用教学方法有效调动学生的主动性和积极性。

分析学生的特点能够有效调节专业课程设置与学生的契合程度。在现代化职业教育理念中，职业教育已经不单单是为学生传授一项生存的专业技能，而是以职业教育的形式帮助学生树立正确的思想价值观念，找到实现自身价值理想的重要途径。"岗课赛证"综合育人理念正是顺应了现代职业教育发展的规律，不仅以岗位需求为导向，还以学生自身的需求为导向，利用现代化信息教学手段进行差异化教学，根据学生学习能力、兴趣爱好、学习方式的不同，为学生制订个性化的教学方案，实现职业教育教学结果的最优化。

分析学生的特点是课程设计的重要环节。在当下，增强职业教育与学生的适应性是高职院校必须重视的问题。教师处于教育的第一线，应主动了解学生发展的特点，与学生进行深入的交流，主动掌握学生的学习情况，从而进行适当的调整。

三、关注课程的逻辑性和连贯性

高职院校在开发设计专业课程时，要注重课程的逻辑性和连贯性。课程的建设必须有一个清晰的、系统性的框架，框架的搭建也要有科学、合理、顺畅的结构，如此才能使学生在学习的过程中形成连贯、有机的体系结构，提升职业教育育人的效果。逻辑性原则指的是课程设计者在开发课程时，需要有机串联各类教学内容，按照某种逻辑形成一个完整的教育体系，按照由简到难、由初级到高级的阶层式教学逻辑合理安排专业课程的内容。在高职院校"岗课赛证"综合育人课程设计的流程中，不仅要注重课程内容、教学任务安排上的逻辑性和连贯性，还要注重实践技能训练安排的顺序性，把各种课程要素以直线的方式加以叙述，并使学生在不同的学习阶段对学习内容进行有效的深化和拓展，将螺旋上升式的教育方法贯穿整个职业教育的全过程。

课程开发设计除了要顺应职业教育发展的规律之外，还要顺应学生的心理特点。职业教育课程体系的设计构建不仅要注重理论教学内容层层递进、环环相扣的内在逻辑，还要注重理论课程教学与实践课程教学相匹配的逻辑。从"岗课赛证"综合育人模式的内涵中可以看出，打通各主体之间的融通渠道能够有效促进育人模式的顺利实现。要想打通各主体之间的融通渠道，就必须有逻辑、有组织地推进各主体之间的合作，将"岗课赛证"综合育人模式的内在逻辑与高职院校的教育逻辑相融合，实现课程设计的一体化教学。而"岗课赛证"综合育人模式本身就契合职业教育发展的规律和职业教育的理念。所以，高职院校在进行课程设计开发时，要注重课程设计的逻辑与"岗课赛证"综合育人模式的内涵相契合，将岗位职责、综合能力与课程教学内容相连接，将技术技能的实践与生产的过程相连接，将人才培养标准与课程的评价相连接，将职业技能大赛与课程活动设计相连接，进一步完善高职院校课程开发设计的整个流程。

另外，在职业教育专业课程活动的设计中，教师不仅要注重课程体系设计的逻辑性和连贯性，还要在教育中贯穿逻辑教学思想，主动顺应学生发展的客观规律，引导学生主动探索，进一步培养学生的综合能力。层层递进、环环相扣的教学内容和教学方法能从本质上引起学生的思考，从而达到让学生主动掌握知识的效果。职业教育的课堂教学分为理论教学和实践教学两个部分。高职院校在课程开发设计时不仅要注重各个学习阶段教学内容的逻辑关系，还要注重理论课堂能够有效指导实践操作的逻辑关系，实现"岗课赛证"综合育人课程体系在功能上的相互影响、良性循环。

四、注重教学方法的多样性和实效性

教学方法是高职院校实施专业教学的重要工具。从课程开发的逻辑上看，育人目标和育人内容的确定对应的是"培养什么样的人"的问题，而分析学生的特点要明确受教育的主体，接下来就应思考"如何培养人"的问题。教学方式是高职院校教师开展教学的重要手段，能够有效调整课堂教学内容给部分学生带来的不适感。在现代化的教学理念下，教师是教学方法的直接使用者，学生是直接受益者，因此注重教学方法的多样性和实效性就要求教师在教育教学的过程中要注重学生的感受，针对不同个性的学生采取不同的教学方法，提高教学方法使用的针对性和有效性。理论上，教学方法是教师在组织教学课堂活动时使用的教学手段，是课堂教学内容的生动表达。丰富多样的教学方法不仅能有效吸引学生的课堂注意力，活跃课堂气氛，还能拉近师生之间的距离，增强学生的课堂参与感，使教学内容变得更加生动，被学生有效吸收。不同学生的个性特点、兴趣爱好、学习习惯均有所差别，这就要求教师在进行差异化教学时注重课堂效果，及时根据学生的课堂表现进行相应的调整，保证职业教育的最终效果。

在"岗课赛证"综合育人模式下，高职院校在进行课程设计时，需要考虑多个方面。首先，学生是受教育的主体，教师在选择相应的教学方法时必须考虑学生的接受程度，还要考虑部分学生在学习过程中存在的个性化问题。针对不同个性的学生，教师要适当地调整教学方法，以有效促进学生对课堂教学内容的吸收。另外，在不同的学习阶段，教学内容也有不同的特点，教师必须结合职业教育课堂的规律和学生的特点进行综合考量，合理选择教学方式。另外，传统的教育教学方式已经不能适应现代化的教学需求，教师在教学的过程中，必须采用多样化的教学方式，让学生参与课堂教学活动的设计，并且主动拓展线上教学方式，利用海量的学习资源对课堂教学进行适当的补充。利用多媒体网络，不仅能有效提高课堂教学的效率，还能给学生带来一定的新鲜感，将学生的注意力全部集中到课堂教学中来。线上教学平台的多种功能能够为差异化教学方式的开展提供相应的条件，提升学生的信息素养。在高职院校"岗课赛证"综合育人模式下，各主体必须基于网络搭建多主体共同开发设计的网络教学平台，提升学生的自主学习能力，让学生在学习中找到适合自己的学习方法，提高综合能力，提高教学方法运用的针对性和实效性。

五、持续不断地对课程体系进行调整和改进

课程体系的开发设计并不是一蹴而就的，而是需要不断地进行调节和改进，才能有效提高课程设计内涵与学生成长的适用性。课程体系的开发设计，需要在课堂教学过程中，针对出现问题的部分逐一进行整改和调节，才能完善整个课程体系的开发设计流程。从"岗课赛证"综合育人模式的特点来看，市场形势和工作岗位需求并不是一成不变的，而是随着社会的发展和企业的转型而变化的，这就要求在课程开发设计中，课程内容、教学方法、育人目标等方面必须是灵活的，能主动适应当下时代发展

和学生成长的个性需求。因此，高职院校在推进课程开发设计时也要针对其中的各个环节进行合理的调整和改进，保证高职院校的课堂设计内涵与时代发展相吻合。

2021年4月，孙春兰在全国职业教育大会上明确指出，要落实"岗课赛证"综合育人，提升教育质量[1]。自此，"岗课赛证"综合教育模式的表述才逐渐统一，关于"岗课赛证"综合育人模式的概念和内涵也随之明晰。近两年，虽然大部分高职院校开始将"岗课赛证"综合育人模式与自身的教学实际相结合，但高职院校"岗课赛证"综合育人模式的改革与实践仍然处在探索阶段。随着社会各界对未来职业教育发展的关注，对高职院校"岗课赛证"综合育人模式的实践研究、探索内容也变得更加丰富，人才培养、课程体系、教学改革、教学模式等都是"岗课赛证"研究的重要切入点。实践证明，高职院校"岗课赛证"综合育人模式课程的开发设计处于探索阶段，需要院校、企业、教师、政府等主体根据院校的实际发展方向进行有效调节，提高"岗课赛证"综合育人模式与其院校发展的适应性。

"岗课赛证"综合育人的逻辑模式并不是固定的，而是需要各主体结合当地的生源情况、师资力量、教学资源、产业发展优势进行有效调节，以提高高职院校学生的就业竞争力、强化市场导向在职业教育发展中的重要作用、培养学生的综合运用能力为目标，为新时代制造产业、服务产业、生产产业提供源源不断的高质量人才。

在高职院校"岗课赛证"综合育人课程设计中，除了要调节育人模式与学生之间的适应性之外，还要注重各主体之间的配合协调。综合育人课程设计开发并不是只有高职院校这一个主体，其他主体在提供教学资源、实践场地、育人标准、拓展实训等方面也发挥着重要作用。各个主体的协调配合对课程体系的开发建设也至关重要。在课程设计的开发中，各主体在理论课堂和实践课堂中如何发挥育人优势，如何有效协调各主体之

---

[1] 资料来自教育部官网，www.moe.gov.cn/jyb_xwfb/s6052/moe_838/202104/t20210413_526123.html.

间的内容衔接，如何搭建实训基地和网络教学平台，都需要遵循一定的规则，也需要各主体在不断的教学实践中进行总结。当然，综合育人模式最终的评价效果也是各主体进行调节和改进的有力指标。将此作为调节的依据，能够明确各主体在综合育人模式中的不足，优化课程教学设计方案，形成完整的职业教育闭环，促进职业教育的可持续发展。

第三节 高职院校"岗课赛证"综合育人课程资源的开发运用

在明确了高职院校"岗课赛证"综合育人课程设计的原则和开发流程后，接下来就是针对课程内容的建设。课程内容资源的建设是制约教育目标、课程目标和影响人才培养具体实践效果的关键因素。课程内容资源的选择决定着课程开发设计的好坏，对职业院校培养高质量技术技能型人才具有很大的影响。所以，高职院校"岗课赛证"综合育人课程资源的开发运用必须从多个方面出发，将各主体的教学资源、育人资源进行充分且有效的整合利用，共同确定专业课程教学的内容。在课程资源开发之前，需要明确课程资源开发运用的首要原则，即教学资源的有效性。课程资源的开发运用并不是简单地将各主体的教育资源进行整理利用，而是将各主体的教育资源进行充分的整合之后，结合当前的教学实际和学生的发展方向确定课堂教学内容。各个主体拥有不同的教育教学资源，如果一味地将所有的育人资源都融入课程内容设计，不加筛选和整理，则会给学生和教师带来较大的课业负担，影响最终的教学效果。

在"岗课赛证"综合育人模式下，高职院校在推进课程资源开发运用之前，要明确并不是所有好的教学资源都要融入课程内容设计，而是要结合实际的教学情况和学生的接受程度进行有范围的选择，符合高职院校育人目标且能够适应学生个性化发展需求的教学资源才是最好的。课程资源的整合利用要从专业人才所需的知识体系和职业教育规律出发，合理安排课程进度，建立各教育资源之间的逻辑结构，构建系统化的课程教学体系。

一、从专业课程标准出发

在专业课程资源开发之前，各主体需要明确职业教育的根本目的是什么，才能有效进行教学资源的开发与运用。虽然在"岗课赛证"综合育人模式的指导下，高职院校在培养现代化职业人才时，应以学生以后的岗位要求和发展方向为课程教学内容选择的重要依据，但是高职院校要明确育人本质是什么，不能片面地将市场需求作为制定教学内容的主要方向。一方面，市场对高质量人才的需求方向瞬息万变，并且每个企业、每个工作岗位对应的岗位职责标准和综合能力均有所不同，如果高职院校一味地以市场导向的需求为出发点进行课堂教学资源的开发与运用，则会使教育教学的内容在短时间内一变再变，不仅会影响课程教学的效果和人才培养的质量，也会丧失职业教育的本质。另一方面，职业教育的根本任务在于育人，即培养具有良好社会适应能力、正确思想导向的职业人才。要想提高学生的综合能力和长久有效的社会竞争力，就必须深刻地抓住行业发展对专业人才的要求，开发核心的教育内容。所以，在"岗课赛证"综合育人模式下，高职院校和各主体在推进课程资源开发运用之前，必须从该专业课程的人才培养标准出发，才能够遵循职业教育发展的规律，充分激活各主体提供的教学资源，丰富课堂教学资源的内容。

从专业课程的标准出发，就要充分利用既有的教育教学资源。高职院校的教师要具有强烈的课程意识，在课程教学中融入自己的科学精神和智慧，将各个渠道的教学资源进行重组和整合，结合学生的实际情况进行加深和引导，设计丰富多彩的课堂教学活动，形成符合学生个性的教学知识。专业课程标准是课程内容编写的重要指南，教学内容是对课程标准的具体化创造。从教材编写的情况来看，不同版本的教材编写侧重点有所不同，教学重点的呈现视角、呈现方式、内容排版和实例也有所不同。专业学科的标准既体现着院校的育人目标，也决定着专业的性质和框架内容。专业标准的制定关乎教学原则和评价方式，也规定着学生在不同的学习阶段应达到的知识、能力、素养、情感、价值观等内容的基本要求，也就是高职院校在专业课程标准中规定的学生必须达到的最低要求。在推进高职院校"岗课赛证"综合育人课程资源开发建设时，必须将专业课程标准作为课程内容选择的重要参考。一线教师要深入挖掘教材中的经典内容，做好相应的资源取舍、整合、创新，结合学生的实际情况，进行针对性的教学。以专业课程标准作为课程资源内容选择的首要准则，能顺应职业教育发展和人才培养的规律，确保高职院校在推进课程内容的开发运用时不脱离职业教育的育人目标。

二、从学生的实际情况出发

学生是课堂教学资源开发建设的最终受益者，从学生原有的基础知识出发对课程资源进行开发和运用，能够保证课程内容的建设符合学生发展的实际需求，避免教学内容和学生情况相脱离。在进行课程资源开发之前，高职院校可以深入了解学生对本专业的熟悉情况，结合大部分学生的实际需求和知识掌握能力对教学资源进行开发设计。在"岗课赛证"综合育人模式下，以"岗"为目标导向，不仅指企业对工作岗位的职责需求和综合能力，还指学生的目标岗位需求。随着我国产业升级更新换代的速度加快，学生能够选择的工作岗位较多，这就要求在开发课程资源内容时必须以学生的实际需求为重要参考。从学生的实际需求出发，能够有效吸引学生的注意力，提升课堂内容开发设计的针对性；能够将专业课程的教学内容与学生的生活实际有效结合，活跃课堂教学氛围，根据学生的具体情况制定相应的课堂教学活动，使课程内容变得生动起来。

不仅是在实践课堂教学中，理论课堂的教学内容也应遵循学生的实际需求。事实上，职业教育理论课堂的实际作用是为了指导学生有效开展实践活动。因此，高职院校在选择其他理论课堂教学内容（如思想政治、语言、法律等）时，也要与学生的生活实际相结合，不仅要有效指导学生开展专业课程实践，还要有效指导学生开展社会生活实践，将新时代爱国主义精神和社会主义核心价值观、工匠精神等融入课程资源内容的开发。只有这样，才能利用学生身边的实际资源为学生构建良好的教学情景，使教学内容拥有更加丰富的内涵。在"岗课赛证"综合育人模式的内涵中，各个主体分别对应着学生在职业教育中的各个学习环节。在各个主体参与课程资源内容的开发运用时，除了要尽可能地为学生提供良好的教学资源之外，还要检查已有的教学资源是否适合全部的学生或者适应哪一类的学生，因材施教、因人施教才是现代职业教育的最佳选择。例如，高职院校为了保障专业教学效果的最大化，所选择的教材资源内容难度较为一般，属于基础类知识，适合所有的学生进行学习。而职业技能大赛提供的教学资源比院校为保障专业教学效果提供的教学资源有一定的难度，适合拥有一定基础知识、主动进行拓展的学生。因此，二者在调动教学资源进行施教时，也要注重学生的实际情况，采取分层教学方法，主动适应所有学生的学习情况。

三、从就业导向出发

在"岗课赛证"综合育人模式的内涵中，"岗"是课程内容制定的重要目标导向，学生的目标岗位职责和综合能力对课程资源内容的选择和安排具有重要指向性意义。因此，在针对专业课程资源开发运用之前，也要从就业导向出发，合理选择教学资源进行整理与运用。"岗"不仅指市场就业形势下企业对工作岗位的能力、素质要求，还指学生的目标岗位需求。从就业实际来看，一个专业可以对应多个岗位，学生在毕业后能够从事的工作岗位较多，每个岗位所对应的职业技能和综合素质能力也有所差别。从就业导向出发进行课程资源的开发设计，并不意味着以最新的就业导向信息为基准进行无差别的培养，而是要为学生提供良好的学习环境，引导学生从自身的实际出发，找准目标岗位，主动挖掘课程资源进行学习。

无论是高职院校还是企业等其他主体，都有义务为学生提供最新的目标岗位资源信息，聚焦人才培养的源头和价值导向，将职业能力的提高作为学生成长的逻辑主线，构建以"岗课赛证"融通为中心的系统网络。职业技能等级证书是学生拥有一定职业能力和综合素质的重要证明，也是企业在聘用人才时的重要依据。所以，也要将职业技能等级证书考试的内容融入课程教学内容，及时为学生做好职业技能等级证书考试的相关指导。在高职院校"岗课赛证"综合育人课程的开发运用中，要从就业导向出发，将岗位工作职责、工作行为规范、人际关系处理、专业技术能力等岗位工作内容囊括进来。在此过程中，企业是高职院校教师获取就业导向信息的重要前沿力量，能够时刻把握市场就业形势的最新变化，给予高职院校在课程资源开发设计中重要的指导。但是，高职院校在整理企业给予的反馈信息时也要注意加以分辨，不能盲目地将企业提供的市场就业信息融入课程资源内容。在市场需求下，职业教育高质量人才的培养必须符合新时代发展的要求，但是在融入课程教学内容时，必须经过多方检验，能够符合现代化职业教育发展的趋势和高质量职业人才培养的特点，并且具有一定的经典性，在一定时间内不会被社会发展淘汰。

以就业导向为出发点推进专业课程资源开发运用时，教师处于教育教学的第一线，必须对信息进行有效筛选。毕竟，并不是所有企业提供的所有内容都适合融入课程资源内容的开发设计。教师要结合课堂实际情况主动挖掘适合学生的教学内容，才能有效提高职业教育开展的质量。在课程资源的开发过程中，学生作为课程资源受益的主体，不能只是被动地吸收各主体为其提供的教育资源，而应主动地利用互联网信息渠道获取自己想要的资源和内容。从理论上来说，提高学生的学习主动性比学生被动地接收知识更有效果。教师作为一线的教育工作者，必须利用现有的课程资源，提高学生主动获取资源的能力，这也是一种重要的综合素质能力。利用各主体搭建的互联网信息线上资源平台，引导学生根据自身的实际情况进行主动的学习拓展，无论是针对专业中薄弱的环节还是其他的课外知识内容，都应以学生的综合能力发展为主，让学生主动参与课程资源内容的开发，满足当下学生的多样化学习需求。

四、从现有的教学资源出发

随着我国职业教育的发展，我国高职院校无论是在办学数量上还是在办学质量上，都有了显著的提升，并且各个地区、各个院校、各个专业之间都呈现出不同的特色。从高职院校的人才供给来看，大部分高职院校的学生在毕业之后会选择在本地区就业，即高职院校的专业设置与当地的产业结构是一致的。所以，在课程资源的开发设计中，以高职院校现有的教学资源为出发点进行课程资源的开发运用是非常有必要的。现有的教学资源不仅要符合当地的产业发展形势，还要为职业院校的课程资源开发节省一定的时间和精力。"岗课赛证"综合育人模式与我国高职院校的融合时间还较短，尚未真正厘清"岗课赛证"综合育人模式的运行机制。相应地，在课程资源的开发运用中，不能完全脱离高职院校原有的专业教学体系，应逐渐推动专业课程资源的开发设计，给学生一个相应的适应时间，以应对教学体系上的变化。另外，我国高职院校、职业院校的数量较多，专业涉及的范围较广，各个高职院校的育人目标、育人理念、专业特色设置并不相同，这也导致各个职业院校拥有的教学资源有一定的差别。其他主体在长期与高职院校的合作中，已经形成了一定的资源开发运用体系，有利于高职院校教育教学活动的开展。理论上，不同地区的企业、政府、高职院校彼此之间拥有一定的适应性。在"岗课赛证"综合育人课程资源开发运用中，如果不能与现有的教学环境相适应，那么就会导致各主体之间、各系统之间产生相脱节的情况。

从现有的教学资源出发对专业课程资源进行开发，能够有效节省各主体在课程资源开发设计中所耗费的时间和精力，将"岗课赛证"综合育人模式与高职院校的教学实际进行有效连接。另外，从现有的教育教学资源出发，教师必须充分利用现有的教学条件，加大信息技术在专业教学过程中的应用，促进信息技术在教学资源中的整合，逐渐实现教学内容的呈现方式、学生的学习方式、教师的教学方式和师生之间互动方式的变革。教师要主动将互联网信息资源融入课堂教学，为学生的学习和发展提供丰富多彩的教学环境和有利的教学工具。教师作为教育工作开展的主力，应充分认识到现代化信息技术在课程资源开发运用中的巨大作用，不仅要将其作为教学资源重要的补充来源，还要注重其在教育过程中的工具属性，合理地利用现代化的信息教学平台为课堂教学活动的设计而服务，使课堂教学更加具体、形象、生动，提升课堂教学的效果。

总之，课程资源不光是指教材，教学也不是简单的知识灌输或者知识移植。在"岗课赛证"综合育人课程资源的开发运用中，必须以课程资源的实用性为主，真正开发出符合职业教育发展趋势和学生多样化特点的教材资源，并结合高职院校的育人目标和学生的个性因材施教，进行差异化教学，并有效提高各主体开发课程资源的能力。

第四节　高职院校"岗课赛证"综合育人课程案例

随着职业教育的发展，国家和社会对现代化职业技术技能型人才的综合性要求也越来越高。企业期待高职院校培养出综合素质过硬、专业素质过硬的技术型人才，希望能为企业的发展和国家的工业化建设贡献力量。高职院校则希望能够与企业搭建良好的实训基地平台，突出自身的办学特色，增强自身在高等教育中的竞争力。在此之下，"岗课赛证"综合育人模式的提出，正是顺应了社会各界对职业教育发展的需求，将职业教育中的几大主体进行有机连接，与高职院校的专业特色进行有效融合，创新了职业院校的人才培养模式。近两年来，许多高职院校开始了以"岗课赛证"为核心的综合育人模式改革，并取得了阶段性的成效。

以广西职业教育电气设备运行与控制专业课程为例。电气设备运行与控制是职业院校专业设置中一门适用性较强的专业，要求学生必须具备较强的专业知识能力和实践操作能力。南宁市第一职业技术学校主动顺应新时代对职业教育的要求，通过理解"岗课赛证"综合育人模式的深刻内涵，将电气设备运行与控制的课堂打造成学生学习岗位工作知识、增长实践技术能力、掌握职业技能等级证书考试内容、备战专业技能大赛的训练场，实现了"课岗"融合、以岗促课、"课证"融合、以证促课、"课赛"融合、以赛促课的育人效果，创新了电气设备运行与控制专业的人才培养模式方案。

将"岗课赛证"综合育人模式同电气设备运行与控制专业相结合，在该专业的人才培养过程中，以课堂教学为中心，将岗位工作内容、职业技能等级证书的考试内容、专业技能竞赛的内容融入日常教学，打造综合性教学课堂。传统的电气设备运行与控制专业相对较为侧重帮助学生完善理论知识体系，重视对学生理论水平的培养，但忽视了学生综合素质能力的发展。将"岗课赛证"融入该专业课程体系之后，该专业的育人效果有了很大的改善。

一、"课岗"融合，以岗促课

"课岗"融合、以岗促课，就是将岗位工作的内容融入课堂教学实践。岗位工作内容包括岗位职责、岗位工作行为规范、岗位工作人际关系沟通处理、岗位工作专业技能实训等。在电气设备运行与控制专业课程中，南宁市第一职业技术学校的教师在讲述电气设备维修的相关内容时，结合电气设备维修的岗位具体工作内容展开课堂教学。当设备发生故障时，作为岗位的负责人必须做的事情是什么？在此过程中，教师首先鼓励学生积极地进行思考，充分发表自己的看法后，教师再进行逐一的点评。当设备出现故障时，岗位工作人员要及时暂停设备，保证设备运行人员的安全。设备维修人员应根据设备出现的问题及时对设备进行针对性的检查，判断是哪个环节出现了问题，根据对设备检查的结果确定最终的维修方案。在此之后，设备维修人员要第一时间对设备进行维修和试运行，时刻保持理智清醒的头脑投入工作中，提升自己应对突发状况的能力。在"岗课赛证"综合育人模式下，电气设备运行与控制专业的学生不仅要具备较高的技术能力，还要有敏锐的判断力，能够及时根据现场情况制订针对性的解决方案，将课堂学习的内容与工作实践相结合，提高自己的抗压能力。

"课岗"融合，就是在教学课堂上最大化还原工作岗位的场景。课堂教学还原工作岗位场景主要包括两个方面：一方面，高校利用现有的教学设备搭建实训基地，为学生提供相应的电气设备，以供学生进行实践技能的学习；另一方面，教师利用互联网信息技术为学生构建课堂教学情景，让学生深入其中，通过情景化的教学让学生在相对逼真的学习环境中学习电气设备运行与维修专业的相关内容，提升学生的课堂体验感。在进行电气设备安装教学时，院校的教师通过互联网信息技术和现场模拟实操两种模式开展教学，提升课堂教学的效果。例如，在利用互联网信息技术进行课堂教学时，首先，为学生构建一个岗位工作场景，将学生引入课堂情景中，以项目推动的形式进行教学，教师向学生提问，如在安装企业新购买的电气设备时的工作流程和思路是什么。鼓励学生之间互相讨论，厘清思路，再进行回答。在此过程中，教师要仔细观察学生在课堂活动中的讨论程度，根据学生的回答进行分析，教师再进行相应的指导。其次，通过多媒体为学生播放电气设备安装教程，让学生通过观看视频全方位掌握安装的细节。最后，在实践环节中，鼓励各小组自行组织设备的安装，教师在一旁给予相应的指导，根据各小组安装的速度和最终的效果进行相应的评选。

将工作岗位融入课堂教学，旨在为学生构建完善的工作岗位情景，让学生提前适应工作岗位的内容，为未来的求职工作做好相应的准备。"岗课赛证"融合促进教学课堂改革，能够有效提高课堂教学的实效。依据教学大纲，教师将岗位工作的内容分别融入理论课堂和实践课堂，提高学生的注意力。除此之外，岗课融合的核心在于利用企业提供的最新岗位信息来弥补利用传统教材展开课堂实践的不足，提升高职院校教学内容与市场工作岗位的衔接力度，提升学生在就业市场中的竞争力。在电气设备运行与控制专业中，高职院校的教师不仅有效利用互联网信息技术提高了学生在课堂教学中的主动性，还以小组的形式促进了学生参与课堂教学实践，提升了综合育人的效果。

二、"课证"融合，以证促课

"课证"融合，以证促课，就是要将职业技能等级证书考试融入课堂教学。对于电气设备运行与控制专业而言，职业技能等级证书是证明学生具备某项专业技术能力和从业资格的重要内容，也是学生在就业时重要的竞争力体现。因此，南宁市第一职业技术学校的教师主动将课堂教学和证书考试同步进行，让学生同步完成这两项任务。

电气设备运行与控制专业常用的专业资格证书有电气工程师证书、电气设计师证书、电气建造师证书、造价工程师证书、设备工程师证书。每一项证书考试的内容均有所不同，但在大方向上有一定的重叠。院校的教师根据每个证书针对的考核内容合理安排课堂教学的内容。例如，电气工程师主要面向的是勘测、规划、设计、电力工程建筑、安装、设备调试、技术开发、用电管理、电力自动化、技术管理等相关工作人员需要考取的证书。教师在进行相应的教学模块设计时，主动结合电气工程师证书考试的题型和相关的考试侧重点，组织学生进行练习。院校教师也会主动向学生提供近三年的考试题型，让学生在学习专业知识的同时，从近几年题型的变化中找到该专业职业技能等级证书考试的趋势，从而保证学生有效掌握最新的职业技能等级证书考试的信息，让学生提前做好准备，提高职业证书考试的通过率。

职业技能等级证书的考试时间间隔较长，也意味着如果学生没有通过本次职业技能等级证书考试，就需要较长的时间等待下一次考试，这不仅会对学生考试的积极性造成一定的影响，还会让学生浪费大量的时间在重复的刷题上，从而丧失较好的求职机会。因此，南宁市第一职业技术学校的教师在学生参加职业技能等级证书考试之前，不仅将职业技能等级证书考试的常识和重难点融入教材，还会为学生组织相应的模拟考试，提升学生的综合能力和心理素质。在考试内容的准备中，教师结合近三年某项职业技能等级证书考试内容的重难点和重点题型进行针对性的设计，并结合学生的实际情况加以创新，保证模拟考试的内容更加贴合正式的证书考核内容。另外，在考试的组织形式上也更加严格，全方位模拟职业技能等级证书的考试环境。在考试结果出来之后，教师针对学生的考试结果进行有效的分类总结，帮助学生明确自己的问题，从而进行有效反思，提升自己的能力。

将职业技能大赛融入课堂教学并不只是为学生提供近年来的考试题型，帮助学生提高职业技能等级证书考试的通过率，而是要将职业技能等级证书的考试内容作为教学内容的参考标准，遵循学生发展的规律，在潜移默化中提升学生的应试能力和应试技巧。高职院校的教师要明白，提高学生的职业技能等级证书考试的通过率并不是最终的教学目的，在职业技能等级证书考核的过程中提高学生各方面的综合能力才是根本目的。所以，在推进"课证"融合的过程中，教师不能只注重表面的融合，而应将专业课程的育人机制与职业技能等级证书考核的人才培养机制进行深度的融合统一，才能有效通过职业技能等级证书的考核提高自身的综合能力。

三、"课赛"融合，以赛促课

"课赛"融合，以赛促课，就是将职业技能大赛融入课堂教学。实际上，职业技能大赛与高职院校的联系较为紧密，是专业教学中重要的拓展内容。在电气设备运行与控制专业中，南宁市第一职业技术学校的教师主动将职业技能大赛考核的内容融入课堂教学，并作为课堂教学重要的拓展和补充，给予学生一个自我展示的重要平台，让学生能够及时了解大赛的情况，明确自身在学习中存在的优势与不足，从而激发学生的学习动力。

不同于近年来在各个高职院校之间举办的各种专业技能竞赛，在"岗课赛证"综合育人模式下，广西的高职院校的教师不再将专业技能大赛作为部分学生参与的赛事，而是有效丰富了专业的参赛内容和参赛形式，提高学生的竞赛参与度，争取做到人人参与。

以电气设备运行与控制专业为例，教师在参赛之前，主动帮助学生了解本次专业技能大赛的内容和规则，告诉学生本次竞赛的重点项目，让学生根据自己擅长的领域及自身关注的热点做好充足的准备。"课赛"融合的内涵就是在课堂教学的过程中将专业技能竞赛的内容进行巧妙的融合，这样不仅不会给学生带来相应的学习压力，还会丰富专业课堂教学的内容，对课堂教学的内容进行拓展和提升。大多数学生对电气设备运行与控制专业技能竞赛是陌生的，许多学生在高职院校学习期间并没有机会参加专业技能竞赛，自然，在相应的专业拓展和竞赛能力上也存在一定的欠缺。在"岗课赛证"综合育人模式的指导下，高职院校教师利用课堂时间主动为学生组织内容丰富、形式各异的专业知识竞赛，以提高学生对专业知识竞赛的熟悉程度。例如，以针对某项电气设备损害情况的描述，让主动参与的学生制订一套针对性的电气设备维修方案。在此过程中，教师要鼓励每一名学生都参与维修方案的设计，也可以组织学生进行积极的讨论，最终选出维修效率最高、成本最低、方式最简洁的维修方案作为最后的获胜方案。在此过程中，教师也要对其他学生的维修方案一一作出点评，让学生明白自己的不足之处，并进行相应的整改。最后，让学生根据自己提出的方案上台讲解，其他成员给予相应的打分，形成最终的评价。

综上，南宁市第一职业技术学校在推进"岗课赛证"综合育人模式同电气设备运行与控制专业结合时，较为顺利地实现了课堂教学与其他主体之间的融合，将电气设备运行与控制专业的教学课堂打造成一个综合性的育人实训课堂，有效提高了课堂教学的实效，顺应了职业教育改革。但是从上述中可以发现，在"岗课赛证"综合育人模式下，电气设备运行与控制专业仍然有许多值得改进和完善的地方。院校必须深刻理解"岗课赛证"综合育人模式的内涵，分析自身的实际教学情况，除了在课程内容上融入以外，还要在多个方面体现综合育人模式的特色，这样才有利于电气设备运行与控制专业顺利实现转型。从上述分析来看，学校在进行电气设备运行与控制专业的改革时并没有深入理解"岗课赛证"综合育人模式的内涵，只是简单地将其他主体的内容融入课程教学体系，各主体之间的融通效果并不理想，并没有达到相应的融通标准。

总之，未来"岗课赛证"综合育人模式的研究应用，高职院校应从大处着眼，从小处着手，以问题为导向，考量"岗课赛证"综合育人模式发展的短板，从而提出更具针对性和实效性的建议。现阶段，在职业教育发展的过程中，"岗课赛证"综合育人模式的研究是一个需要对理论研究和实证研究进行探讨的话题，高职院校无论是在构建各主体融通的教育平台方面还是在其他方面，都应实现理论创新与实践发展的良性互动，如此才能继续推进"岗课赛证"综合育人模式与高职院校的各个特色专业相融合。另外，从实践的内容来看，南宁市第一职业技术学校较为侧重课堂教学的改革，却对"综合育人"这一问题的研究探讨有待深入。如何将"岗课赛证"综合育人模式的研究与国家经济社会发展对高素质职业技术人才的需求相连接，以及如何调整"岗课赛证"综合育人模式的研究中心由"课程改革"逐渐向"综合育人"进行转移，将是未来一段时间内高职院校研究的重点问题。以人才培养模式的新探索为职业教育改革的主要发力点，各主体之间的融通关系是构建育人路径的重点内容。因此，高职院校在将"岗课赛证"综合育人模式应用于专业课程领域时，首先要搭建一个四位主体融通的"协作共同体"，在功能上实现相互影响、良性循环，不能仍然停留在资源整合、课堂教学模式改革的浅层面。以人才供需为连接四大主体的抓手，在人才需求、人才培养、人才展现、人才创新等方面实现高度互融，对创新教育链、人才链和产业链的有效衔接具有重要的时代意义。在产业转型升级和岗位需求变化的背景下，高职院校需要重新结合劳动市场需求和现代职业教育体系建设的要求，正视人才培养的目标逻辑定位，深刻理解"岗课赛证"综合育人模式的内涵和时代特征，以期培养一批能主动适应社会经济发展、引领产业科技创新的高质量技术技能型人才，支撑我国从制造大国迈向制造强国。

第五章 高职院校"岗课赛证"综合育人"新"教材建设

　　在高职院校学习的过程中，"岗课赛证"是一项重要的综合育人活动。它不仅能够帮助学生将所学知识与实际工作相结合，还能培养学生的实践能力和综合素质。"岗课赛证"的建设也是为了更好地引导学生，提高学生的学习积极性和主动性。为了达到这一目标，高职院校积极进行了"新"教材的建设，以确保学生能够获得更加全面和深入的培养。在综合育人的新教材建设中，"岗课赛证"的章节内容设计要紧密结合学科特点和学生实际需求，注重与实际工作的对接，以增强学生的实践能力，同时要注重培养学生的创新意识和团队合作精神，帮助他们更好地适应社会的发展变化。通过"新"教材的建设，高职院校能够更好地引导学生，提高学生的综合素质和实践能力。

第一节　高职院校"岗课赛证"综合育人教材建设逻辑

一、高职院校新型教材开发的重要性

（一）能够凸显职业院校特色

当前，我国的高等职业教育正处于蓬勃发展的时期，各大高职院校都在积极探索职业教育的创新途径，通过实践办学，在专业学科设置、师资力量构成等层面形成了自身特色，而借助"岗课赛证"综合育人教材的开发建设，可以更加有效地整合自有资源，发挥本校优势，完善专业课程体系建设，进一步满足高职学生学习需求，带动高等职业教育的健康发展。

一方面，高职院校的教育目标是培养实用型人才，而"岗课赛证"新型教材建设的要点之一是强调学科知识的专业性，将教材与相关行业的最新发展动态和技术要求紧密结合，提供具有针对性和实用性的教学内容，使学生事半功倍地掌握并实际应用专业知识技能。另一方面，高等职业教育一般十分注重实践教学，致力于培养学生的实际操作能力，而"岗课赛证"综合育人教材的开发可以通过案例、实验指导和实训项目等，突出实践导向，帮助高职教育学生更透彻地理解所学知识，提高其实践能力。

另外，高职院校的教育要与产业需求相匹配，培养适应当前就业市场需求的人才，"岗课赛证"综合育人教材的开发可以及时反映相关行业的发展趋势和用人需求，根据行业要求调整教学内容，使学生具备符合社会人才需求的专业素质。同时，职业教育还应注重培养学生的创新创业意识和能力，"岗课赛证"新型教材开发可以在传统课程内容的基础上，引入创新创业案例介绍和社会项目实践活动，激发学生的创新思维，培养他们在实践中发现问题、解决问题的能力。而新型教材的开发可以帮助教育工作者探索新的教学方法，以多样化的手段提高课堂教学效果，增强高职教育学生的学习积极性，借助多媒体教学资源、在线学习平台等网络科技，帮助学生更好地进行自主学习。

总而言之，通过"岗课赛证"新型教材的开发，能更好地凸显高职院校的专业特性、实践导向，并加强其与社会行业需求的契合度，培养新时代学生的创新创业精神和实际操作能力，进一步提高教学质量和学生的就业竞争力，为高等职业教育的发展开辟全新的道路。

（二）能够促进教师专业成长

随着科技进步和社会变革，各行各业的需求都在不断更新变化，高职院校的教材需要及时跟进行业发展，提供最新的知识体系和技能培训，以适应就业市场的需求，提高学生的就业竞争力。在"岗课赛证"综合育人教材的建设中，教师从传统的单纯利用教材授课的"执行者"转变为教材的"设计者"，为了完美实现这一角色转变，高职教师需要具备丰富的专业知识储备和熟练的应用能力。因此，高职教师要紧随时代发展步伐，做好教研工作，不断提升教学能力和教材开发水平，进一步促进自身的成长。

"岗课赛证"综合育人教材的开发涉及传统专业知识的整合和新型教学方法的探索，教师要想顺利参与教材开发的过程，就必须深入研究和理解相关领域的最新发展趋势和技术要求，进一步提升自己的专业知识和教学能力。教师在参与"岗课赛证"综合育人教材建设过程时，需要根据实际教学需求，思考如何将专业知识与实践应用有机结合，以及如何设计创新性教学手法和实训项目等，这样的参与过程能够激发教师团体的创新意识，促使他们更加积极地思考和尝试更加多样化的教学方式。"岗课赛证"综合育人教材的开发还需要教师团队成员间的相互配合，教师需要共同研究、讨论和协商，综合多人意见完成教材的设计和编写工作。在这一合作过程中，彼此的不断交流能够加强教师之间的默契度，提高团队协作能力，进一步促进教师的专业成长。除此以外，教师参与"岗课赛证"新型教材的开发期间，需要进行大量的调研工作，完成历年资料整理和教学实践等各项任务，这些经验积累能增强高职教师的教研能力，提高他们对教育问题的深入思考和分析能力，进一步提升教师的教学水平。

通过高职院校"岗课赛证"综合育人教材的开发，教师能不断提高教学能力，激发内在创新意识，加强相互间的协调合作，多方面促进专业水平提升，最终推动高等职业教育质量的提升，为学生综合素质培养提供支持。

（三）能够充分发掘学生个性

众所周知，教材是学生学习知识不可或缺的工具。高职院校实施新型教材开发的主要对象是学生，需要根据实际需求来制定教材设计标准，在这一过程中教师需要长时间地与学生相处，了解学生的真实学习情况，充分挖掘学生个性，结合学生的多样化需求进行针对性教材建设与开发，保障学生在学习知识的同时，也可以有效发展自身个性。

"岗课赛证"综合育人教材的内容注重培养学生的创新精神和实践能力，在教材中，可以提供多样化的实际案例，设计丰富有趣的教学任务，鼓励学生根据自己的兴趣和特长进行选择尝试，从侧面促进高职教育学生的个性发展。"岗课赛证"综合育人教材的开发可以为学生提供多样化的学习资源，打造由学生全权掌控的自主学习空间，再搭配各种创意教学手段，使学生根据自己的学习风格进行自由探索，确定学习的具体分支内容，按照自身能力水平把控整体学习进度，充分发挥其内在个性潜能。

另外，"岗课赛证"综合育人教材的开发还能激发学生的创新思维，增强其创造能力。通过引入实践项目和创新案例，学生可以进行自主思考和深入探索，在实践中发掘自身创新潜能，培养独立思考的优秀品质和解决难题的非凡能力。"岗课赛证"综合育人教材中涵盖的个性化评价方式，可以开拓高职教师的教育思路，使其根据学生的个性和未来发展需求，提供具有针对性的评价和指导，帮助学生更好地发挥自身特长和优势，向着既定的目标不断前进。总之，高职院校"岗课赛证"新型教材的开发，使学生拥有自主学习的空间，得到更多的发展机会，有助于学生充分挖掘自身个性,扬长避短,为日后的工作生活做好充分准备。

(四)能够促进地方区域经济的发展

近年来,我国高等教育与地方经济建设的联系越来越紧密,高职院校承担着培养社会所需的高新技术人才这一重要责任,而开发具备区域经济特色的"岗课赛证"新型教材可以使教育工作者更准确地把控新时代产业结构的变化特点,保障传授给学生的知识要点更加适应地区就业需要,推动区域经济的快速发展。"岗课赛证"综合育人教材的开发可以根据地方产业的特点和需求,设计相关的教学内容,推出特色实践项目,大力培养与地方产业高度匹配的人才,向学生提供有针对性的职业技能培训,为地方产业发展提供人力资源支持;可以在教材中增加创新创业教育内容的占比,积极组织学生参加社会实践活动,以真实的职场体验激发学生的创意思维,培养具有创新能力和创业精神的高素质人才,为地方经济的稳步发展提供相应支持。

通过"岗课赛证"综合育人教材的开发,高职学生可以获得与当地就业需求相匹配的职业技能和实践经验,最大限度地提高其就业竞争力,这将有助于当地企业吸引并留住人才,促进地区经济的发展。长期以来的研究结果显示,"岗课赛证"综合育人教材的建设需要与地方产业进行紧密合作,实现产学研的完美结合。这种合作模式能够促进知识和技术的共享与转化,加强学校与企业的互动及交流,在相互碰撞中推动地方经济产业的创新和升级。因此,加强"岗课赛证"综合育人教材的建设,有助于培养社会需要的复合型人才,加强创新创业教育,提升高职教育学生的整体就业竞争力,最终促进地方区域经济的快速发展。

二、"岗课赛证"综合育人视域下新形态教材开发的现实需求

(一)"岗课赛证"综合育人建设需要丰富教材形态

"岗课赛证"综合育人模式的顺利实施离不开形式多样化的教材,即融合传统纸质书本和全新电子资源的一体化教材。北欧有学者提出

"协同数字教材"理论，畅想出一种协作的、动态的数字课堂环境，在这一课堂上，教师和学生可以平等地对话交流，研究专业知识。除了必备的图文内容外，教材还包含多媒体演示工具、在线学习平台等。与此同时，在新型教材开发过程中需要避免形式主义，应建设真正符合企业岗位需求的专业方向，结合新时代高等教育理念，融入职业技能比赛标准，体现职业技能等级证书内容的新型职业教育教材，如活页式、工作手册式等创新模式教材。借鉴国内外先进案例，大力开发数字化资源，丰富高职教材形式，运用多样化教学手段，打造灵活有趣的课堂教育。

从当前整体教育情况来看，我国大多数高职学院使用的教材形式较为单一，内容也不够丰富。随着互联网信息技术的高度发展，传统纸质教材更新速度慢、呈现形式单一等弊端逐渐暴露出来，其难以适应新技术、新标准等职业技能的课程教学，无法有效调动高职教育学生的学习积极性。此外，部分所谓的数字教材只是简单地将纸质教材电子化，仍旧缺少交互、反馈等全新教学功能，无法支撑个性化学习，导致高职课程教学不够生动，难以培养契合新时代企业岗位标准的高素质、复合型人才。因此，急需新形态教材的开发，以弥补当前高职教材内容和形式单一、无法适应"岗课赛证"综合育人需求的现实困境。

不同学生的学习方式和偏好各异，有些学生喜欢单纯的文字阅读，有些学生更喜欢欣赏图表和图片，有些学生则喜欢在亲自动手、实践操作的过程中吸收知识。丰富的教材形态可以满足不同学生的学习需求，为他们提供多样化的学习体验。丰富的教材形态可以充分激发学生的学习兴趣，从而增强其学习效果，通过引入图片、视频、实践活动等形式的创意教材，可以使学生更好地理解和掌握专业知识，进一步提高学习的深度和广度。不仅如此，"岗课赛证"新形态教材的开发还可以培养学生的综合素质能力，通过阅读文字材料，学生可以提高语言表达和理解能力；通过观看图片展示，可以提升学生的数据分析和图像模拟能力；通过实践操作，可以培养学生解决实际问题的能力。多种多样的教材形态还能开拓学生的创新思维,通过引入新奇社会案例、配合互动式教学,教师可以充分挖掘学生的创造力,提高其创新意识。通过不断完善教材内容,尽可能地满足不同学生的学习需求,提升课堂教育质量,保障"岗课赛证"综合育人模式建设的顺利进行,调动高职教育学生的发展潜能,进一步增强其专业技能和素质水平。

(二)"岗课赛证"综合育人需要提升教材类型的适应性

内容是一本教材质量高低的决定性因素,"岗课赛证"综合育人建设为解构与重组高职教材内容创造了全新的机会。在"岗课赛证"新型教育背景下,高职教材开发要做到价值性、实践性和有效性的完美结合,确保教材内容跟随时代发展步伐进行相应更新,适应网络科技变革和产业转型升级对技术型人才专业能力的新需求,以培养高职教育学生综合素质能力为核心目标,帮助学生在课堂上收获丰富的专业知识与技术实践能力,提高其求职竞争能力和岗位适应能力。具体来说,首先,要坚持正确的价值理念,在教材设计过程中融入课程思政元素,切合总体发展战略,合理分配教学资源,平衡教材适用范围。其次,在教材内容中体现高等职业教育的特色,凸显实际操作性。"岗课赛证"综合育人教材的设计要根据当地企业的实际工作任务和用人需求,以职业技能规范为核心,结合技能比赛项目标准和职业技能等级证书能力要求,共同打造出融合多方面元素的新型教材。最后,保障内容的先进性,提升教材的有效适用性,做到及时对目标行业的新技术、新工艺进行详细了解,分析真实生产案例,并将这些内容恰当地纳入高职教材里。

基于"岗课赛证"综合育人新形态教材的建设要求,当前我国高职教材急需进行改善和提升。一方面,现有的教材内容大多欠缺实践操作性,这是由于校企合作机制尚未健全、产教结合不够深入,因此高职教材中的理论知识所占比例较重,导致实践操作部分较少,教材内容既不符合学生学习规律,也不契合地区企业的实际岗位需求。另一方面,教材知识陈旧,久未更新,内容同质化较为严重,只注重热门专业的教材建设,对小众专业的教材设计则更加滞后。此外，教材形式也在很大程度上影响了教材内容的更新，纸质教材较数字化教材来说迭代过程更加复杂。当前我国高职院校大部分依旧使用传统教材，很难跟上时代发展的步伐。

"岗课赛证"综合育人的目标是培养学生的实际操作能力，因此教材内容应更加注重实践性教学的融入，如加大真实案例分析、社会实践活动、实地考察任务等所占比例，这样可以使学生在实际操作中融会贯通，更好地吸收应用所学知识，提高专业能力水平。近年来，随着科技的发展，多媒体教学已成为一种趋势，通过引入图文并茂的电子书、丰富多彩的在线课程和教学视频等多媒体教材，可以更好地激发高职教育学生的学习兴趣，促使他们自发地进行知识探索，进而提高整体教学效果。同时，多媒体教材的普及还可以带来更加多样化的学习资源，能满足不同学生的个性化学习需求。

除此以外，"岗课赛证"综合育人模式的特点之一是培养学生的跨学科能力，使他们综合运用各学科的知识解决实际问题。因此，教材设计过程中应更加注重不同学科知识的整合及梳理，帮助学生建立全局观念和系统性思维，从而进一步增强其综合素养。新型教材的建设还应尽可能多地增加互动性教学元素，如小组讨论、案例讲解、问题答疑等环节，这样可以促进学生之间的沟通交流，培养他们的集体思想和团队合作能力，还能激发学生的好奇心，使其主动加入课堂活动中进行思考，能在一定程度上提高学习效果。由此可见，通过提升教材类型的适应性，可以更好地满足"岗课赛证"综合育人的要求，促进学生的全方位发展和综合素质水平的提升。

（三）"岗课赛证"融通需要相应的教材评估与审核标准

"岗课赛证"全面融通作为深化高等职业教育产教进一步融合的重要手段，对新时代教材创新改革产生了重要影响，以"岗课赛证"综合育人为核心进行的教材评估与审核，对高职院校建设高质量、强适应性的教材提供了很大帮助，可以说是职业课程教学的基础。

"岗""课""赛""证"的融合为新型教材的设计开发提供了全新的标准，即整合企业工作岗位需求、课程教育平均水平、职业技术比赛能力及各项资格证书要求等方面的规则，从多个方面对教材的内容、形式设置进行严格审核，分析是否能够满足学生的学习需求，确保高职教材的专业精确性与普遍适用性。当前，"岗课赛证"新形态教材的开发制度尚未健全，在市场需求导向下，各地区的教材出版呈现混乱状态，统一、明确的审核标准的缺乏使高职教材质量参差不齐，出现教材数量庞杂、结构凌乱、质量堪忧的不良情况。许多教材的内容与当前企业用人需求相去甚远，印刷质量也相对较差，整体态势不容乐观，严重影响着新时代社会人才培养的需求和高等职业教育建设质量的提高。

因此，需要合理的教材评估与审核标准，以此确保教材的内容与"岗课赛证"综合育人的教学目标相一致，通过对教材的严格审查，可以保障教材中知识的准确性、全面性、适应性，以满足学生各科知识融通的学习需求。优质的教材评估与审核机制还可以确保教材的质量，在审查过程中，可以针对教材的细节设计、内容组织、知识结构等方面进行分析，鉴别是否存在不合理之处，确保教材内容的通顺流畅，从侧面提高课堂教学效率。另外，只有维持长期的审核流程，才能及时筛选出过时的案例内容，加快促进教材的更新换代。通过对一本教材的仔细评估，可以发现其中存在的问题和不足，为教材的改进与完善提供参考思路。同时，在审核的过程中也可以鼓励教研人员积极创新教学方式，最大限度地满足学生融通知识的需求。"岗课赛证"新型教材的严格筛选可以大幅度提高学校所用教材的适用性，通过这一过程，可以直观地发现该部教材是否符合学生的学习需求和实际情况，是否具有一定的灵活性和可操作性，以便学生更好地融通知识并应用知识。通过建立相应的教材评估与审核机制，可以有效确保教材内容与"岗课赛证"综合育人的教学要求相吻合，提高教材的整体质量，促进创新元素的融入，提高教材的适用性，最终帮助高职学生更方便地理解、吸收知识，促进其综合能力的培养。

（四）"岗课赛证"融通需要推动教材开发团队跨界合作

"岗课赛证"综合育人模式将企业岗位资源、学校课程资源、职业比赛资源及技能培训资源整合在一起，使原本分散于各个领域的社会资源通过合理的流程运转起来，形成强大的资源合力，这不仅对学校课程体系建设造成影响，还辐射到各行各业用人企业中。因此，"岗课赛证"新形态教材的开发需要各个社会主体的通力合作，努力形成以行业技术精英、一线教职人员、教育培训专家等各方顶尖人才组成的高质量教材编撰团队，严格参照产教结合的开发机制，划分各自的工作任务。引入技能比赛项目，融合资格证书标准，遵循高职课程教学原则，取其精华去其糟粕，开发高水平的"岗课赛证"综合育人教材。

如上所述，优秀教材的开发离不开高素质的编写团队，然而当前我国职业教材编写团队组织结构相对松散，教材质量参差不齐。例如，一部分教材属于职业院校教师团队自编，或者个人著述，并没有聘请相关领域的专家参与教材的编写，或提供指导帮助。还有的教材编写缺少相关企业骨干的技术支持，导致教材本体及其配套资源与企业实际工作岗位需求严重脱节。另外，优质的教材编写队伍数量极其稀少，由于我国各地区的经济发展水平不一，高等职业教育改革方面也存在不小的差异，从而导致教材开发团队的巨大差异性，很难找到贴合当地企业发展方向与人才需求的优秀教材。与此同时，一些刚起步的小团队难以获得新形态教材建设所必需的新技术、新手段、新资料等，因此必须建立跨界开发机制，多方面协同攻克难关，合作打造高质量的教材生产线。

"岗课赛证"综合育人要求学生融通不同学科的知识，在日常工作生活中进行合理运用，以解决实际问题。为了满足这一需求，教材开发团队需要进行跨界合作，整合不同学科领域的专业知识，以编写综合性教材。友好的跨界合作可以带来不同形式的思维创新，从而为"岗课赛证"教材开发带来全新的视角和思路，不同学科、不同岗位的专业人才可以共同参与教材开发，积极提供多样化的观点，分享自身教育资源，丰富教材内容，提高教材的实用性和趣味性。教材开发团队将不同学科的知识搭配融合在一起，形成有机的教材体系，通过与真实工作场景的对接，可以使教材更加贴近实际应用，在潜移默化中提高学生的实践能力。各领域人才的合作可以汇聚不同专业方向的知识和各种工作岗位的经验，以供编撰过程中进行参考，从而提高教材的创新性和实用性。在初步定稿之后，教材开发团队还可以从各位专业人才的评价中获得有用的反馈和建议，据此不断优化教材内容，使其更符合高职学生的现实需求和应用。

通过推动教材开发团队的跨界合作，能有效提高"岗课赛证"新型育人教材的实用性，加大教材中创新元素所占比例，从而更好地满足新时代的教育教学要求。同时，校企跨界合作也有助于促进教育领域专家的交流与合作，进一步推动高等职业教育的创新与发展。

三、高职院校"岗课赛证"综合育人教材开发建设现状

（一）对"岗课赛证"综合育人理念的认识较为片面

当前，部分高职院校对"岗课赛证"综合育人理念的认知较为片面，过于注重理论知识的传授，只一味紧盯学生的考试成绩，而忽视了综合育人的本质目标，即培养学生多方面发展的综合素质能力。一些高职教师在教学过程中没有意识到实践应用的重要性，只进行单向的知识灌输，导致学生在面临实际工作时不知如何下手，遇到困难也无法灵活运用所学知识解决问题。某些高职院校还过分推崇以考试成绩来评价学生能力水平这一落后理念，因此缺少对学生动手操作能力的引导和锻炼，只强调理论记忆和应试能力的提高，对学生创新能力、团队合作能力、文化道德素质等综合能力的培养不够重视，导致大部分学生对知识的理解和应用能力不足。此外，高职院校的社会实践环节普遍缺乏广度和深度，往往只是进行简单的实训，学生只需要按部就班地完成一些既定的步骤，并没有机会进行更真实、复杂的项目实践。课堂教学往往局限在特定专业的知识领域，缺乏跨学科、跨专业的教学活动，导致学生缺少对其他领域知识的了

解，无法独立完成综合性思考。

另外，部分高职院校在教学内容的制定和相关教材的编写方面缺乏与行业的交流对接，这使课程内容难以跟随经济产业升级而及时进行相应调整，与实际工作需求不匹配，一定程度上限制了学生的综合能力培养。当前大部分高职院校的教学内容滞后于行业发展，没有及时跟进业界技术、知识和人才需求的变化，导致高职学生在毕业后难以适应工作岗位的要求，业绩成效不够理想。还有一些高职院校由于经费紧张，实验室技术设备的更新不够及时，无法满足新时代行业的发展需求和技术标准，使学生在实训过程中无法真实地体验和掌握行业最前沿的操作技术。师资队伍同样缺乏近年来的行业实践经验，难以迅速洞察和把握业内最新动态与发展趋势，因此，教师在教学过程中也无法向学生传授与行业实际工作相关的知识和技能。高职院校与地方行业的合作项目稀缺，实习的机会较少，学生在毕业前难以在实际工作中尝试应用所学知识，最终导致学生在毕业后面临极大的就业压力。

（二）新型教材的开发机制不够健全

要想顺利完成对新型教材的建设与开发，就必须有健全的制度体系约束编撰团队，采取各种手段调动他们工作的积极性。然而，目前部分高职院校体制不够完善，教材的编写工作陷入瓶颈。首先，"岗课赛证"新型教材的开发机制需要高度开放和透明，目前的开发流程往往由少数专家或权威机构全权主导，缺乏群众的广泛参与和民主的决策机制，应建立包括学生、家长和社会各界人士的参与路径，形成多方共建、多元参与的开发模式，确保教材内容的全面性和代表性。其次，新型教材的开发机制需要保障科学性和专业性，依据教育教学的科学原理和实证研究，结合学科的知识结构和学生的认知特点，进行系统的教材规划和设计。然而当前一些高职院校并未仔细调研教学现状，许多内容缺少现实基础，学生很难抓住其中要点。最后，当前部分"岗课赛证"新型教材的开发机制并不注重社会责任和公益性，教材的开发更多是为了追求商业利益，没有承担起为社会和公众服务的责任。

（三）教材开发建设人员的综合素质水平有待提升

"岗课赛证"新型教材的开发涉及的内容很多，属于极富逻辑性的工作，因此编写者的素质水平直接影响教材成品的质量，进而对学生综合素质教育效果产生影响。然而在当前的教材建设团队中，存在部分能力水平较低的工作人员，他们研究经验不足，与企业用人岗位的真实情况脱节严重，这使综合育人教材的质量难以得到有效保证。教材的开发与建设是一项复杂工作，编写者需要具有育人理论、学科专业知识及教学技术等多方面的综合素质。首先，教材编撰人员需要具备扎实的育人理论知识。他们应了解教育理论、教育心理学、教学设计等方面的基本内容，能够根据学科特点和学生需求，设计符合教育教学要求的教材内容和结构。其次，教材编撰人员需要具备丰富的学科专业知识。他们应对涉及的学科领域有一定程度的深入了解，能够准确把握学科的基本原理和核心概念，确保教材内容的准确性和科学性。最后，教材编撰人员需要具备多样化的教学技术手段。他们应熟悉教育技术的发展趋势和应用方法，灵活运用多媒体、信息化教学的现代技术手段，增强教材的互动性和趣味性，进一步提高学生的课堂学习效果。此外，教材编撰人员还需要具备良好的团队合作和沟通能力。教材的开发与建设通常需要多人合作完成，需要与其他团队成员进行有效的沟通和协作，共同完成教材的开发任务。总体来说，当前大多数教材开发人员的各方面综合素质水平仍有不小的提升空间，只有不断加强自身素质，才能开发出质量更高、更适应教育发展需求的高职教材，为新时代教育事业的发展作出贡献。

四、"岗课赛证"综合育人教材的内涵特征与开发原则

（一）"岗课赛证"综合育人教材的内涵

教材是开展教学工作的重要配件，是实现教育目标的关键工具和资源，因此，要想推动"岗课赛证"综合育人模式的发展，开发与之相适应

的教材是当前高职院校教育工作的重中之重。"岗课赛证"综合育人教材旨在完善技术人才培养方案的系统化，即在日常课程中模拟职场环境，融入真实工作任务；将教学案例与专业比赛相结合，做到教赛融合，增强专业知识学习的趣味性与挑战性；将"1+X"资格证书与课程体系完美衔接，突出个人评价的导向性。"岗""课""赛""证"四项融通将各类要素有机地结合在一起，全面整合、互相嵌入、一体推进。"岗课赛证"综合育人教材基于各地区高职院校的教育特征，借助信息技术手段为学生创设多种学习环境，整合零散的学习资源，模拟真实的工作环境，以适应校企结合、产教一体的新时代人才培养制度要求，推动学生专业技能与综合素养的进一步发展。新形态教材将立足于高等职业教育的明确特征，从指导理念、内容筛选、开发流程和人员建设等方面进行创新变革，营造焕然一新的互联网时代风貌。

"岗课赛证"综合育人教材的内涵旨在通过岗位实践、课堂教学、竞赛活动和证书认证等方式，全方位地培养高职学生的综合素质能力。首先，该新形态教材高度响应教育改革目标，十分注重培养学生的实践操作技能，强调通过岗位实践活动，让学生参与实际工作，了解职场环境和相关技术要求，以此提高学生的专业技能水平和问题解决能力，通过定期的社会实践，让学生在真实的工作场景中迅速学习成长。其次，这一新型教材注重理论知识的灵活传授和趣味学习。在课堂教学中，教材提供相关的知识要点和真实案例，鲜明生动的内容可以帮助学生更轻松地理解和掌握课程知识。教材设计更适合现阶段的教学策略，在调动学生学习积极性的同时促进其思维能力的发展。再次，该教材十分注重竞赛活动的巧妙融入，通过组织各类课外赛事活动，能够充分激发学生的竞争意识，培养学生的团队合作能力，从侧面提升其学习兴趣。竞赛活动可以为学生提供展示自我能力的舞台，激励他们不断进步和提高，在全校师生面前作出亮眼的表现。最后，"岗课赛证"综合育人教材明确职业技能等级证书认证的重要性，鼓励学生积极参加各项职业技能培训和考试，以获得相应的职业技能等级证书，证明他们在特定领域具备一定的专业能力和资质。职业技能等级证书可以增强学生的就业竞争力，为他们提供更多更好的职业发展机会。总而言之，"岗课赛证"综合育人教材的建设就是为了通过多种方式的综合教学，将一批又一批学生培养为符合社会用人需求的高素质复合型人才，为他们的未来发展打下坚实的基础。

（二）"岗课赛证"综合育人教材的"五新"特征

所谓"五新"，一是教材设计的新理念。"岗课赛证"综合育人思想是我国教育界在长期探索与实践过程中提炼而成的质量、效率完美平衡的高等职业教育模式，其思想理念直击当前高等职业教育痛点，包含深刻的教学形式改革思想。其设计理念的"新"主要体现在突出教材开发主体人员的协同化、教材内部知识结构的直观化、资源文件集成化、学习数据的全面化与可视化、教学管理的智慧化及教材使用的灵活化等方面。打造的教材更注重培养学生的综合能力，强调实际操作的训练及知识与技能的有机结合，同时涵盖实际工作中各个岗位的职业要求，使学生更好地适应职场生活。

二是教材开发的新机制。"岗课赛证"新形态教材的开发依据完备的校企合作机制，可第一时间获取产业技术升级与行业岗位用人需求变化的信息。通过各学校教师、企业骨干、出版人员等各合作主体间的沟通交流与资源交换，共同搭建线上课程资源平台，实现以电子化教材为中心，展示共同拥有的相关教学资源，利用不同主体的独特优势，进一步深化合作互助，共同推动"岗课赛证"综合育人教材建设机制。

三是教材建设的新内容。"岗课赛证"新形态教材设计团队通过追踪当地行业最新发展态势，将获得的信息予以解构处理，转化为对应的课程教学资源。灵活应用现代信息技术，将纸质教材资源进行数字化处理，方便及时依照情况变化进行内容更新，在教材中反映最前沿的岗位技能要求、竞技比赛热点、职业资格考核等关键信息，将"岗""课""赛""证"元素进行有效融合衔接，实现教材内容的快速迭代。紧密结合实际工作岗位要求，使教材内容更加全面、实用，尽可能帮助学生获得第一手的职业考核信息，使其稳步掌握实际工作必备的知识和技能。

四是教材呈现的新形式。为了迅速地将行业新技术、新态势等重要信息展现在教材中，应将传统的纸质资料升级为线上教学平台的虚拟仿真数据化教学资源，实现多方面教材资源一体化的全新模式，让每一位教职人员都能熟练运用该机制迅速导入实时咨询，促进教材的常用常新。当然，除了电子化教学资料之外，还应探索已有的活页式、工作手册式职业教材的创新形式，努力实现学习资料的开放化、个性化，构建智能型课堂教材系统。

五是教材利用的新手段。依靠当前高度发达的互联网信息技术，"岗课赛证"综合育人教材从以原始的文字、图片素材为主体，迈向以视频、多媒体演示文件等内容为主体的数字化道路。这种教学载体的变化也带来了教育方式的转变，新形态教材能够流畅地完成教学活动、岗位实践、技能竞赛及资格认证等环节的自由切换，促进高职教师的教学手段创新，推动高职学生的学习方式变革。教材中容纳了多种教学方法，如问题导向、案例教学、小组协作等，循循善诱，一步步引导学生主动思考，培养他们发现问题和解决问题的能力。

与此同时，高职学生使用教材的方式也将发生巨大变化。新形态教材不仅是学生进行高效学习的关键工具，还是其在课堂之外随时随地补充知识的重要媒介。展望未来，教材不仅面向高职院校学生，还将面向社会大众，帮助感兴趣的人们参与专业技能学习，并顺利取得相应的职业技能等级证书，助力技能型社会的形成。综上所述，"岗课赛证"综合育人教材的"五新"特征体现其理念、机制、内容、形式、手段等方面的创新，这些特征有助于增强高职学生的整体素质水平，提高他们的综合竞争力和工作适应能力。

（三）"岗课赛证"综合育人教材的开发原则

"岗课赛证"综合育人教材的开发原则是指为确保成品书本的质

量，相关人员在教材编写过程中必须遵循的基本原则和指导思想。首先是教学优先原则。"岗课赛证"融通的新形态教材开发要抓牢各元素间的连接点——教学课程，以此为核心进行后续设计。教材是高职教师在课堂上传授知识的重要辅助材料，而作为教材的支配者之一的教师，是整个课程顺利推进的核心主体。因此，"岗课赛证"新型教材的开发要重点考虑教师团体对课程体系的把握程度，做到尽量包容不同教师的课堂逻辑，以"教学优先"作为教材开发的原则之一。这有利于增强教材的普遍适用性和有效性，使高职教师以最有效的方式开展课程教学，促进教材内容更好地融入课程体系，帮助学生顺利地掌握知识与技能，提高学生的综合素质能力。

其次是实践导向原则。教材的内容应紧密围绕实际工作岗位需求，注重培养学生的动手操作能力，应基于各项实践案例开展教学，使学生更清晰、明确地理解所学知识，并在遇到问题时针对性地予以应用。教材应从多个方面入手，全方位培养学生的专业技能，内容要涵盖各个职位的技术要求，包括相关理论知识学习、实践操作训练、竞赛活动的比拼和资格证书培训等，通过多样化的内容，增强学生的综合能力。

再次是创新针对性原则，指的是教材应根据不同学生的特点和需求进行针对性的设计和编写。教材的内容和形式应符合学生的年龄、学科特点，能有效激发学生的学习兴趣和课堂积极性。教师应根据不同学生的需求提供个性化的辅导，注重教学方法和授课形式的创新，以更加适应现代教育的全新需求，做到与时俱进，融入新时代教学理念和教育手段，提高整体课堂效果。"岗课赛证"教材还应具有实际应用的价值，帮助学生掌握日常工作生活中经常用到的知识，描述的技能要具备实用性和可操作性，以满足学生在岗位实践中的需求，及时进行更新换代，保证与实际行业需求相衔接，进一步提高学生的就业竞争力。

最后是形态适应性原则。所谓"岗课赛证"综合育人"新"教材，是相对于传统的形态媒介而言的。目前高等职业教育领域重点开发运用的新形态教材主要包括AR（augmented reality，即增强现实）智能教材、活页式教材、工作手册式教材、多媒体教材、融媒体教材等。这些教材形态各不相同，其优势和缺陷自然也不同，信息呈现和使用的方式差异性较大。例如，传统的纸质教材虽然存在耗费大量存储空间、携带不方便、呈现模式单一、内容时效性受限等各种缺陷，但它是相对来说最稳定的形式。最新的AR智能教材虽然画面酷炫、生动形象、科技感十足，但对介质设备有较高要求，成本也十分高昂。因此，"岗课赛证"综合育人教材的形态应呈现出广泛适用性。具体来说：一是取决于当前课程的具体内容特征，根据不同的内容展开匹配，对教材呈现形式进行相应选择；二是突出教学过程的适用性，教材的设计不能因过度注重形态而本末倒置，干扰学生的注意力，打乱整体教学过程的连续性，淡化教育效果等；三是新形态教材应关注经济成本，做到协调性和绿色性的完美结合，突出功能性，避免资源成本的浪费，重视可持续发展与更新的现实需求。

第二节　高职院校"岗课赛证"综合育人教材设计

一、"岗课赛证"融入新型教材设计的特征和内涵

"岗课赛证"融入新型教材设计环节的主要特征是具有极高的专业性与实用性。在内容编写上，结合地区企业的真实工作项目和任务，基于实际工作过程梳理内容脉络，确定编写逻辑，避免单刀直入地对知识点进行简单描述，而应着重强调对学生由浅入深地引导，借助问题或小提示等具有启发性的内容，引发学生的思考与讨论，带领其完成一系列任务安排，让学生沉浸式地体验真实的工作流程，实现课堂教学与企业岗位的深层次对接。教材整体内容以实用性为原则，不追求过于标准化的知识体系，只要满足语句通俗易懂、图片搭配适宜、深入浅出，满足学生的多样化学习需求即可。

"岗课赛证"综合育人教材设计的内涵主要体现在内容与功能方面。

例如，新型活页化教材的内容以"立德树人"观念为根本，以培养学生的综合能力为首要目标，以具体工作任务实践为载体，据此设计一系列模式化的学习项目，同时结合"活页"这一特殊的呈现形式，凸显集体化、信息化的丰富资源储备，使该教材在学生的实际使用过程中具备实用性和灵活性，更好地帮助学生完成学习任务。教材在功能上应突出工具性，强调以学生为核心，方便他们随时借助教材自主地查阅课堂内外相关资料，进行信息分析，找到解决问题的方案。如此可以最大限度地激发学生的学习主动性，培养其自学能力，帮助他们构建适合自己的知识网络与职业技能体系。

二、"岗课赛证"融入新形态教材的设计思路

（一）以"课"为核心，确立教材设计逻辑

高等职业教育的整体教学逻辑是学生职业能力培养为总目标，为学生打造真实的工作情境，在实践中引导学生灵活运用理论知识，帮助他们完成综合技能的提升。结合各专业课程特征，按照实践项目和工作任务安排的具体结构予以建设，在这一过程中遵循"引导案例在前，知识解析在后"的顺序进行编写。基于各高职院校长期以来进行教学改革的丰富经验，引导材料的设计逻辑以"行动导向教学"中常用的六步法，即"资讯—计划—决策—实施—检查—评估"为指导，以活动过程为主要设计流程，为专业课堂教学的开展提供资源支撑。另外，确保在编写前创设问答情境，鼓励学生跟随引导材料中抛出的问题和提示进行思考，再结合知识解析收集学生的真实想法，并以此为基础制订教学计划，确定详细的实施方案，逐步进行实施，将理论知识用于实践中，培养学生的自主学习能力与问题解决能力。在课堂中秉持以学生为主体、教师为主导的教育理念，发挥各自应有的作用。教师要保证课堂纪律性，结合"行动导向教学"理念，根据不同学生的具体学习情况，依照教学任务目标，有选择性地采用小组教学、案例分析等教学手段，充分发挥"岗课赛证"综合育人教材的引领作用，增强其在高职院校专业课堂上的适用性。

（二）以"岗"为本源，提炼典型工作任务

在当前的高等职业教育中，各大企业岗位的人才需求是专业课程体制建设和教材开发的根本参照。首先要明确目标岗位的工作职能和权责范围，包括日常工作任务的执行要求、工作流程的优化和岗位绩效的评估等。根据以上信息制订相应的培训计划，确保学生经过一段时间的训练能够掌握所需的知识和技能，在完成工作任务的同时不断提高专业素养。培养学生与各自团队成员、上级领导及其他相关部门进行有效沟通的能力，互相协调工作进度、妥善解决问题，确保工作任务的顺利推进。学习如何合理分配工作时间、调度资源、解决突发问题等，确保工作目标的稳步推进。根据市场变化，及时进行体系设计的创新和改进，提高工作效率和质量。遵守安全操作规章制度，确保工作环境安全，防止恶性事故发生，及时处理安全风险和隐患。定期对工作情况进行评估，分析自身优势和问题，并做出相应的改进，提高工作效能，促进职业发展。不断学习行业新知识和新技术，及时跟进行业发展趋势，提高自身的专业竞争力。

（三）以"证"为标准，职业技能标准融入任务

"1+X"职业技能等级证书可以明确地展示出个人的职业技能等级，在具体的工作安排中起到关键的指导作用，将职业标准与工作任务中的技术点相对应，实现技能等级标准与职业教材内容的有机结合。除此之外，将职业技能等级证书考核内容纳入教材任务环节，并制定相应的评分规则，实现技能等级标准向课程教学内容的合理转化，使学生完成一定的课程学习就可以参加考核获取证书。

（四）以"赛"为引领，技能竞赛丰富教材任务

高职院校以职业技能大赛为引领目标，可以不断丰富教材任务，培养学生参与大型赛事所需的技能。例如，要求学生根据自身兴趣爱好选择一个适合的比赛类型，并在教师的帮助下制订详细的项目策划和培训计划，其中包括目标设定、时间规划、资源需求等方面的内容，同时在这一

过程中培养学生的项目管理组织能力。督促学生自发组建团队，合理分工合作完成比赛项目，通过友好的沟通协调，培养学生的团队合作精神和协作能力。鼓励学生积极发表新颖的想法，开辟全新的思路，寻找问题解决方案，增强其创新思维能力。此外，还应要求学生在为比赛做准备的过程中，努力运用所学的知识和技能，将编程、设计等方面的能力想方设法地应用其中，提升学生的实际操作能力，保障学生在大赛项目中面临难题和挑战时，能够迅速冷静下来进行分析，努力解决问题，做出明智的决策。还要通过专项培训，提升学生的口语表达能力，使他们更加自信地向他人展示自己的想法和成果，做到以平常心应对压力。通过以上培训过程，高职学生可以全方面地发展自身能力，为参加比赛打下坚实的基础，教材内容也可以根据具体的赛事安排和要求进行调整，最大限度地满足学生参赛所需的技能培养要求。

三、"岗课赛证"融通的新形态教材开发路径

（一）推动理论研究，准确把握新形态教材的适应性

了解"岗课赛证"综合育人理念和目标，对准确把握教材的适应性非常重要。各大高职院校应通过深入研究相关教育文件和政策，组织一线教师进行交流讨论，更好地理解"岗课赛证"教育理念的本质和内涵。分析其内在特点和具体要求，从实践能力和综合素质的培养方面入手，结合相关教学资源，明确"岗课赛证"综合育人理念对学生技术能力的真实要求及对新型教材编写和教学方法应用的标准。根据初期得出的研究结果，有针对性地进行"岗课赛证"教材的开发研究，涵盖教材内容的选择和设计、教学方法的探索和创新，以及理论知识与实践环节的对接等多个方面的内容，通过记录分析教材的适应性，确保教材整体内容能够满足"岗课赛证"综合育人的要求，为学生尽可能多地提供所需的文化知识和技术支持。

此外，还要为专业教师提供培训提升的机会，加强他们对"岗课赛证"教材建设的理解，拓宽设计思路，大胆发挥想象力，发表新颖的观

点，在准确把握教材适用性的基础上，提高课堂教学效果，促进学生实践能力和创新思维的培养。尝试将新型教材应用到实际教学中，观察学生的反应，定期收集他们的建议并进行总结评估和整体反馈，以便直观了解该教材的实际效果，并对其不足之处进行完善，长此以往既可以推动高等教育的理论研究，准确把握"岗课赛证"新形态教材的关键要素，也可以进一步提高高职教学质量，促进学生综合素质的发展，使其更好地适应社会生活和就业需要。

（二）探索"岗课赛证"综合育人方式，把握教材建设核心要素

教材是教育活动的重要载体，新形态的教材能够展现高等职业教育在面向产业升级与技术发展时做出的更新与调整。因此，在教材编写过程中应着重体现新时代的风貌，凸显新理念和新方法，强调未来社会所需要的高质量高水平人才的标准。"岗课赛证"综合育人模式注重培养学生的实践创新能力，高职院校新型教材建设应以实践为整体导向，教材内容要与地区行业发展情况紧密结合，配备具体的实践案例和项目，引导学生参与其中解决实际问题，循序渐进地培养他们的实践能力。社会经济的发展给广大企业带来了巨大的改变，在用人需求上也发生了相应的变化，高新技术岗位要求学生具备良好的综合素质，在教材设计时应更注重学习资源的整合，融会贯通后开展综合性教学。也就是说，教材的内容要涵盖多个学科领域，寻找不同专业体系的知识理论中存在的细微联系，将其有机地结合在一起，引导学生进行思考探索，培养其综合思维能力，同时注重理论知识与操作技巧的连接，进一步提升学生的综合应用能力。

除此之外，还要增强学生解决实际问题的能力。教材建设应以问题为核心驱动，整体内容要围绕实际工作中可能出现的问题展开，引导学生对此进行分析，通过独立思考或小组讨论等形式寻找解决方案，设计整个运行流程并加以实施，打造真实的场景培养他们随机应变、冷静攻克难题的能力。不仅如此，"岗课赛证"育人理念要求学生既要掌握基础知识和技能，又要拥有开拓能力和创新能力。基于此，当前的教材建设应将基础

知识与思路拓展结合起来，教材内容既要包含基本的理论讲解和技能练习，也要借助巧妙提问来引导学生开阔思路，从不同的角度探索创新，在潜移默化中提高学生的创新意识。在教材设计环节中，还要将实践活动与评价体系结合起来。教材内容不仅要安排合适的实践任务，还要设立相应的评价标准，提醒学生参照规章制度行事，从而帮助他们更清晰地了解自己的实践表现，针对不足之处提供针对性的改善指导。

参照以上整合的教材设计核心要素，各大高职院校可以更加方便地构建符合"岗课赛证"综合育人要求的新形态教材，与真实的教学实践相结合，不断进行反思和改进，进一步提高教学效果，推动高职学生素质能力的全面发展。

（三）明确教材开发主体，确保新形态教材的开发质量

2019年，教育部印发的《职业院校教材管理办法》明确提出："教材编写团队应具有合理的人员结构，包含相关学科专业领域专家、教科研人员、一线教师、行业企业人员和能工巧匠等。"[1]这样才能群策群力，开发融合多方面资源力量的高水平教材。为了落实这一要求，首先要由当地相关机构牵头组织，开办教材建设研讨会，与会期间根据各方情况制订令大家满意的合作计划，再据此成立一支以建设新形态教材为目标的编撰团队，明确各方权责范围与应尽义务，埋头苦干，重点开发出具有标杆作用的新形态职业教材，树立良好的先锋榜样形象。

教育部门是教材开发工作的领导者，由教育部门负责教材开发的整体管理和统筹调度，根据实际进展情况及时更新相关制度和指导文件，明确教材开发的目标和要求，提供资金和资源支持，推动教材开发工作的顺利进行。编写团队是教材开发工作的核心主体，由其负责具体的内容安排和主题设计。教材编写团队成员应具备丰富的专业知识和教育经验，熟悉教材编写的原则和方法，能够根据教学需求和学生特点，编写出内容准确、有针对性、有启发性的优质教材。其中，一线教师是教材开发过程中

[1] 教育部官网，www.moe.gov.cn/srcsite/A26/moe_714/202001/t20200107_414578.html.

的重要参与者，他们有着第一手的教学实践信息，能够参照当前实际情况为教材编写提出宝贵的建议，教师参与教材开发工作中可以确保设计出的教材与新时代教育环境高度契合，能够很好地满足教学需求，提高教材的整体实用性和适应性。当然，除了教师之外，还有更加重要的一个群体——学生，他们是教材的真正使用者，其对教材的反馈和意见具有重要价值，可以将设计出的概念版本分发给小部分学生进行测试，鼓励他们讲述真实的使用体验，从教材的内容设置、形式安排等方面给予直接反馈，辅助教材的完善改进，提高最终成品的质量水平。

总而言之，为保障新形态教材的顺利开发，各主体之间应建立有效的协作机制，加强沟通合作，相关教育部门要提供政策支持和资源保障，编写团队要加强专业培训，教师和学生应积极参与教材开发并提供有效的反馈建议。各主体要紧随行业发展现状，及时调整和更新教材内容，确保教材知识的时效性。相信通过多方合作及持续改进，可以不断提高新形态教材的开发质量，促进教学效果的稳步提升。

四、高职院校新型教材开发建设的具体对策

（一）明确精准定位，统筹全面规划

高职院校在开发建设新型课程教材时要突出实践性，把提高学生的综合素质能力放在首要位置，对教材设计进行精准定位，与当地行业发展现状相结合，建构出完善的理论知识体系。教材的开发建设要满足社会经济发展和企业转型升级对人才的全新需求，保障学生在掌握专业理论知识的前提下，不断提高自身综合素质水平和职业道德修养。高职教师在教材建设开发过程中，要树立正确的新时代教育观念，随时倾听学生反馈、面向企业需要，完成令各方满意的课程设计。教材的开发人员应紧密关注教育现状和社会呼声，根据专业特点和学科发展趋势，确定教材的整体深度和广度，通过调查研究，了解高职教师和学生的实际需求，建设相应的教材形式和内容。同时，关注就业市场的需求，确保教材内容与企业用人技术要求相契合。

（二）强化专业学习与求职就业之间的联系

在"岗课赛证"新型教材开发过程中，要灵活利用高职院校与用人企业间的协同育人职能，不断强化学校与社会行业间的联系，构建完备的双方教育资源共享机制。在近年来开展的职业教材开发建设中，课程资源的单一与陈旧是令编写团队头疼的难题之一。要想保证教材的开发质量，就要另辟蹊径，从社会方面入手，扩宽视野，让各企业单位加入教材的开发工作中，为高职院校提供相应的理论技术帮扶，探索出产教融合的新型建设模式。高职院校可依据自身具体情况，合理确定企业技术人员的参与范围，努力实现各领域之间的资源共享。在专业课程学习中加强职业导向教育，帮助学生了解所学专业的就业前景、行业现状和职业发展路径等，通过系统的职业规划指导和就业技能培训，引导学生依照自身兴趣和优势选择合适的职业发展方向，提前了解相关的信息内容。

此外，可以建立完善的就业指导服务体系，提供个性化的职业咨询、求职技巧培训、简历撰写和面试辅导等支持，通过校友资源和企业合作渠道，为学生提供实习机会和岗位内推，搭建学生与企业之间的桥梁，为学生提供与真实工作环境接触的机会，增强其就业竞争力。定期邀请行业专家开办校园讲座，为学生打造与业内人士深入交流的平台，使其更轻松地了解行业发展趋势，挖掘珍贵的就业机会。健全就业效果反馈机制，通过调查问卷、校友追踪和企业反馈等方式，掌握毕业生的就业情况，评估教育教学质量和职业培养效果，为教学改革提供重要参照。通过学校、教师、学生和企业的共同努力，促进专业学习与实际工作的有机衔接。

（三）保证教材资源的多维化，开发管理常态化

随着时代经济的发展，社会各产业结构也在逐步进行调整升级。受此影响，高等职业教育模式和教学手段也发生着巨大的变化，涌现出各式各样的网络学习平台。在这一背景下，职业教材的呈现形式也应朝着多维度的方向发展，借助信息科技手段将各种有价值的元素融入教材的开发建设过程，转变教材形式，丰富教材内容，实现从纸质教材向数字教材的本

质改变。编写团队要依照教育目标，利用技术工具对互联网上的庞大学习资源进行全面整合，分类重组，建立立体多维的数据化资源空间。此外，还应制定完善的奖惩制度，实施分级管理，为教材建设工作的顺利推行提供政策保障，打造一体化的管理体系。评估教材开发团队的人员资历、素养水平、实践经验等，秉承校企双主体、双主审的协作模式，取长补短、相互学习，完善监督评测机制，对教材的应用情况做好跟踪评价，促进教材开发工作的不断改进和创新。

第三节　高职院校"岗课赛证"综合育人教材实例

一、高职《纳税会计》[1]教材"岗课赛证"融通的实践探索

（一）《纳税会计》的编写思路

纳税会计岗位要求员工具备税款计算、申报、缴纳、纳税情况分析等方面的能力，因此，纳税会计课程需要培养学生具备税务核算、分析的基础技能。高职院校在编写《纳税会计》过程中可以结合"岗课赛证"综合育人理念，对接会计技能比赛中的涉税会计处理标准，将教材编写与实际岗位需求相结合，明确介绍纳税会计的岗位职责、工作流程和相关法规政策等，通过实例分析，让学生对将要从事的工作有更清楚的认知。根据会计知识体系，将教材内容划分模块进行编写，包括会计基础知识、纳税申报流程、税务风险管理等内容，注重理论与实践的结合，模拟真实场景让学生进行实际操作；结合行业准入要求，督促学生报考相关的职业技能等级证书，如税务师职业资格证、会计从业资格证等，同时可以在教材中提供备考指导和模拟试题，帮助学生完成充分准备，一举通过考试。此外，还应根据诚实守信、不做假账等职业道德要求，将思想政治元素全面

---

[1] 黄毅勤，焦建平 . 纳税会计 [M]. 北京：中国市场出版社，2010.

融入《纳税会计》教材编写。

（二）"岗课赛证"融通的教材编写过程

首先，深入了解纳税会计岗位的职责和要求，与从业人员及相关企业、机构进行沟通，了解行业的最新动态；整合获取的各种信息，提炼其中要点，并以此为框架规划教材建设；参照岗位需求，结合学生的平均学习能力，综合制定明确的教学目标，强调知识、技能和道德修养方面的细节要求；结合此目标，划分章节、填充教材内容，应包括纳税基础知识、税种和申报流程、税务筹划管理等方面的规章制度，为每一条重要信息配备典型案例，方便学生理解掌握。其次，设置当堂测试环节，提出与本课程相关的问题，让学生分组讨论，探索解决方案，在实践中熟练掌握会计工作的技术操作，培养应对复杂情况的能力。最后，在教材中安排实践教学环节，由教师定期带领学生参加行业实地考察、企业实习培训等活动，校企联手，提供真实的会计工作环境，让学生亲自参与，以便实现知识的融会贯通。

（三）《纳税会计》教材实践应用及效果

《纳税会计》不仅广泛适用于高职院校的财务管理、审计、税务、财务会计电算化等相关经管专业的教学课堂，也可以作为企业经营管理人员、会计人员、税务人员日常学习提升和前期工作培训的参考。该教材成稿于2016年，并于2019年8月正式出版发行，2021年10月第二次修订。不少高职院校、优秀企业选用此教材作为参考书目，并普遍反映该教材的内容设置和难度安排符合高等职业教育和人员培训需要，删繁就简、深入浅出，非常适合作为学生接触纳税知识的首选资料，对企业员工的会计处理能力提升也有着很大的帮助。

《纳税会计》巧妙结合传统纸质教材与在线学习平台，在知识点中穿插二维码资源，随手一扫就能观看相关视频资料，形成了线上资源与线下学习的有效交互，还能利用大数据工具分析学生的学习轨迹，方便教师展开针对性辅导。该教材的使用还为差异性学习提供了相应的技术支持，可以更好地对不同学生的学习效果进行直观展示，为教师改进教学方法、提升教学效果奠定扎实的基础，有利于个性化教学的推行。许多使用此教材的毕业生在调查问卷中对其表示充分的肯定，称赞该教材引用了最新的税收法规，以通俗的表达方式阐述了税务处理方式，呈现了大量有针对性的真实案例，强调在该教材的帮助下，能够在入职后快速地从事涉税业务。

二、高职听障学生服装专业新型活页式教材的建设研究

（一）基于岗位要求的教材设计

高职院校服装专业与多家服装企业签订实习就业协议，往届毕业生受到用人单位的一致好评，帮助许多听障学生学得一技之长，顺利融入社会生活，自立自强，成长为对国家有用的优秀人才。通过校企间的深度合作，由学校教师、企业工作者、行业专家共同组成的专业团队对合作方企业的相关岗位需求进行分析调查，根据调研结果挖掘不同岗位的重点工作任务，再按照职业需求进行活页式教材的设计开发。另外，教材内容的安排秉持"毕业即能上岗，上岗即能操作"的核心原则，提供具备实用性和可操作性的相关知识，帮助听障学生在实习阶段迅速上手，方便其体验不同岗位的工作流程，再根据实际感受选择适合自己的发展方向。

教材应以图文结合的形式呈现，文字说明要简明易懂，配以丰富多彩的插图，帮助听障学生更好地理解和掌握服装专业的知识。考虑到听障学生对视觉和触觉的敏感性，可以在教材中增加一些触觉体验的元素。例如，加入一些服装面料的样本，让听障学生通过观察和触摸来感受不同面料的特点及质感。还可以在教材中加入一些交流互动环节，帮助听障学生提高口语表达能力，由教师设计一些日常情景对话，让听障学生通过角色扮演的形式模拟在真实职场环境中进行沟通，提高听障学生的社交自信心。教材中还应包含一定的实践环节，安排简单的服装设计作业，让听障学生更多地参与服装制作过程，通过实践来巩固和应用所学知识。

（二）听障学生的特殊课程模式

高职院校的服装专业使用的教材大多是按照传统的章节式体系进行

编写的，在实际授课过程中，教师需要根据听障学生的特点对教材进行二次加工，这不仅导致教师的工作量急剧增加，还在一定程度上降低了教学效果。而新型的"岗课赛证"综合育人教材将职业技能与课程整合转变为"项目—任务—模块—技能—素养"式的组织结构，这种细分既符合职业教育的特点，又更适合听障学生进行学习。教材的设计原理是将理论知识与实践操作的最小单元组成模块，再将数个模块组合成任务项目，听障学生可以根据自身兴趣和擅长的方向挑选目标模块进行学习，通过小组合作等方式完成项目任务。

针对听障学生的特殊性，教师可以同时采用口语和手语相结合的双重教学模式，通过口语描述知识点，同时辅以手语的展示，帮助听障学生更好地完成课程内容的学习。教材中可以适当添加二维码资料，以图像和视频的形式动态呈现专业知识，使听障学生直观地领悟服装设计的精髓。另外，为了帮助听障学生更好地参与课堂教学，学校可以采购相关的辅助设备，使用电子白板来展示文字和图像，提供个人助听设备以供听障学生选择。教师要鼓励听障学生相互配合，进行小组合作学习。针对听障学生的特殊需求，教师可以提供一对一的个人辅导，耐心解答他们的问题，帮助他们克服学习困难。

（三）立足于比赛的活页式教材

随着社会经济的发展，各种文化活动大量涌现，越来越多的高职院校开始推崇以赛促学理念，积极组织学生参加各项市级、省级甚至国家级比赛，同时开发与比赛相关的课程和教材，大力推动赛事项目专业群组建设。服装专业听障学生可以在服装设计比赛中，通过现场观摩、作品赏析、奖项梳理等环节总结比赛流程，整理分析比赛中出现的问题，吸取经验教训，为日后的参赛做准备。学校要将比赛要求融入活页式教材和课程教学改革，尝试根据竞赛项目调整技能知识的学习安排，帮助听障学生在步入社会前通过比赛接触工作岗位业务。

在教材中应着重针对比赛项目进行详细介绍，包括评分标准、参赛流程等细节，帮助学生全面了解比赛的背景和要求，再搭配与之相关的优秀设计案例，通过图片和文字的结合，详细解析设计思路、材料选择、制作过程等，帮助听障学生理解和学习优秀设计作品的要点及技巧，再通过影像视频演示，详细呈现工艺流程细节。还可以邀请一些有丰富经验的设计师或比赛获奖者来开办讲座，分享他们的实战经验和设计心得，激发服装专业听障学生的学习热情，开拓其创新思维。定期由教师带领听障学生参加相关设计展览，欣赏优秀的艺术作品，感受文化的熏陶，不断提高听障学生的审美修养和创新意识，为参赛作品的准备打下坚实的基础。

（四）"课证"融通的教材建设路径

职业技能等级证书是一个行业的准入标杆，是学生求职道路上的重要砝码，因此取得含金量高的技能证书是提升听障学生就业竞争力的关键因素。将课程教学与证书评价标准紧密结合，恰当地嵌入活页式教材中，同时将考核标准有机地融入其中，建设"课证"融通的高质量教材。对于高职院校服装专业的部分听障学生而言，使用"岗课赛证"新型活页式教材进行自主学习，能够更顺利地在获取专业技能资格证书的同时分出精力考取其他相关证书，进一步提升个人综合素质，为日后的求职做好准备。

教材中应提供对资格证书考试内容和要点的详细介绍，帮助听障学生全面了解考核的要求和重点，还可以设置专门的总结环节。对于听障学生来说，清晰明确的文字总结可以帮助他们更好地回顾和复习重要的知识点。在每一篇章节的最后，应设置相应的模拟试题，帮助听障学生进行自测和巩固复习，并提供详细的答案解析，方便听障学生对比分析自身不足之处，学习更多的考试技巧和注意事项。教材编写团队应将高职课程大纲与资格证书的考试要求进行整合，找出二者之间相关联的知识点，将其巧妙融合并编入教材。同时，要注意教材的结构和顺序排布，做到循序渐进，稳步提升。此外，学校还可以定期组织相关知识讲座，邀请一些有经验的考生分享他们的备考经验和心得，通过详细的讲述激发听障学生的学习热情和备考动力。

第六章　高职院校"岗课赛证"综合育人"双师型"教师队伍建设

在高职院校的教育体系中，综合育人一直是一个重要的目标，而"双师型"师资队伍建设作为实现综合育人目标的重要保障，在近年越来越受到重视。高职院校"岗课赛证"制度的引入，无疑给这一目标的实现提供了一个切实可行的方法和途径。"岗课赛证"制度是指通过定期的岗前培训、教学竞赛及评价等环节，对"双师型"教师进行全方位、多维度的能力评估和激励的制度。在这一制度的推行下，教师不仅要具备扎实的专业知识，还要具备较高的教学水平，能够在课堂上灵活运用各种教学方法，培养学生的实际动手能力和创新意识。"双师型"教师队伍建设还要求教师具备良好的团队协作能力、沟通能力和创新能力。教师只有积极与同行交流、学习，才能不断提高自身的教学水平。同时，教师还要与学生建立良好的师生关系，了解学生的特点和需求，针对性地进行教学和指导。综合育人目标的实现离不开优秀的师资队伍的支持。通过高职院校"岗课赛证"综合育人"双师型"教师队伍建设，可以培养出更多优秀的教师，他们不仅具备扎实的专业知识，还能帮助学生培养实践能力和创新意识，为我国的社会发展提供更多的人才支持。

第一节 "双师型"教师队伍的概念及应具备的素质

一、"双师型"教师队伍的概念

（一）"双师型"教师队伍的内涵

"双师型"教师队伍是由"双师型"教师组成的群体。职业教育中的"双师型"教师应在生产和教育相融合的大背景下探讨。高职院校"岗赛课证"综合育人模式与产教融合有着密切联系。"双师型"教师团队是职业教育师资队伍的重要组成部分，追求实现职业教育课程与教学、科研、培养专业人才的目标。"双师型"教师队伍被认为是能够担任专业理论教师、专业实践教师的综合育人教师队伍，可以胜任专业课程教学、科学研究、实践活动和社会服务等内容。从微观角度来看，"双师型"教师应熟练掌握专业理论知识和职业实践技能，可以对学生的理论学习和专业实践进行有效指导。从中观角度来看，高职院校"双师型"教师队伍应包括学校内部专职教师和来自行业企业的兼职教师。从宏观角度来看，"双师型"教师是包含理论教师、实践教师和专职、兼职教师综合发展的团体。

（二）"双师型"教师队伍的外延

高职院校"双师型"教师队伍是由个体的"双师型"教师组成的。教师作为独立的个体，在自我发展过程中不断提升专业理论知识和实践技能。但是，教师精力有限，面对繁重的教学任务，提升实践能力和理论知识存在较大困难，于是"双师型"教师团队应运而生。"双师型"教师团队包含理论知识强大的教师团队、实践能力强的教师团队、科研能力强的教师团队等。教师团队致力于自身具有优势的领域，精诚合作，为共同的育人目标而努力。"双师型"教师团队中的教师来自企业和高职院校，他们形成具有一定规章制度、团队文化、共同目标的有机体，涵盖教育教学、科技发展和实践技能等多方面，共同为职业院校育人贡献力量。

二、"双师型"教师应具备的素质

从对"双师型"教师的内涵研究来看，"双师型"教师的定义呈现出多种趋向。国家针对职业教育改革发展提出的具体实施方案中，提到"双师型"教师不仅应具备专业理论教学能力，还应具备实践教学能力。因此，对"双师型"教师的探讨可以从外在和内在两个方面进行。从外在来看，"双师型"教师应具备教师资格证书和职业技能等级证书；从内在来看，"双师型"教师应具备职业综合素质。为深刻展现"双师型"教师特色，本节从高职院校和企业双角度出发，提出高职院校"岗课赛证"综合育人模式下"双师型"教师应具备的素质。

（一）职业道德素质

职业道德素质指人们在职业活动过程中，展现出的与职业需求相符的行为方式和心理意识的集合，具有较强的内在性和自主性。职业道德素质用于个人在从事职业过程中调节自身与他人的关系。针对教师的个人道德来说，师德也涉及专业道德要求，是二者的综合。教师个人道德指教师在持续的教育实践活动中形成的较为稳定的道德认知、情感、意志和行为的总和。专业道德指教师在实施教育活动时应遵守的职业规范和准则。由于"双师型"教师关系高职院校和行业企业双主体，因此职业教育教师不仅应具备教师角色的职业道德，还应具备企业人员的职业道德。从职业教育来说，"双师型"教师应做一名合格的教育人员，要具备高尚的师德涵养，能够坚持正确的政治方向，热爱祖国，遵守法律，坚持公平正义，积极传播优秀传统文化，履行教书育人职责，关心爱护学生群体，做到知行合一，严格遵守学术规范等。从企业实践来说，"双师型"教师要具有较好的职业道德规范，做到爱岗敬业、诚实守信，具有优良的工匠精神并能服务社会。

（二）专业理论素质

专业理论素质是针对教师的专业文化知识提出的，要求"双师型"教师应具有专业教学所需的深厚的知识储备，熟悉并掌握科学的专业知识体系和内在规律，能将专业理论知识有效应用于实践教学中。这就要求教师不仅要掌握与专业相关的教育教学知识，包含专业学科理论知识、专业实践知识和相关发展性知识，还要掌握与职业相关的多样化知识，如职业理论知识、行业相关标准和制度规范、工作相关程序和生产流程优化等职业实践知识，以及与职业工作相关的场所学习、工作实践学习和多领域合作等方面的职业发展理论。"双师型"教师应逐步加强教学内容和行业职业之间的联系，不断更新专业理论知识，以适应高职院校人才培养的时代需求，帮助学生在技术更新和转换的时代拥有较强的主动性。

（三）实践技能素质

"岗课赛证"综合育人模式下，"双师型"教师应具有丰富的实践经验和熟练的职业技能，特别是相关专业的实践技能。职业教育的人才培养目标要求高职院校"双师型"教师拥有成熟的专业技能。"双师型"教师在学校教学和企业实践中有着不同的实践技能素质体现。在学校教育教学过程中，"双师型"教师可以为学生开展职业技能知识讲授和示范，对学生在职业技能操作方面进行指导，同时可以指导学生开展实习、专业技能考级等。在企业实践中，"双师型"教师应拥有丰富的企业实践锻炼经验，并能在真实的工作场所中开展工作，且为企业专项研发技术项目提供有力的指导建议。

（四）教育教学素质

教育教学素质主要针对教师在学校教育教学方面的素质。"岗课赛证"综合育人中，"双师型"教师应具备扎实的教育教学知识和良好的教育教学能力。教育教学知识主要包括教育理论知识和基本教学法、与职业教育相关的教育理论和教学法知识，以及可以推进教育教学知识不断创新的发展性知识。教育教学能力主要包括教学资源开发和利用的能力。例如，开发专业教育知识和教学知识、建设课程资源库等；现代信息技术的使用能力，要求教师能够主动开展多媒体和数字化教学，提升专业课堂的吸引力；课程思政教学能力，"双师型"教师应将思想政治知识与专业课程知识进行有效融合，并在教育教学中自然地向学生传递思想政治理念；教学评价和反馈能力，教师应高效开展课程教学评价、实习训练评价等。

高职院校"岗课赛证"综合育人对"双师型"教师的素质要求中，职业道德素质是前提条件，专业理论素质是基础，实践技能素质和教育教学素质是重点和关键。

第二节　高职院校"岗课赛证"综合育人中"双师型"教师队伍存在的问题及原因分析

在"岗课赛证"融通的大背景下，我国各个高职院校加快了对"双师型"教师队伍建设的步伐，并且取得了一定的成效。但职业教育的课程改革本就是一项系统性、复杂性的改革工作，需要多方资源和力量的配合。所以，培养"双师型"教师队伍也并不是一蹴而就的，需要高职院校从招聘准入制度出发，认真把关"双师型"教师队伍培养建设的每一个细节，如此才能有效提升师资队伍力量。目前，由于高职院校"岗课赛证"综合育人模式改革的时间尚短，因此"双师型"教师队伍建设仍存在诸多的困难与问题。

一、高职院校"岗课赛证"综合育人中"双师型"教师队伍存在的问题

（一）"双师型"教师队伍结构不够合理

1.教师队伍整体偏向年轻化

根据相关调查，当前的高职院校中大多是40岁以下的青年教师，经验较为丰富的中年教师和更为年长的教师占比非常低。可以看出，"双师型"教师队伍的年龄整体偏年轻化。一个结构较好的职业教师群体应是有着更多数量的中年教师，其他年龄段教师数量占比保持适中。部分高职院校既没有深刻认识到中年教师和经验更为丰富的年长教师的重要性，也没有全面发挥年长教师对青年教师的专业带头作用，使年长教师在专业技术能力方面没有对青年教师形成有效示范和引领。在青年教师过多、年长教师较少的情况下，年长教师对青年教师的"传帮带"更是产生断层现象，对青年教师的专业成长产生非常不利的影响。同时，高职院校中青年教师的经验较少，使"双师型"教师队伍在整体的教学成效上不够理想。

2.教师队伍高层次人才有待强化

高职院校教师群体中高层次人才发挥着重要作用。高层次人才在专业学科教育教学中具有重要的引领作用，在专科发展建设中具有较好的带动性，且高层次人才具备较强的创新创造能力，能为高职院校整体科学研究提供动力，从而有效提升高职院校学术研究的创新水平。此外，高层次人才在教师队伍中可以对其他教师人员起到激励促进的作用，可以有效提高教师群体中其他教师的竞争意识和危机感，从而推动其他教师不断提升个人专业素养。当前，高职院校"岗课赛证"综合育人上，在学历方面，"双师型"教师队伍中多数教师具有硕士学位，可以看出高职院校整体上比较重视教师队伍的学历水平，但是具有博士学位的教师占比比较小，仍然有待提升。在职称方面，"双师型"教师队伍中拥有高级职称的教师较多，而拥有副高级职称和正高级职称的教师相对较少。可以看

出,在高职院校"双师型"教师队伍中,拥有正高级职称的教师在教师群体中的比例还有待提升。高层次人才的水平在某种程度上体现着高职院校的办学水平,所以高职院校在教师学历和职称方面需要不断强化,从而有效提升高职院校的整体竞争力和教育教学水平。

3.兼职教师数量有待提升

相关文件中提到,高职院校应积极与企业形成合作育人的有效模式,在专业教学中邀请企业或者行业相关技能人才和专家学者到学校兼任教师,为学生提供更加生动、贴合生产实践的专业知识讲解。此外,高职院校发展建议相关文件也对兼职教师提出了明确要求,指出高职院校教师队伍建设要想达到合格要求,兼职教师的数量必须占到专业课和实践指导课教师总数的10%,教师队伍建设的优秀水平要求兼职教师占比达到20%。在对当前高职院校的调查中发现,大部分院校兼职教师占比达不到相关要求。来自各大行业企业中具有高技能的专业人才通常掌握着非常先进的技术技能,且有着丰富的实践经验,这类人才到高职院校兼任教师,通常可以更具针对性地对学生进行指导。因此,高职院校有必要积极与企业形成良好的合作关系,在"双师型"教师队伍建设中积极引进企业中优秀的人才,提升兼职教师比例,使"双师型"教师队伍在专职教师和兼职教师的结构上更合理。

4.教师来源比较单一

根据相关调查,当前我国高职院校在"岗课赛证"综合育人"双师型"教师队伍中,多数教师是从高校毕业后直接任职的,还有部分是从其他高校调入的教师,少部分教师是企业人员在校兼职,还有一些高校退休后返聘的教师和其他途径入职教师。在调查中发现,在福利待遇方面,由于部分高职院校比一些高等院校或者企业待遇更低,一些更为优秀的退休教师或者专家不太愿意到这些院校任职,所以很多高职院校只能把引进人才的方向转向高校毕业生上,这就导致某些高职院校在教师引进方面来源非常单一,对"双师型"教师队伍结构优化产生不利影响。此外,与普通教育不同的是，职业教育教师在授课方面必须拥有一定的理论知识和实践经验，这样才能更好地对学生进行指导。但是对于从高校毕业直接到高职院校任职的这部分教师而言，刚走上讲台的他们通常无法很好地胜任理论教学和实践教学，这不仅使高职院校教育难以获得良好的成效，而且在某种程度上会对职业教育发展造成不利影响。所以，高职院校亟须拓展教师引进途径，丰富教师来源方式，优化"岗课赛证"综合育人模式下"双师型"教师队伍结构。

（二）"双师型"教师队伍素质有待提升

"岗课赛证"综合育人模式下，"双师型"教师队伍应具备良好的思想政治素质、扎实的专业知识、完善的教育教学能力和实践能力等。高职院校培养高素质专业人才必须以高素质的教师队伍为基础。但在现实中，多数高职院校中"双师型"教师队伍的素质存在一定的提升空间，具体体现在以下三个方面。

1.实践能力有待提升

高职院校主要培养技能型人才，这就需要专业教师具备更强的实践能力。但是在大部分高职院校教师队伍建设中，教师群体在实践教学方面的熟练程度处于中等水平。在部分高职院校中，虽然教师队伍建设以"双师型"目标为发展方向，"双师型"教师呈现一定的规模，但是能熟练开展实践教学的教师并不多，多数教师是年轻教师，没有足够丰富的实践经验，尽管这些教师具备"双师"教学资格，但在实践方面还有很大提升空间。多数高职院校中可以到企业参加生产实践的教师非常少，针对很多关于实践的技能很难与时俱进，教师队伍的整体实践能力还存在滞后现象。所以，高职院校必须重视"双师型"教师队伍实践能力的提升，通过相关对策，有效提升"双师型"教师队伍的实践能力。

2.教学能力有待提升

教学是学校教育的核心，为实现教育目的提供基本途径。高职院校的根本任务是培养高素质专业人才，要将教学工作当作中心工作。高职院校教师应不断提升教学能力，高效实现教书育人的教学目的。但是，在当前多数高职院校"岗课赛证"综合育人"双师型"教师队伍建设中，教师队伍的教学能力还存在较大不足，不管是专业教学的讲授内容，还是教学方法的使用都有待完善。相关调查显示，部分年轻教师对专业教学内容的组织和教学方法的掌握与使用不够熟练。丰富的教学内容和严谨的教学逻辑对学生掌握知识的程度具有决定性作用，适当的教学方法可以有效提升学生学习的积极性和主动性，进而提高课堂教学效率，实现教学效果的最优化。所以，在"岗课赛证"综合育人模式下，高职院校必须着力提升"双师型"教师队伍在专业教学方面的能力，进而提高高职院校的教学质量与水平。

3.科研能力有待提升

高职院校肩负着培养人才、科学研究和为社会服务的重要使命，其中，教学和科研通常是同时开展的，并相互推进，相辅相成，共同进步。所以，高职院校教师不仅要提升教学能力，还要重视自身科研能力的发展。近年来，高职院校教师在科研项目的参与上积极性较低，专业论文的发表数量不足，还有部分教师的科研水平有待提升。在"岗课赛证"综合育人模式下，高职院校"双师型"教师队伍科研能力的整体水平较低，仍需不断提升。高职院校教师队伍的科研能力不断提升，能够推动教师专业发展，并提高教师教学水平。因此，教师必须突破传统观念，积极探索先进的科学技术，逐步提升科研水平，进而推动教学实现更好发展。

（三）"双师型"教师队伍育人功能一般

1.课程思政方面

高职院校教育教学过程中，应重视课堂教学的作用，将各专业课程与思想政治理论课程有效结合，形成思政课程与课程思政协同育人的良好形势。高职院校应积极践行课程思政思想，有效贯彻立德树人根本任务。高职院校要想提升人才培养质量，就必须认真落实课程思政教育理念。职业教育要提升人才培养质量，需要不断引导专业课教师加强课程思政建设，有效促进思想政治教育与人才培养计划和专业课程的融合。但是，当前我国高职院校中，大部分"双师型"教师队伍在课程思政建设方面还存在一定问题，主要体现在以下两点。

一是教师队伍课程思政教学意识较低。部分高职院校"双师型"教师队伍在课程思政教育理念方面还缺乏一定认知。部分教师对课程思政没有深刻的理解，他们对课程思政的认知只是停留在课程思政的表面意思上，认为就是在专业课程中讲授一定的思政内容，对课程思政的具体内涵认识不清楚，对其实施步骤和使用方法不够清楚。此外，还有部分教师没有认识到课程思政在育人方面的重要作用，认为课程思政的实施对教育学生没有明显的价值，意义欠缺，这种错误理解很容易对高职院校开展课程思政造成阻碍，导致高职院校难以更好地实现立德树人根本任务。

二是课程思政在开展过程中存在一定问题。高职院校在实施课程思政过程中，通常无法充分挖掘其中的育人因素。当前，在高职院校"双师型"教师队伍中，可以深入探索课程内容中蕴含的育人因素并用其对学生进行启发的教师非常少。同时，大部分教师在对课程内容和思政教育的融合上存在一定问题，有教师表示，在讲授课程过程中对课程内容和思政教育的融合不太容易找到具体实施点，特别是讲授工科技术相关知识时，寻找专业知识和思政教育的融合点非常困难。

总而言之，当前高职院校在"岗赛课证"育人模式下，"双师型"教师队伍对课程思政的认识还不够充分，在课程思政的具体实施中存在一定困难，所以高职院校必须强化对教师群体的思政建设，定期组织思政教育培训，提升教师群体的思想政治育人意识和育人水平，进而实现高职院校"双师型"教师队伍课程思政育人的目标。

2.职业指导方面

一是教师参与度不高。当前，高职院校在学生职业指导方面，主要还是依靠职业指导课进行，专业课教师主要对学生进行文化课程、理论知识和实践技术的讲解，但对学生职业指导非常少。在高职院校中，职业指导教师通常不具备专业理论知识和操作经验,且部分教师对行业发展趋势认识不足,在对学生进行职业指导的过程中,专业针对性不足,导致职业指导不能有效满足学生专业发展的需求。此外,部分高职院校在对学生进行职业指导方面,缺乏连续性和全面性。高职院校教育要求专业教师工作应覆盖学生在校学习期间的全过程,且专业教师应具备一定的行业实践经验,并全面了解相关企业对人才的知识、技能、职业素养等方面的需求,进而培养具有专业能力、较高素质和良好职业道德的全面型人才,满足市场对技能型人才的需求,且帮助学生找到适合自身发展的职业。但是,在现实教学中的部分高职院校专业教师既不能及时了解学生在择业和就业过程中存在的问题,也不能通过丰富的实践经验帮助学生解决就业中遇到的困难。可见,高职院校必须有效推进"双师型"教师队伍积极参与对学生的职业指导过程。

二是教师对相关职业规划内容讲解较少。当前部分高职院校"双师型"教师队伍不能根据学生的兴趣爱好和性格特点有效引导学生选择适合自身发展的职业,这导致高职院校毕业生缺少精准的自我认识,不能全面考虑自己适合什么职业,在毕业后进行择业就业时较为随意。一旦在入职后发现自己不适合该职位或者对从事的职业没有兴趣,就会选择辞去该工作,这种行为对公司造成较大影响,也会对高职院校毕业生的名声造成不良影响。对此,专业教师特别是"双师型"教师要积极学习掌握职业指导相关理论知识,在专业课程教学中不仅要对学生进行职业指导,还要帮助学生科学选择和规划自身职业的发展方向。

(四)"双师型"教师队伍培训机制待健全

1.高职院校对教师入职培训缺乏重视

从现实情况来看,高职院校多数教师由高校毕业生直接担任,这些教师刚进入社会工作,热情较高且可塑性较强,缺乏相应的教育理论知识和实践教学经验。所以,高职院校必须重视对教师队伍的入职培训,提升"双师型"教师队伍的整体专业素养。根据相关调查可以看出,在入职时参与学校培训的教师并不多，这对"双师型"教师队伍的质量提升造成不利影响，且教师新入职后对新岗位不够适应，进而给高职院校教师在工作开展、专业教学水平提升和教师队伍建设等方面带来困难。

2.高职院校教师在职培训制度有待完善

随着社会不断发展，科技水平不断提升，知识呈爆炸式增长。教师在入职后也要不断学习，保持自身知识的与时俱进。高职院校要想培养出满足社会发展需求的专业人才，必须定期对教师队伍进行培训，帮助教师形成终身学习的良好习惯。但是多数高职院校教师没有参与过在职培训，即便参与过在职培训，培训频率也非常低。由此可见，当前我国高职院校"双师型"教师队伍参与学校在职培训的状况并不好。另外，教师参与在职培训方面没有相关政策和经费的支持与鼓励，多数教师不愿参与其中。从中可以看出，当前高职院校对"双师型"教师队伍参与在职培训还没有建立健全的保障机制，受此影响，教师参与院校培训的热情不高，其专业知识和技能都无法得到及时更新。

3.教师专业培训内容有待完善

当前，高职院校在对教师专业培训的时间和内容安排上缺乏合理性。在培训内容上，高职院校侧重于对教师理论知识的培训，在专业实践技能方面培训不足，只有少部分教师参与过实践技能的有关培训。此外，教师在思想政治教育方面的培训也比较欠缺，参加过思想政治教育培训的教师占比非常低。高职院校没有充分认识到加大对教师队伍的思想政治培训力度能够有效提升教师的道德素养，树立良好的育人理念，对学生的整体素养提升具有重要的影响作用，对强化高职院校"双师型"教师队伍的思想政治建设具有关键意义，且能够提升高职院校的育人质量和水平。

另外，高职院校教师队伍中，不同种类、不同职称的教师在能力提升上有不同要求。例如，专职教师需要提升科研能力，而企业中到院校兼职的教师需要提升教学能力。"双师型"教师在提升专业理论教学能力的同时需要重视实践技能的提升，非"双师型"教师主要提升教学能力。当前，高职院校对教师的培训缺乏一定的针对性，很多教师不能学到需要的知识，这对教师的培训机会和学习时间造成浪费。所以，高职院校在开展教师培训工作中，必须提升培训的针对性，根据教师所需进行相关培训，有效提升教师的专业素质和能力。

4.培训方式较为单一

当前，从高职院校对"双师型"教师队伍的培训状况来看，培训方式较为单一。多数高职院校对教师实践能力的培训主要通过两种形式进行，一种是要求教师到企业挂职实践，另一种是聘请企业专业技工到学校进行技术指导。对教师的培训主要集中在企业一线场所或者学校实践训练中心，教师在企业挂职实践训练的周期非常短，在此期间，教师往往只能简单了解设备操作，还远远不能达到利用其开展教学的地步。此外，由于经费受限，高职院校的很多设备无法得到更新，教师在培训过程中根本不能像真正企业生产一样开展现场化模拟。培训方式单一、培训环境不足、实操设备落后等问题，致使教师在实践培训方面无法获得较好成效。

（五）"双师型"教师队伍流动性比较大

稳定的教师队伍能有效推动高职院校教学的有序开展，为高职院校进行教研活动、建设"双师型"教师队伍提供支撑。然而，当前高职院校的教师队伍稳定性还不够好，对"双师型"教师队伍建设造成不利影响。高职院校中教师的流动性比较大，部分院校每年有很多新入职教师，也有很多教师离职。特别是在民办高职院校中，由于缺乏教师编制，一些教师认为自身的职业发展得不到有效保障，而且受有限的师资数量影响，民办高职院校教师往往面临较重的教学和科研任务。在这样的工作环境下，一些优秀教师为寻求更好的发展机会和更高的工资待遇，就会选择离开，前往公立院校或者企业中进行发展。在部分公办高职院校中，受编制数量的限制，很多临时教师得不到编制的保障，离职现象较为频繁。无论是在民办高职院校，还是在公办高职院校，对每一位新入职的教师，院校都会付出较大精力进行培养，以提升新教师的专业素养、教学能力和思想政治素养等。如果教师积累了丰富的教学经验并成为优秀教师后选择离职，就必然会对高职院校人才培养造成较大影响，进而影响学校发展。如果一名教师经过学校培训并得到发展，成为院校骨干力量或者学科优秀教师，就会有效推动学校教学、科研等方面的发展。如果这样的教师离职，就会对学校造成非常大的不利影响，而且一旦形成一种风气，就会有更多的教师效仿，这对学校发展和学生培养都会产生不利影响。高职院校引入新教师并对其培养会消耗大量时间和资金成本，在将其培养成经验丰富的老教师后又面临教师的流失，在不断的引进、培养和流失过程中形成恶性循环，对"双师型"教师队伍建设造成非常大的负面影响。因此，针对"双师型"教师队伍流动性较大的问题，高职院校亟须建立更加完善的教师管理制度和保障体系。

二、高职院校"岗课赛证"综合育人中"双师型"教师队伍问题原因分析

"岗课赛证"综合育人模式下，高职院校"双师型"教师队伍建设过程中存在的问题对教师自身发展和学校发展形成制约作用，对高职院校人才培养和企业人才选择造成较大影响。从影响原因来看，主要是当前高职院校建设中"双师型"教师没有明确的定义和建设标准，管理体制不健全，教师参与热情较低，企业参与度较低，等等。下面从政府、企业、学校、师生、社会等方面对其原因进行分析。

（一）政府方面

1."双师型"教师定义缺乏明确标准

对于高职院校"双师型"教师队伍建设，当前我国还没有制定明确的标准。20世纪末，教育部在职业院校教师队伍建设意见中提到，高职院校应建设一支具有结构合理、素质高的教师队伍。专业课教师要具备一定的实践能力，实践课教师应拥有一定的专业文化知识，提升"双师型"教师在教师总量中的占比。

教育部在印发的多个政策建议和文件中提到"双师型"教师概念，并在职业教育师资队伍建设方面的相关文件中提出"双师型"教师应具备的条件。例如，1999年，教育部在深化教育改革全面推进素质教育发展的建议中提出，"双师型"教师应兼具教师资格和专业技术职务，拥有双重身份；2002年，教育部针对高职院校师资队伍建设提出相关意见，认为各大高职院校要积极开展相关培训，提升教师专业实践能力，并与行业企业进行合作，为教师参与产学研工作提供平台和机会，增长教师实践经验，提升专业教师的"双师"素养，同时从企业中积极引入优秀的技术人员到学校担任实践教师，为"双师型"教师队伍建设提供活力；2004年，国家针对强化职业院校教育工作和人才培养工作质量提出相关意见，并提出高职院校教师的"双证书"和"双职称"相关建议和要求。

一系列政策文件的出台，展现出国家在职业教育方面的重视程度，但是在职业院校师资队伍建设方面，提到"双师型"教师的概念基本具有指导性，而缺乏明确统一的标准。当前，国家在"双师型"教师评定方面，将相关权力给予各大职业院校，由院校根据自身专业发展状况自行制定评定准则，对"双师型"教师进行认定，这就使各大职业院校在对"双师型"教师进行认定时，没有统一固定的政策标准，评定出的"双师型"教师在专业素质和实践能力上出现参差不齐的现象，向上级教育部门提交的相关数据也很难真正反映"双师型"教师队伍的真实建设情况。

2.国家对职业教育缺乏优惠政策

在我国，职业教育具有非营利性。国家制定并出台了一系列政策鼓励职业教育发展，并鼓励社会企业和公司举办职业教育。但是，国家只是做了笼统化指导，在鼓励各类企业参与举办职业教育或者参与公立职业教育的具体实施方面没有明确指示，对举办或者参与职业教育的行业企业给予的政策优惠并不多。相关调查显示，在一些高职院校日常经营中，国家给予的经费并不充足，学校在教师队伍建设、人才引进、培训考核和员工福利等方面受到较大制约。此外，在一些民办高职院校中，学费是其唯一经费收入，没有相应的财政补贴支持，也没有国家相关财政专项投入。但是学费作为唯一经费收入渠道，长期依靠投资人投入进行补充，很难保证高职院校健康持续发展，在教师队伍建设方面更是受到严重制约。

在人才引进上，部分高职院校中许多具有高学历和高职称的优秀教师享受不到相关政策优惠，更没有落户相关政策，使高职院校在人才引进方面出现一些困难，已经引进的人才也难以长期留存。

近年来，国家对职业教育发展给予了更多扶持政策，但是在实际执行过程中对相关名额的分配不够均衡。与中职院校相比，高职院校得到更多政策支持；与民办职业院校相比，公办职业院校得到更多政策支持。相关调查显示，在部分地区，国家会针对职业院校教师队伍建设举办项目培训活动，旨在提升职业院校教师团队的专业素质，推进教育教学改革，落实"1+X"证书制度，实现"岗课赛证"综合育人模式，建设"双师型"教师队伍。教育部门会根据培训内容和目标下发一定数量的名额，分配到各大职业院校中。但是在具体分配过程中，分配到中等职业院校和民办职业院校的名额非常少，在部分项目匹配上也是优先满足公办职业院校的需求。另外，民办职业院校虽然没有相关专业，但也可能被安排上相关专业教师的培训项目，导致民办职业院校找不到合适的教师参加相关培训，最终只能放弃参与培训名额。所以，在民办职业院校中，能参加政府相关部门组织的培训的教师数量特别少。

3.经费投入较少

当前，国家越来越重视职业教师，对职业教师投入的经费也在逐年增长，但是此项经费在国家财政支出中的占比呈下降趋势。而职业教育经费在增长率上也比教育经费增长率低。高职院校由于教育经费较少，很难维持自身教育发展和扩招需求，这成为当前职业教育发展的较大阻碍。

（二）企业方面

1.企业受到教育大环境的影响

我国教育实施行政管理，无论是学术型教育还是职业教育，都由政府统一规划，并在行政主管部门的指导下实施。这种教育管理形式，使企业无法参与职业教育规划管理，所以我国职业教育很大程度上存在传统学术型教育管理形式的影子，对其发展造成一定影响。高职院校在这样的管理模式下，教学安排通常按照学术型教育模式进行，偏向理论教育，对相关行业企业的考虑较少，最终无法更好地为当地企业服务。

2.企业受自身发展状况的限制

当前，我国多数企业属于小微型企业，还处在初创阶段，企业的主要任务是寻求生存和发展，活下去是企业当前阶段的主要目标。这些企业规模较小，缺乏雄厚实力，在技能型人才队伍建设方面还没有较好的意识和完善的规划，根本没有更多的精力和实力参与职业院校育人活动。而发展较为成熟、实力较为强大的企业，一般处于经济、文化发达地区，这些企业能够有效参与经济发达地区的职业教育，推动这些地区职业教育的发展。总的来看，这也呈现出我国职业教育领域存在区域发展不平衡的问题。

3.企业受自身营利需求的影响

企业作为营利性的经营主体，需要考虑经济利益。但是，在企业与职业教育合作育人模式下，在"双师型"教师队伍的建设过程中，企业需要投入较多的人力、物力和财力，且这种投入是没有明确的回报率的。所以，多数企业不愿与职业院校合作进行"双师型"教师队伍建设，也不愿为职业院校提供技术人员担任其兼职实践课教师，这也使职业院校制定的"双师型"教师实践轮岗方案无法实施。

（三）学校方面

1.教师选聘渠道单一且偏向学术型

高职院校的教师选聘通常是通过院校官网、微信公众号等现有途径发布招聘信息，缺乏及时性，且信息传播面受限。对于应聘者的简历，通常也是通过高校双向选择大会进行收集，教师选聘渠道单一。还有一些高职院校为追求表面名声，在选择教师时优先选用学历较高的教师，而忽视了应聘者的实践技能和工作经验。在筛选应聘者简历时，高职院校通常侧重于学术型或研究型大学的研究生。但是受薪资待遇和个人发展需求的影响，具有丰富经验的研究生通常会选择发展机会更大的平台，如到普通高等院校或者大型企业中任职，而很少选择到高职院校就职，这就使高职院校招聘的教师大多是刚毕业的应届大学生。这些学生从一个校园出来，走进另一个校园，从学术型大学进入技能型职业院校开展教学工作。由于缺乏实际教学经验和行业企业实践经验，教师在教学过程中很难将所学的专业理论知识有效传递给学生，更无法将理论与实践有效结合，使课堂教学质量无法得到提升，学生学习效率低下。

当前，高职院校在招聘程序上非常简易，通常是先通过简历进行筛选，然后通知符合条件的应聘者到校面试，面试一般是先简单进行一次面谈，然后进行十几分钟的试讲，整个时间大概为30分钟。面试官通常是高职院校中人事部门的工作人员和专业院系领导，而没有专业技能方面的专家参与。这些面试人员中，人事部门的工作人员通常是具有良好理论知识而缺乏实践经验的人员，专业院系领导虽然具有较强的学术性知识，但他们在实践和实际工作方面的经历比较少。这就导致这种面试形式一般只能对应聘者的基本状况和语言表达力进行简单了解，而无法真正了解应聘者专业知识学习情况和专业技能掌握情况。过于简单的面试程序和不够专业的面试过程，对通过面试的教师在专业素质方面也无法较好地把控，对后期教师的教学能力和专业素养培养提升造成不利影响，进而影响高职院校"双师型"教师队伍整体素养的提升。

2."双师型"教师培养缺乏体系化

一是"双师型"教师评聘制度不够完善。当前，部分高职院校关于"双师型"教师评价体系还没有制定明确的标准制度，或者要求较低。相关调查显示，一些高职院校制定的关于"双师型"教师认定标准中指出，教师具备相应教师资格证或从事高校教师时间达到一年时间，并在企业从事本专业技术工作满一年的教师就可以被评定为"双师型"教师。可以看出，"双师型"教师门槛非常低，这使"双师型"教师的教学质量无法得到有效保证。部分高职院校在教育相关部门对"双师型"教师队伍建设的要求下，为达到相关数据，在"双师型"教师认定方面，常常对执教时间或企业工作年限要求更低。

部分高职院校在关于"双师型"教师的评定标准和管理制度中，没有充分重视教师个人的教学能力，也没有考虑教师带领学生参与技能大赛或相关社会服务的能力，可以看出这些高职院校在"双师型"教师认定上非常不严谨。还有部分教师为获取"双师型"教师证书，会自主报名参加一些与自身专业没有关系的职业技能等级证书考试，以此得到"双师型"教师认定。从中可以看出，高职院校在"双师型"教师认定方面缺乏严格的标准，相关管理制度还有待完善。

二是"双师型"教师培训制度不完善。当前，部分高职院校在"双师型"教师培训工作上，主要在寒暑假安排教师到相关企业进行培训，但是无法达到预期效果。因为寒暑假时间并不充足，且很多专业课教师还需要占用假期时间对下学期教学工作进行准备，教师在企业实践的时间通常只剩下一两周，短短十几天的时间根本不足以让教师了解企业发展状况和相关岗位实践情况。很多高职院校对教师在实践期间所消耗的费用也没有明确规定，尽管有部分规定但没有充分落实，这就使部分教师到企业进行实践非常不便，降低了教师参与企业实践的积极性。这就造成高职院校虽然鼓励教师参与企业实践，但是教师对参与企业实践却没有较高热情的矛盾现象。还存在部分教师虽然没有真正参与企业实践，但是利用私人关系开具实践证明，交予学校应付上级部门检查的现象。

三是"双师型"教师考核制度不完善。多数高职院校在"双师型"教师队伍建设方面，尽管已经制定出相应的认定标准和管理方法，但是在考核方面缺乏完善的制度和程序，这使高职院校"双师型"教师中没有优劣的等级划分，也无法开展针对性的培训。如果缺乏完善的考核制度，就没有办法对"双师型"教师的学习和发展形成激励，也难以激励普通教师向"双师型"教师转型，这会对高职院校"双师型"教师队伍建设造成不利影响。此外，高职院校在"双师型"教师队伍的激励方面缺乏相应政策。在被认定为"双师型"教师之后，在薪资待遇方面与之前并没有不同，年终评优、职称评审等方面也没有任何优势，这就使教师对"双师型"教师评定热情不高。

3.院校工会建设不足

很多高职院校工会形同虚设，在专业人员配置和经费保障方面存在缺失。在地理位置上，部分高职院校离市区较远，周围没有完善的生活娱乐设施，以至于高职院校教职员工的业余生活非常匮乏。单一的娱乐生活和简易的娱乐设施难以满足年轻教师的需求，也易造成年轻教师的流失。

（四）师生方面

1.教师方面

高职院校的教师特别是民办的高职院校，教师通常面临较多的工作任务，不仅要承担几门课程的教学任务，还要接受学校或者相关部门的其他任务，可以自主学习提升的时间少之又少，对教师自我发展产生较大制约。还有一些教师对职业院校存在社会刻板印象，认为职业教育并不重要，教师无须提升教学能力，也不重视行业相关实践技能和经验积累，只要按部就班地将学校安排的教学任务完成就可以了。

部分高职院校在薪资待遇和职称评定等关系教师切身利益的一些政策上没有向"双师型"教师群体倾斜，使很多教师对"双师型"教师并没有太多期待，也不会主动向"双师型"教师发展并提升自己。

还有一些教师认为学校与企业建立联系，要求教师到企业进行实践是对教师时间和精力的浪费，意义并不大。教师到企业参与轮岗实践只是听从学校安排，定期前往企业开展实践，通常不会深入研究和学习，所以只是停留在形式上，缺乏主动性和积极性，无法产生预期的效应。

2.学生方面

高职院校通常面向全国各地区招生，包括部分来自贫困山区的学生，相对来说，这些学生由于当地教育资源较为落后，文化课基础比较薄弱。同时，高职院校招生存在多种途径，可以通过高考渠道、单独招生渠道、对口招生渠道等形式进行招生。由于这些学生在前期接受的教育有不同的侧重点，他们在高职院校专业知识学习接受度方面层次不一。由于这些原因，高职院校在教师招聘和培训方面产生一定难度，"双师型"教师队伍建设更是无法取得较好成效。

（五）社会方面

职业教育的人才培养目标是培育一批优秀的技术技能型人才，促使他们成为德艺兼备的国家级工匠，为国家建设贡献力量。但是受传统思想的影响，多数人认为职业教育没有普通教育好，属于低等教育，这些"重理论，轻实践"的思想使很多优秀人才在选择职业时，不愿意加入职业教育事业，对高职院校的人才招聘造成非常大的影响，这对高职院校进行"双师型"教师队伍建设产生很大制约。事实上，职业教育和普通教育属于不同类型教育，都是高等教育，并没有高下之分，对职业教育的认知偏差是传统理念影响下的错误思想。

第三节　高职院校"岗课赛证"综合育人"双师型"教师队伍建设思路

一、政府方面

（一）明确"双师型"认定与考核标准

对职业院校来说，"双师型"教师为顺利开展职业教育提供质量保证，所以必须有明确的"双师型"资格认定标准和认定程序。在职业教育中，"双师型"教师一直没有明确的概念，这个问题必须得到有效解决。相关部门要明确"双师型"教师的资格认定条件,制定认定标准,并通过法规形式进行发布,形成完整且独立的资格认定和等级标准制度,为职业教育发展和"双师型"教师队伍建设提供坚实的基础。

相关部门要为职业教育"双师型"教师队伍建设建立完善的培养体系。对申请"双师型"资格的教师制定相关培训和考核标准,并指明"双师型"教师应参与的培训,规定培训内容和培训时间,有效保证"双师型"教师的基本能力和素养,并促使其在专业能力和素质上不断提升,实现"双师型"教师在理论知识和实践技能等方面与时俱进,为我国职业教育的高效化发展提供动力。在培训中,相关部门要做到引导和处罚相统一,对高职院校在"双师型"教师队伍建设上实行有效引导,对不参与培训的学校做出相关处罚。例如,对招生专业或者招生人数进行限制,对不参与培训的教师可以进行降职处分,等等。通过多种形式,落实"双师型"教师培训考核工作,保证"双师型"教师质量,推进高职院校在"岗赛课证"综合育人模式下,加强对"双师型"教师队伍的建设。

各地教育主管部门还可以以当地经济发展情况为基础,制定符合本地发展的"双师型"教师队伍建设文件,促使高职院校对"双师型"教师的培养更加符合当地经济发展,高职院校在专业设置上更加符合当地经济结构,最终促进当地社会经济发展,并有效提升职业教育院校学生就业率。

(二)为职业教育提供政策优惠

国家或地方政府部门要针对职业教育制定相关优惠政策,在经济上给予足够的支持和帮助。例如,可以制定相关拨款资助制度,给予职业教育一定经费资助,同时明确职业教育办学投入,保证其资金来源。地方政府还可以制定相关政策,鼓励社会主体对高职院校进行捐资助学,鼓励社会主体承办职业教育,并在政策上不断加大对高职院校人才培养和人才引进的支持。通过这些方式为职业教育在综合育人模式下"双师型"教师队伍建设提供支持。

对于高职院校,相关部门要有针对性地制订人才引进等优惠方案,如人才落户政策、购房优惠政策等，吸引一些具备高学历且具有丰富经验的优秀人才到高职院校任教，有效提升高职院校教学质量，并提升当地企业技术指导专家数量，促进企业和学校的共同发展。

（三）制定针对职业院校"双师型"教师建设的标准

职业教育与普通高等教育在资金来源、培养目标、招生质量等方面存在差异，高职院校与普通高等院校还存在一定差别。政府相关部门要制定与高职院校相符的办学标准和教师考核制度，有效促进高职院校的发展。

当前，我国在对高校基本办学条件考核和高校进行的基础信息申报时，只从学校专业方面进行划分并开展审查，而没有从高等职业院校和普通高等学校的区别上进行考核，单一的划分考核形式对高职院校发展造成诸多不利。在"双师型"教师队伍建设中，国家要引导高职院校在实际办学的基础上，结合"岗课赛证"综合育人模式下"双师型"教师队伍建设要求对相关标准进行调整，具体调整主要体现在三个方面：一是提升兼职教师比例。高职院校主要培养技术型人才，从相关行业企业中聘请具有丰富实践经验的优秀人才到学校担任兼职教师，能有效丰富高职院校教师结构，提升高职院校教学质量，促进其"双师型"教师队伍建设。二是适当放宽兼职教师的学历要求。高职院校的教师主要开展实践教学，专任教师必须具备较强的专业技能。在专业教师的引进上要更加注重实践技能，对学历的要求可以适度降低，从本质上提升"双师型"教师队伍的质量。三是适当放宽专业教学类教师的职务要求。将教师教学职称方面的要求转化为对教师在行业实践方面的要求，适当减少教授、副教授等教师人数，增加与专业相关的职务教师人数，有效提升教师的实践操作能力，优化"双师型"教师队伍建设。

（四）整合职业教育资源

政府部门要发挥调动社会资源的优势，科学调配社会各方面的资源，提升高职院校公共属性，缓解财务风险，进而提升教育教学质量。

教育部门要与其他相关部门相互配合，对社会职业教育资源进行有效整合。例如，社会中存在一些职业技能考试培训机构、技工培训学校，还有国家对社会失业人群进行的再就业培训、对进城务工人员开展的就业培训等，这些培训活动蕴含着丰富的教育资源，教育部门可以制定相关政策，引导高职院校教师积极参与这些培训，有效提升其教育教学能力；鼓励这些培训学校的教师到高职院校担任专业教师，拓展高职院校"双师型"教师引进渠道。对社会职业教育资源进行高效整合，可以提升高职院校"双师型"教师队伍质量水平，促使高职院校教育更加符合社会实际需求，帮助高职院校学生更高效地学习专业知识，掌握实践技能，进而更好地适应社会的发展。

二、企业方面

（一）转变传统观念

随着我国经济的快速发展，国家越来越重视职业教育，各地方政府针对当地职业教育陆续出台了相关政策。在此背景下，各地方企业作为与职业教育紧密关联的社会主体，必须改变传统观念，认识到企业与职业教育存在千丝万缕的关联。企业发展需要专业化高素质人才。企业加强与高职院校的合作，有效利用高职院校中丰富的教育资源和人力资源，为其内部人力资源建设提供充足且持续的动力。在企业和高职院校合作中，学校也能得到专业实践资源的支持。例如，企业可以为学校提供优秀的实践技能人才，对教师群体进行培训或者对学生群体进行专业实践讲授，还可以为职业院校学生提供一定的实践基地等，形成企业和学校双赢局面。所以，企业要重视与职业院校的合作，积极参与职业教育，与职业教育形成相辅相成的良好局面，进而为自身做大做强提供持续动力。

（二）拓宽合作思路

企业在与高职院校合作过程中不仅可以为高职院校毕业生提供实习岗位，还可以参与高职院校教育教学。企业可以先对自身人力资源做出科学规划，充分了解自身在未来的发展中需要什么类型的人才，并根据自身发展需求深化与高职院校的合作内容。例如，企业可以对人才方面的需求做出一定规划，与学校合作设立相关专业和课程，让对应专业的学生在校期间就开始学习专业理论课程，接触实践操作，有效提升学生对专业的认知度和熟练度，使其在毕业后能够更快、更好地进入企业工作。

企业还可以与高职院校合作，开设定向培养班。在定向培养班中，企业可以选定符合自身发展需求的学生，并从企业内部选调一些优秀的技术员工或者专家到高职院校担任兼职教师讲授实践知识。虽然在一定程度上会产生一定经济费用和人力成本，但是从企业长远发展来看，定向班培养可以促使学生在学习时期就对企业产生一定价值认同和心理归属感，且在学习上接受针对性知识和技能培养，在其毕业后进入企业工作时能尽快适应企业发展节奏，成为企业合格的员工，并为企业创造较大收益。这样来看，定向班的建立对企业和学生具有双赢作用。

（三）参与高职院校"双师型"教师队伍建设

企业要与高职院校形成有效的合作关系，参与高职院校"岗赛课证"综合育人"双师型"教师队伍建设。在合作关系中，企业要有效利用学校的教育资源，邀请学校教师到企业参与实践学习，并为企业带去特色的、与传统管理方式不同的新理念和新方法。同时，企业也要选择一批优秀技术人员到高职院校担任兼职实践教师，将一线实践经验、工作技能和企业文化有效地教给高职院校学生。企业与高职院校在"双师型"教师队伍建设方面进行合作，既能实现可持续发展，也能促进企业与高职院校的共同进步。

三、学校方面

（一）做好教师招聘工作

一方面，不断拓展教师招聘途径，丰富社会招聘形式。《国家职业教育改革实施方案》中提出，高职院校"2020年起基本不再从应届毕业生中招聘"[1]。根据此要求，高职院校中民办高职院校可以发挥自身管理灵活、教师入职程序简单便捷等优势，有效丰富招聘方式，从相关专业和行业中了解招聘渠道，发掘更多教师招聘来源，以自身发展状况为基础，积极参与社会招聘，有效宣传自己，开辟新的招聘方式，提高招聘宣传力度，使更多具有实践经验和相关行业经验的人员了解高职院校招聘信息和内容，并有机会成为教师群体中的一员。公办高职院校也可以在政府部门统一招聘教师的基础上，发挥自身有限的自主权，加大对社会的宣传力度，并与企业形成一定合作，从社会中招聘一批具有专业实践经验的优秀人才参与学校综合育人模式下"双师型"教师队伍建设，丰富教师队伍结构。

另一方面，逐步完善教师招聘环节。高职院校要根据自身实际发展情况，制定相应教师招聘程序。民办高职院校要发挥自身在招聘方面的灵活性，不断更正和完善院校的招聘流程和招聘条件。公办高职院校也可以结合院校教师队伍建设情况，根据相关政策法规制定符合自身发展的教师招聘要求，向社会企业招聘一定数量的专业技能教师，对教师队伍进行补充。高职院校招聘责任人要多了解和学习与行业相关的信息，借鉴相关企业的招聘程序和招聘条件并应用在院校招聘过程中，在一定程度上提升对专业教师的技能考核，为院校补充一些具有实际经验的优秀教师。同时，招聘环节需重视应聘者的专业技能，从而保证院校综合育人"双师型"教师队伍的质量。

（二）完善教师评聘程序

1.规范"双师型"教师培养制度

在"岗课赛证"育人模式下"双师型"教师培训方面，要制订更加全面、科学的培训计划和实施方案，以高职院校办学特点为基础，结合"双师型"教师建设相关要求，制订各阶段符合学生身心发展的培养计划，重视"双师型"教师在学校参与培训的连续性和完整性。

---

[1] 资料来自中国政府网，https://www.gov.cn/zhengce/content/2019-02/13/content_5365341.htm.

高职院校要积极与企业建立合作关系，在制订"双师型"教师培养计划和实践方案上达成一致，制定出完善的教师轮岗和企业实践规划，并根据教师轮岗计划、企业实践时间长短和阶段性特点，制定出明确的企业实践目标，保证教师到企业轮岗的实效性和连续性，使参与企业实践的教师在每一个阶段都能形成明确的实践目标并取得一定收获。此外，高职院校可以根据实施方案和教师培养目标制定相应考核制度，明确学校、企业和教师各大主体在轮岗和实践过程中需要达到的目的，使三方在实践合作中真正有所得。

2.完善"双师型"教师评聘制度

高职院校要针对教学要求和人才培养目标，科学制定校内"双师型"教师评选聘任制度。当前，由于国家对高职院校"岗课赛证"综合育人模式下"双师型"教师队伍建设中"双师型"教师的认定还没有明确标准，因此在"双师型"教师的评聘上，主要由各大高校自行拟定相关标准和条例，高校对"双师型"教师的评定有着较大自主权。这就要求高职院校在对教师进行评定的过程中必须具备严格且符合实际的标准要求，高职院校不能单纯追求最终好看的数据或者片面鼓励青年教师，而降低"双师型"教师标准。在具体执行过程中，高职院校必须根据本校实际发展情况，综合考虑各专业教学目标、育人计划、教师发展和学校长期发展规划，制定科学合理的"双师型"教师标准。高职院校还可以根据教师具体专业和行业人才标准，制定具有针对性的"双师型"教师标准。例如，对于思想政治、英语等公共学科教师，应具备足够的学历，在专业实践能力上要求可以适度降低；对于护理、技工等专业的教师，可以在一定程度上降低学历要求，提高实践操作要求；对于中药学、经济学、管理学等，学历要求和专业实践能力都需要有较高要求。总之，高职院校在"双师型"教师的实际评定和考核过程中要不断进行总结和完善。

（三）提升"双师型"教师待遇

一方面，逐步提升"双师型"教师薪资待遇。高职院校可以根据院校实际情况，制定灵活的薪资待遇制度和奖金制度，在一定程度上对"双师型"教师的职位工资、课时费用等进行调整，体现"双师型"教师在薪资待遇方面的优越性，激励教师群体向"双师型"教师靠近。另一方面，在职称评定上，给予"双师型"教师优惠条件。高职院校在对教师实施职称评定时，可以将"双师型"教师的"双师"资格作为加分项，为教师发展成"双师型"教师提供动力，促使教师群体主动提升自身专业知识素养和技能素养。特别是在民办高职院校，在职称评定制度、教师培训晋升制度、薪资待遇制度等方面有较大的自主权，所以民办院校要充分发挥此优势，科学制定相关制度，促进教师个人专业发展，提升教师待遇水平，让"双师型"教师可以体会到自己在"双师型"学习实践中有所得，并能感受到学校对其在制度和待遇等方面的支持，进而树立教师的信心，与学校共同努力提升，为"岗课赛证"综合育人模式下"双师型"教师队伍建设贡献力量。

（四）创建良好的工作氛围

自古以来，我国就有尊师重教的优良传统，教师拥有较高的社会地位。但是，受传统观念影响，我国职业教育教师相比于普通教育教师对自身职业认可度较低。高职院校应积极转变传统理念，在建立健全相关教师管理制度的基础上，为教师创建良好的工作氛围，维持"双师型"教师的稳定。首先，高职院校要积极帮助教师解决工作中存在的问题，如教师的婚恋、住房、子女就学等与教师生活工作紧密相关的问题，要积极开辟经费筹措渠道，并与当地其他单位或者行业企业形成较好的合作关系，积极解决教师关心的问题，为教师提供职业归属感和安全感。其次，高职院校要优化教师工作条件和工作环境，逐步改善教师的办公环境和住宿环境，提升职工食堂质量，为教师提供定期体检，安排学校工会为教师提供更加丰富的业余活动。最后，高职院校要创建更加公平民主的工作氛围。在学校各项工作中要尊重教师的主体地位，尊重教师的各项权利，认真听取教师在学校发展和教育教学方面的建议，保障教师队伍对学校各项工作的知情权和发言权，形成民主的校园氛围。

四、教师方面

（一）树立"双师型"教师意识

高职院校教师要认识到"双师型"是开展职业教育教学的基础，为职业教育教学的顺利实施提供前提条件。高职院校作为一种高等职业教育，其大多数学生是已经接受过中等职业教育的相关专业学生，他们通过对口升学进入高职院校，已经拥有一定的专业技能。所以高职院校教师必须在专业理论、专业技能和实践能力上有一定储备，能在教学过程中对学生实施有效指导，履行好本职教育工作，在学生中树立职业威信，并促进学校教育改革和发展。

高职院校教师要积极提升自己，努力成为"双师型"教师。刚从高校毕业就从事教师职业的年轻教师要积极调整心态，转变原有的学生思维，充分利用各种机会参与相关行业专业的讲座、培训等活动，提升自身在相关专业方面的实践知识储备，多学习一些与专业有关的实际案例，了解生产经营流程，了解行业发展形势和最新发展动态，提升教育教学能力的同时增加专业实践经验，努力向"双师型"教师方向发展。对于那些从行业企业中引进的担任兼职的实践教师来说，其应积极学习专业课程相关知识，如课程设计、教育教学知识、学生管理知识等，从而强化学生对实践技能和专业知识的融合，提升学生的综合素质，保证专业课程质量，推动专业课程顺利开展。同时，这类教师还要与行业企业保持联系，了解行业发展新动态，保持自身专业实践能力与时俱进，发挥自身的独特优势，进而成为高职院校"双师型"教师中的优秀者。

（二）积极参与企业实践

"双师型"教师不仅是学校的教学人员，还可以是行业企业的专家学者。高职院校教师要积极参与企业实践工作，提升专业实践技能，并有效拓展自身职业发展路径。一位优秀的"双师型"教师，不仅可以担任职业教育教师，还可以从事企业技术指导工作，为企业发展策划方案。通过与企业建立密切联系，不仅能汲取行业实践经验，还能提升自身教育教学能力和素质，实现教学与实践能力的共同提升，促使自身职业获得良好发展。

高职院校在教师培训中，应加大对"岗课赛证"综合育人模式下"双师型"教师建设的宣传，帮助教师认识到"双师型"教师建设的重要意义，并树立正确理念，进而努力成为兼具专业技能和实践技能的"双师型"教师。这样在日常工作学习中，高职院校教师就能积极参与学校相关培训活动，主动参与院校和企业合作举办的实践技能培训，提升自身专业技能，进而将企业中获得的实践能力转化到教育教学中，提高自身职业水平。

五、社会方面

在社会层面，相关部门要积极宣传职业教育的优势，转变当前社会中多数人对职业教育存在的偏见，使社会大众认识到职业教师能为社会培养一批优秀的技术技能型人才，是我国教育领域的重要组成部分，其与普通教育有着同等的地位。在高中阶段教育中，在学生中进行有效宣传教育，让学生认识到职业教育并不比普通教育低级，要根据自身实际发展选择适合自己的高等教育。要让广大家长认识到，职业教育和普通教育只是不同类型的教育，二者之间并没有高低贵贱之分，要积极转变对职业教育存在的认知偏差。

第七章 高职院校"岗课赛证"综合育人环境构建

　　良好的育人环境是影响教学活动开展的重要因素。在新时代，互联网技术的发展给职业教育带来了巨大的环境变革，无论是教学方式还是教学内容，都更加贴近现代化教育教学体系。良好的育人环境不仅能激发学生的学习兴趣和创新思维，还能有效改善传统教育模式带来的弊端，推动职业教育的创新发展。在知识经济时代，各个学科之间的交叉融合已经成为教育常态，单一的专业概念逐渐被淡化。在新时代教育理念下，学生不仅要掌握较高的专业技术，还要提高自己的综合能力，主动迎合新时代对复合型、创新型人才的教育需求。职业教育作为我国高等教育的重要组成部分，具有较强的实践性和市场性。推动高职院校"岗课赛证"综合育人环境的构建不仅能为职业教育课堂模式改革奠定相应的环境基础，还能为各主体创新教学方法和内容、提高教学效率提供有力的支撑。

　　虽然职业院校是我国高等教育建设的重要主体，但是在我国传统的教育思想下，职业教育相较于本科教育、研究生教育来说并不具备较强的竞争优势。究其原因，职业院校在教育环境、教学资源等方面有所欠缺。良好的育人环境不仅包括所谓的"硬件设施"，"软件内涵"也非常重要。在推进"岗课赛证"综合育人模式的构建过程中，育人环境是影响各主体融通、育人成果的重要因素。高职院校在推进"岗课赛证"的过程中，不能仅注重育人模式的改革，还要推动育人环境的构建和升级，主动适应新时代下职业教育的教学要求。

第一节 高职院校"岗课赛证"育人环境的构成

增强职业技术教育与产业发展升级的适应性是社会主义新时代发展对职业教育高质量发展的要求。在新要求下，职业教育的定位不能再以传统的培养技术技能型人才为主，而应面向社会、面向市场、面向能力、面向国际，承担起创新型产业技术人才培养的使命担当。在新的发展格局下，技术变革和产业升级引发了我国对智慧型技术技能型人才需求的提升，而要培养具有较高信息素养、综合能力全面发展的21世纪职业技术人才，加强基础设施建设必不可少。我国高职院校的教学环境建设大部分仍然处于基础建设层面，并不能满足"岗课赛证"综合育人模式提出的教学环境建设要求。育人环境的建设关乎教学改革的质量，更关乎学生的发展，是推动育人模式改革的重要前提，也是创新教学方式和内容的重要基础。在"岗课赛证"综合育人模式的要求下，高职院校和其他主体必须有效推进育人环境的改革和建设，才能有效应对综合育人模式对教学环境升级提出的新要求。

一、高职院校——教学环境

育人环境的构建是一种新型的教育方式，强调的是通过环境的营造和塑造来培养学生的品德、能力和素养。育人环境是学生在学习和生活中的环境关系综合，通过有计划、有组织、有针对性的活动和改善措施，实现环境育人的综合性目标。职业院校学生在学习和成长的过程中，受学习环境、家庭环境和社会环境的影响较多。在新时代，育人环境的建设并不只是为学生提供良好的硬件设施和基础的学习设备，更重要的是构建良好的育人氛围，给予学生充足的思考自由，让学生在稳定的教学环境中追求个性化成长。在"岗课赛证"综合育人模式的内涵下，要充分发挥职业教育中四个主体的优势，实现育人资源的整合利用，促进职业院校的专业内涵趋于市场化、现代化，加强职业教育专业设置与市场需求导向的紧密连接，形成全方位的综合育人模式。所以，在"岗课赛证"综合育人模式下，对育人环境的建设要求是多方面的。各主体也要在推进"岗课赛证"育人模式融通的过程中发挥自身优势，为学生提供良好的育人环境，助力学生的成长。

在多主体形成的教育合力下，对职业院校的育人环境有了新的要求。在传统的职业教育中，学生的学习态度、思想行为主要受教学环境的影响。教学环境是构成教育过程的必要因素之一，也是影响学生学习心态和教学质量的重要因素。我国职业教育发展的时间较短，且属于公益性的教育主体，在办学初期，无论是办学环境还是办学资源都远不如其他高等教育院校。推进职业教育院校环境的建设，需要投入大量的人力、物力支持，而在以往的发展过程中，各高等教育院校之间的竞争缩小了职业教育的生存空间，部分职业院校并没有过多的资金投入教学环境的建设之中。一方面，教学环境的改善不单单是教学基础设施的升级，更重要的是教学条件、师资力量、文化环境、活动形式等一系列"软"环境的升级，以发挥育人环境潜移默化影响人、塑造人的重要作用；另一方面，职业院校的主要收入来源是政府的扶持和学费，而在职业教育的定位中并没有其他的收入来源支持教学环境的升级和建设。在新时代下，信息技术的发展给高职院校育人环境的建设创造了条件，也给"岗课赛证"综合育人模式的融合推进奠定了坚实的基础。

"岗课赛证"综合育人模式有效连接了职业教育中最重要的四个环节，通过系统化、标准化的资源整合，实现教育教学资源人才培养要素的全方位融合，培养新时代社会发展的高质量人才。从"岗课赛证"综合育人模式的逻辑上看，"岗"是指职业教育育人过程中的市场导向，"课"是育人模式的核心，而以职业院校为主体构建教学环境也是"岗课赛证"综合育人模式中育人环境的重要组成部分。有关研究表明,教学环境对学生的学习和成长具有重要的影响。教学环境的构成分为两种,一种是硬件基础设施建设,另一种是文化、师资、校园氛围等软实力建设。高职院校在发展的过程中,根据建设规划和学生的发展需求,不断地改善相应的教学环境设施,为学生的成长成才提供更加适宜的学习环境,也能更有效地应对新时代下教育教学模式对教学环境建设提出的要求。

在硬件设施上,不仅是指教学楼、自习室、图书馆、宿舍等学生日常学习和生活的场所,还包括实训实验室、高新技术应用设备、计算机实训中心、技能拓展中心等多种硬件设备。从职业院校的发展定位来看,其设置的专业类别较多,实践性较强,需要为不同专业、不同类别的学生设置相应的实训场地,才能有效满足学生的发展需求。在高职院校的专业课堂教学中,一般分为理论课堂教学和实践课堂教学,共同组成完善的职业教育体系。随着我国产业结构的升级和职业教育理念的发展,学生的核心素养培养已成为职业教育的重要目标之一。在新时代下,工匠精神作为职业精神的重要体现形式,与职业教育教学课堂的融合形式也多种多样。在"岗课赛证"综合育人模式的内涵中,对新时代高职院校的育人环境也提出了新的要求。高职院校不仅要为学生提供相应的基础设施,还要为其营造良好的学习氛围,为学生构建自由发展的阵地,培养学生良好的思想道德品格,激发学生精益求精的学习状态,为"岗课赛证"综合育人模式的改革提供良好的空间。

在新时代,职业教育在发展的过程中,要注重思想育人环境和基础设施环境的并重,形成全方位的育人环境,促进学生的全面成长。一方面,信息技术的发展有效改变了传统职业教育课堂的授课形式,学生不再局限于单一的以教室为主的教学圈层之内,而是能够通过多媒体课件、移动终端获得更广阔的学习空间。信息技术的发展给学生提供了广阔的学习环境,学生学习知识不再仅限于教师和教材这两个渠道,而是能够通过移动设备随时随地获取课堂以外的学习内容,对职业教育的内容作出相应的补充。移动的教学平台也使职业教育的内容变得更加生动，不仅有效调动了学生的学习积极性，还使学生与教育资源之间变得更加紧密，也使学生的思维变得更加活跃，有效满足了新时代职业教育的个性化需求。

在传统的职业教育中，学生的学习资源仅限于教师和课堂教材，无论是在思维方式上还是在学习方式上都受到一定的限制，教师和教材所提供的教学内容并不能满足所有学生的学习需求，长此以往，一个班级内学生的思维方式和学习方式都在一定程度上"趋同化"，不利于学生创新思维的培养。而每个学生的个体情况不同，在思维方式和学习习惯上有一定的差异，这就导致传统的教学方式并不一定适合所有学生，学生的个性化学习需求被抑制。另外，相比于其他院校而言，实训课程也是职业教育中的重要一环。在职业院校办学初期，许多院校的实训设施并不齐全，学生能够学习到的技术技能有限，并不利于学生综合素质的培养。

随着信息化技术与职业院校的融合发展，基础设施不断健全，给职业教育的发展带来了新的契机。一方面，以"岗"为目标导向，就必须实现课堂教学与工作岗位的实时对接，这就要求高职院校必须拥有良好的课堂教学基础设施，让教师和学生及时了解最新的市场需求变化，根据市场需求调整教学的方式和内容。另一方面，随着核心素养的提出，企业在招聘时也更看重人才的职业道德、思想品质和综合能力，这些能力的培养需要院校和教师提供更加完善、更具创新性的育人环境。将信息技术与职业教育课堂相融合，不仅能创新课堂教育教学的方式方法，还能有效地利用多媒体教学平台与学生展开有效互动，拉近彼此之间的距离，培养更加完善的人格。通过互联网技术进行实训实践教学，不仅能利用海量的教育资源为学生找到更适合其发展的教学内容，还能有效提升实训的效果。

除基础设施环境的建设之外，职业院校的思想环境也是促进学生发展的重要育人环境之一。无论是校风校纪，还是整体的学习氛围，都对学生的成长产生了重要影响。在进入职业院校之前，学生的思想人格尚未完全形成，而相关研究表明，人是群体性动物，好的学习氛围和环境更容易激发学生的求知欲，对学生的思想品德、行为准则有着非常重要的影响。育人环境的作用是在潜移默化中向学生传达正确的思想价值观，引发学生与价值观之间的共鸣，从而激发其模仿行为。在"岗课赛证"综合育人模式的内涵中，多个主体的合作必须构建良好的融通环境，才能提高学生对育人模式改革的适应程度。随着核心素养的教育理念被逐渐重视，工匠精神的培养逐渐成了职业教育发展的重要内容。而工匠精神的培养仅靠课堂教学是不够的，还需要高职院校整合教育资源，丰富工匠精神的内涵，从多个方面和多个角度渗透到对学生的教育中。

二、企业主体——实训环境

除高职院校之外，实习企业也为学生提供了相当重要的育人环境建设。在产教融合的模式下，高职院校与企业的实训内容相对接，以提高学生的实践能力为目的开展教学活动，到企业进行"顶岗实习"也是职业院校学生必须经历的重要过程。高职院校与企业进行合作在于企业具备高职院校所不具备的育人优势，那就是企业能为学生提供最真实的工作环境，让学生在实习中了解工作岗位的最新需求和社会产业发展的最新方向，激发学生的潜在动力，强化学生的竞争意识，同时学生的应变能力、沟通能力和表达能力也会得到充分的展现。在学校接受教育的过程中，部分学生往往是被动的，由教师制定相应的学习任务，学生单独或者通过小组合作的方式进行学习，大部分学生不具备竞争意识。另外，学校的教学环境比较轻松，并不会给学生带来一定的压力，学生的职场抗压能力自然也得不到锻炼，而这恰恰是学生在毕业后进入职场所必须具备的关键能力。

校企搭建产教合作平台，旨在利用二者各自的教育优势进行联合教学。企业作为紧跟市场产业发展的前沿，自然掌握着最新的市场需求信息，同时能为学生提供丰富的育人环境。一方面，学生在顶岗实习的过程中能有效利用企业的机械设备、办公环境、实验器材来提高自己的专业能力，将理论知识与实践教育相结合，达到融通的效果。另一方面，在企业中，以"利益"为主的原则能有效激发学生的竞争精神，帮助学生树立正确的职场思维，在与同事进行深入学习和交流的过程中有效促进学生自身的成长，帮助他们转变思维，提高应变能力。同样，企业为学生提供的实训设备也更加完善，在实习的过程中能有效发挥学生的创新精神，将工匠精神的价值内涵付诸实践，进一步提升学生的实践能力。不仅如此，在进入企业实习后，学生能接触到更多具有丰富工作经验的工作者，他们高尚的奉献精神和精益求精的钻研精神可对学生形成有效的感染，从而完成德育育人的最终目的。

企业除了具备职业教育过程中重要的"竞争环境"之外，还为学生营造了有效的规则环境。在进入职场之前，高职院校的毕业生除了要具备专业技能和综合能力之外，还要具有一定的规则意识，主动融入企业的文化环境、制度规则，这也与学生自身的适应能力不可分割。一般来讲，企业实习就像进入一个小型的职场环境。没有教师的督促和同学的帮助，学生必须主动适应这种变化，调整自己的心态，主动迎接职场的各种考核，有效完成企业的任务，促使自己不断成长。到企业实习是学生进入职场的第一步，在企业实习的过程中，除了学习技能之外，企业还能为学生进入职场提供其他知识的补充。一方面，在学生实习的过程中，需要保障其安全，对学生进行相应的生活管理，在闲暇之余主动拓展对社会的认知，了解最新的岗位发展变化，明确自身的发展方向。在实习过程中，学生之间不仅能培养团队意识，而且在与其他同事、领导对接的过程中也能增强沟通协调能力。另一方面，薪酬福利制度和劳动者权益等知识也是学生在进入职场之前必须了解的。学校和企业在合作之前，校企双方必须经过严格的考量，明确自己的责任和义务，保障学生的合法劳动权益，在遇到职场的不公平对待时能有效解决，积累社会经验。

三、技能竞赛——社会环境

在"岗课赛证"综合育人模式的内涵中，技能竞赛是课堂模式改革的重要抓手，是学生拓展实践能力和创新能力的重要途径，也是高职学生在没有进入企业实习之前获得外部学习机会的重要途径。职业技能大赛与高职学生的成长轨迹是相符的。针对学生的不同专业、学习的不同阶段，梯度性举办与学生能力水平相适应的技能竞赛，旨在丰富课堂教学活动，为教师提供新的教学方法，激发学生的创新思维和竞争思维，在竞赛的过程中自觉遵守参赛制度，树立公平、公正、公开的竞技意识和勇于创新、刻苦钻研的竞技精神。高职院校的专业设置较为丰富，与之相对应的技能竞赛形式也多种多样。在核心素养理念之下，学生在技能竞赛和创新创业大赛的参赛过程中不仅需要用到专业知识，还需要结合其他的知识体系进行灵活运用，方能取得较好的成绩。良好的竞赛环境为学生提供了充足的展示空间，学生不仅能在技能竞赛中展示自己，获得相应的认可，树立自信心，还能在竞赛中了解自己的优势与不足，主动向他人学习，在竞争中互相督促，取得长足的进步。

在"岗课赛证"综合育人模式下，要推动职业技能大赛常态化，丰富竞赛的形式和内容，扩大参赛主体的范围，让每个学生都参与竞赛活动。与课堂教学相比，竞赛的形式更加灵活，也更加考验学生的综合运用能力。职业院校和竞赛的举办方为学生提供了良好的平台，让学生可以根据赛制进行自主创作和展示，将学到的知识进行有效运用。近年来，在核心素养的教育理念下，院校和政府针对不同的专业和教学内容在竞赛环节的设置上也有不同的侧重点，学生能根据自身的能力和优势有选择性地参与，满足其个性化的发展需求。高职院校为了保证每个学生得到的教学资源均等，在教育内容和教学方法上往往相对统一，进行无差别的培养和教育。而职业竞赛恰恰为学生的个性化发展提供了拓展空间和进步空间，在竞赛中践行职业教育的核心内容。

同样，育人环境的建设与社会氛围的构建有很大的关系。职业竞赛和创新创业大赛的参赛主体并非只有一所院校，而是涉及同一个地区内的多所职业院校，各院校在专业设置、教学特色上有所不同，通过技能竞赛，院校与院校、院校与企业之间能搭建合作平台，促进彼此之间的学术交流，营造良好的崇尚职业精神和职业道德风尚，在潜移默化中影响学生。各院校的学生也能通过技能竞赛进行合作学习，开阔视野，丰富我国精神文明建设的内涵。在"岗课赛证"综合育人模式下，"赛"不仅为学生提供良好的拓展空间和交流空间，还为学生锻炼自己的表达能力、逻辑思维能力和沉着冷静的应变能力提供一个全新的舞台。在传统的职业教育课堂中，教学活动的形式比较单一，学生并没有过多的机会将自己的才能和想法进行展示，这在一定程度上抑制了学生表达能力的发挥。长此以往，学生在遇到类似的情况时，往往缺少相对的表达能力和控场能力，无法充分展现自己的想法和能力。在比赛中，学生的综合能力被强化，进入职场后，也能从容应对职场中的突发情况，最终达到全方位的育人效果。

四、证书考核——制度环境

职业技能等级证书的考核对高职院校学生的就业至关重要。证书的考核不仅是国家对学生从事某个专业领域能力的一种认可，还是一种严格的规章制度，在高职学生学习的过程中帮助其树立一种规则意识，遵循严格的从业要求与产业生产的规律，为国家产业的创新发展提供源源不断的有生力量。从某种意义上来说，职业技能等级证书的考核不仅代表学生获得了从事本专业的资格，更代表国家对其赋予的一种责任，也是对其学习成果的一种肯定。在考取职业技能等级证书之前，学生必须深入了解从事本行业必须具备的专业技能和综合能力，进行有针对性的提高和锻炼。而一般职业技能等级证书考核的内容具有一定的指向性。其中的内涵更是代表着国家对某个产业领域的发展规划和培养目标，学生也能从职业技能等级证书的考核过程中了解最新的行业发展情况和从业要求，明确自己的发展目标，并形成一定的束缚作用。

前文提到，部分学生在进入职业院校学习之前，并没有形成明确的价值观和理想信念，这也就导致部分学生在学习的过程中一直处于被动的学习状态，更不会主动进行拓展为进入职场做好充足的准备。职业技能等级证书的考核会给学生带来了一定的压力，让学生树立严格的规则意识，明白无论是在职场中还是在学习中只有付出努力才能有所收获，经过认真严谨的备考才能获得职业技能等级证书，提高自己的就业竞争优势。而职业技能等级证书的考核内容并不是简单地考查学生对专业知识的掌握能力，而是以这种形式考核学生是否具备相应的从业资格，是否能够以正确的思想价值观念进入产业的发展中。总之，职业技能等级证书的考核能为行业的发展提供正向的作用，激发学生的学习积极性，使教学目标变得更加符合实际，培养具有现代职业观念的创新型人才。

第二节　高职院校"岗课赛证"教学环境的构建

在"岗课赛证"综合育人模式下，各主体必须充分发挥自身的资源力量，为育人模式的改革提供良好的实践环境，如此才能有效保证育人模式的实施效果。从高职院校的教育内涵来看，教学课堂和实训课堂的环境建设并重，二者互相影响、相辅相成，共同构成了完整的职业教育体系。因此，在推进高职院校"岗课赛证"综合育人环境的构建时，应将教学环境的升级与实训环境的建设并重，为学生的理论课堂和实践教育奠定良好的基础。

首先，教学环境的建设并非一朝一夕就能完成的，而是需要多方主体的配合、多方资源的投入才能顺利进行，这个过程也需要大量的人力、物力和财力的支持，只有思想文化建设和硬件设施的共同推进，才能有效提升"岗课赛证"综合育人模式的开展效果，保证教学模式的改革与教学环境的升级"配套"，共同促进现代职业教育的发展。其次，从传统意义上来说，教学环境的建设一般与理论课堂的开展相对应，而理论课堂的教学活动又以院校和教师为主导，所以在一定程度上，教学环境的建设要以高职院校的教学课堂为主，以其他为辅，共同为高职院校学生的实践能力提升打下坚实的理论基础。最后，教学环境的建设要涵盖学生成长的方方面面，不仅要促进课堂教学环境的升级，还要营造有利于学生成长的校园环境，将职业教育的内涵与新时代工匠精神的发扬融入高职院校的校园文化环境建设，鼓励学生与学生之间、学生与教师之间进行积极的技术交流，鼓励学生创新，丰富学生的课堂学习活动形式，将德育充分融入高职院校的教育课堂中。根据专业特色的不同，制订具有针对性的教学方案，引导学生主动树立竞争意识、合作意识、沟通意识，培养良好的职业道德，加强教学环境在"岗课赛证"综合育人模式中的重要作用，形成全方位的育人环境，推动我国职业教育的创新发展。

目前，"岗课赛证"综合育人模式的研究逐渐深入每一个高职院校的教育体系中。现阶段，高职院校对"岗课赛证"综合育人模式的研究逐渐由内涵、特征、功能逐渐延伸到本质、融通过程、评价体系、环境建设等多个方面。在研究的深度和广度上逐渐有了新的提升。随着我国综合实力的增长、产业数字化转型的发展，在多个方面有效地反哺了教育工作的开展。教育是国之大计，更是新时代信息技术人才培养的重要环节。院校、企业、政府在深入了解"岗课赛证"综合育人模式的内涵之后，积极发挥自身的优势，为高职院校的学生构建了一个全新的育人环境，对职业技术人才进行了精细化、针对性的培养。

一、基础设施

基础设施建设是高职院校构建"岗课赛证"综合育人模式教学环境的基础。前文提到，在职业教育办学初期，并没有过多的资金力量来完善职业教育的基础设施。部分高职院校为学生提供的教学环境较为简单，不能满足学生的多方面学习需求。一方面，随着信息技术与职业教育课堂的深度融合，信息素养也成了学生在成长过程中必须具备的核心要素。传统的以教师为主的课堂教学模式无法满足当前学生的教育需求，单一枯燥的教学课堂给学生带来一定的压抑感，学生逐渐丧失对课堂学习的兴趣，不利于学生综合能力和创新思维的培养。另一方面，虽然职业教育的专业课程设置较为丰富，但大部分专业的教学内容需要理论课堂与实践课堂相结合。教师在讲解理论基础知识的过程中，不可避免地要涉及一些设备操作、实训技巧，单一的课堂教学方式并不利于学生对理论知识的有效理解，降低了理论课堂的实际效果。职业教育虽然是高等教育的重要组成部分，但在招生和教学环境设施上并不具备显著的优势，师资力量也较为匮乏，这也是导致职业教育质量相比其他院校教育并不高的重要因素之一。

随着我国社会经济的发展和产业现代化升级，对高职院校的人才培育提出了新的要求。"岗课赛证"综合育人模式的提出正是顺应了职业教育的转型发展，同样对教育环境的建设提出了新的标准和要求。一方面，在基础设施建设上，高职院校要紧跟时代的步伐，将信息化教学平台融入职业教育的课堂，拓展线上教学课堂，实现"线上和线下"双重教学模式的双向融合。在将网络教学平台融入课堂教学时，教师要注意的是，学生是课堂教学活动的主体，提高学生对信息技术设备的使用能力也是现代化职业教育的重要内容。另一方面，高职院校要为学生提供完善的网络共享系统，打造智慧校园。智慧校园的建设对学生的发展来说具有重要的意义。通过数据采集、分析、处理等手段，能够涵盖学生全部的日常生活和教学活动，提升校园管理的质量，为学生的生活和学习提供更加完善的服务。本质上，智慧校园通过引进先进的信息技术设备和智能设备，实现互联网教学资源的数字化、智能化，推动职业教育的教学内容向着丰富化、个性化的方向发展，从而有效激发学生的学习兴趣，优化职业教育的育人效果。在某种程度上，智慧校园与"岗课赛证"综合育人模式的教育内涵不谋而合，通过多主体的力量，弥补传统高职院校在教学环境、教学资源上的不足，实现高职院校与产业发展的直接对接。

推进智慧校园的建设，能有效为"岗课赛证"综合育人模式的开展奠定良好的物质基础，不仅能提升院校的管理水平，还能实现校园内部资源的优化配置，创新智能管理系统，丰富课堂教学活动的内容和形式。作为一种新型的教育模式，智慧校园在与高职院校课堂教学活动的结合中发挥了巨大的优势。在教学模式、课程设计、教学管理、评价体系等方面进行了创新和优化，实现了学生的个性化发展，给学生提供了多样的学习机会。此外，通过智慧课堂的建设，能够有效实现专业课堂教学内容的"立体化"，让学生主动参与课堂教学设计和活动的讨论。当然，智慧校园的建设升级需要结合当前高职院校原有的环境情况，利用信息技术打破原来教育内容与市场需求之间存在的壁垒，培养学生的综合素养和创新能力。引入人工智能和大数据等技术，不仅能为学生的成长和学习提供个性化的教学资源，还能有效为教师的教学管理提供辅助力量，对学生在学习成长过程中的情况实施全面监督，并根据学生的个体情况进行适时的调整，提升职业教育的针对性和实效性。

"岗课赛证"综合育人模式与智慧校园环境的建设是相辅相成的，二者在目标导向上具有一致性，智慧校园的建设能为"岗课赛证"综合育人模式的开展提供良好的物质环境基础，利用信息网络满足职业教学中教学课堂与行业、工作岗位的连接需求，提升课堂教学效果。一方面，利用智慧校园建设平台，各主体也能充分发挥自身的资源优势，达到教育资源的合理优化配置，将多主体紧密连接，创新"岗课赛证"的育人模式和育人方法。另一方面，利用智慧校园的环境建设，能为学生提供较多的技术学习资源，有效弥补传统教学模式中教学资源欠缺带来的育人方面的不足。在基础设施建设上，仅有信息化教学平台是远远不够的，高职院校还要加大对校园环境设施资源的开发力度，增设创新创业中心、实训基地平台、虚拟仿真实验室等，为学生的学习拓展提供必要的物质条件。

在现代化职业教学的需求下，数据网络是智慧教学环境建设的核心，提升高职院校的数据网络建设能力对推进信息化校园建设至关重要。加强数据网络环境的建设不仅能营造良好的信息环境氛围，提高学生使用数据的能力，还能加强"岗课赛证"综合育人模式的融通效果。提升"岗课赛证"综合育人模式的效果，最重要的是实现各主体资源的有效整合利用，搭建一个共同的育人平台，加强彼此之间的紧密联系，形成全方位的育人环境。而数据网络的构建为搭建"岗课赛证"综合育人平台提供了坚实的基础。高职院校要结合自身的实际情况，定义数据网络建设的需求和内容，明确数据网络共享的范围、内容和目标等。同时，要将各个主体都纳入数据网络平台的建设，为学生提供多个专业、多个板块、多个领域的教学内容，方便学生学习和查找。在网络育人环境的建设功能上，要集教学信息的采集、分析、处理功能于一体，有效涵盖学生生活和学习的方方面面。根据学生的个体情况，数据系统能为学生制订个性化的学习方案，并将学生的课堂学习情况、课外活动参与、实训技能训练、竞赛获奖情况、证书考核等内容纳入学生的学习体系。

除高职院校之外，其他主体也要投入相应的政策、资金支持教学环境的建设。教学环境的建设主体并不是单一的，而是由多个主体共同构建的。相比于高职院校，企业在实训设备与产业技术应用等方面具有一定的优势。在基础设施的建设上，校企双方必须建立良好的信息技术应用平台，让学生随时了解先进的产业技术发展，加强对实训设备的改进和升级，提升教学环境对综合育人的作用。在教学环境的建设上，政府要充分发挥自身的政策导向优势，积极呼吁企业与高职院校合作，为校企双方产教合作机制的建立搭建良好的信息平台，加强校企双方之间的信息连接，通过完善相关的政策来支持高职院校育人环境的建设。

二、文化环境

随着我国现代化教育的不断发展，文化环境的育人作用越来越受到重视。不同于基础设施在教学环境升级中的显性作用，校园文化环境的建设具有隐性作用，在潜移默化中影响人、塑造人。在新时代下，推进校园文化环境的构建成为高职院校的重点内容。而在"岗课赛证"综合育人模式下，对文化环境的建设也提出了新的要求。一方面，随着核心素养的提出，学生的思想道德水平和综合素质的培养需要经过校园文化环境的熏陶才能达到良好的育人效果。另一方面，在新时代下，将工匠精神融入职业教育体系，对提高高职院校的人才培养质量、促进学生的全面成长具有重要的作用。此外，将工匠精神融入课堂教学并非短时间内就可以起到作用，而是需要长期有效的多方面的文化熏陶，这样才能让学生真正理解工匠精神的内涵，并将工匠精神作为自己职业发展道路上重要的精神力量。在"岗课赛证"综合育人模式的内涵中，需要充分发挥学生的自主性作用，提升学生对课堂学习的兴趣。学生作为有思想、有灵魂的个体，单靠基础设施建设很难真正起到有效的综合育人作用，只有形成良好的校园文化环境，才能形成全方位的育人环境，推动学生在思想品质、技术能力等多个方面的发展。

基于此，在文化环境的构建中，高职院校要发挥主体作用，其他各主体要积极配合高职院校推进校园文化建设，将工匠精神的思想内涵融入课堂教学，在潜移默化中提高学生的道德修养，培养良好的职业素养。高职院校校园文化的建设并不能只在课堂教学中进行，还要将职业道德精神、职业素养、社会主义核心价值观等融入学生学习和生活的各个方面。首先，推进校园文化建设，要从课堂教学改革抓起，高职院校要定期组织教师开展关于职业教育的培训，要求教师在平时的教学过程中主动将思想政治教育和职业教育融入课堂教学，鼓励教师将理论教育与课堂教学活动紧密联系，创新职业理论教育新的教学形式。尤其是各专业课教师，在教学过程中要注重思想理论教育与实践理论教育并重，提高学生的思想素质和综合能力。其次，高职院校要丰富校园文化活动，定期举办以职业精神、职业素养、社会主义核心价值体系为主题的演讲、知识竞赛、讲座，鼓励学生积极参与。在此过程中，高职院校要注意各专业的特色并不相同，高职院校在举办思想教育活动时，不能再以单纯的说教形式进行，而要让学生主动参与活动的设计，鼓励学生在丰富多彩的活动中表达自己对新时代职业道德、产业发展转型、自身职业规划的想法，给学生营造一个自由、平等的交流空间，倾听学生对现代职业技术的观点和看法，满足学生的个性化需求。另外，就高职院校专业设置的目标导向上看，学生的职业精神对以后的职业发展来说至关重要。高职院校作为培养新时代技术技能型人才的重点建设阵地，必须有效激发学生的创新性思考能力和技术钻研能力，在院校内积极组织技能比拼活动，让学生在学习过程中逐渐树立竞争意识，调动学生的创新思维和合作意识。这样不仅能有效提高学生的综合素质，还能丰富学生的课外活动形式，提升学生的参与感。最后，高职院校要积极帮助学生拓展第二课堂的实践，鼓励学生主动走出校园，参与社会实践活动，了解新时代工匠精神的内涵，在实践中践行社会主义核心价值体系。

工匠精神是新时代职业精神的重要表现形式，将工匠精神与职业课堂教学内容相融合，不仅能丰富职业教育理论课堂的教学内容，还能利用工匠精神将职业道德与学生的生活实际相结合，提升高职院校人才培养的实效。工匠精神的内涵包括敬业、精益、创新、奉献四个大类。随着社会经济结构的不断升级，我国加速推进了工业现代化的进程，实现了从制造大国向制造强国的转变。企业对员工的要求已经不再是一般的专业技术技能，更需要他们拥有良好的职业道德，能够全身心地投入企业的生产经营活动。所以，工匠精神的培养不仅是职业院校和教育体系改革的重要举措，还是推进国家工业化建设的重要精神力量。其他主体也要充分发挥自身的文化育人优势，制定全方位的课程体系，以达到培养高素质人才的重要目的。在"岗课赛证"综合育人模式之下，各主体要构建同样的专业课程教学体系，将工匠精神的内涵、理念及新型技术技能的规范应用融入课堂教学内容。坚持以任务为驱动，以项目为载体，构建校企合作、能力递进的实践教学体系，积极探索各主体联合育人的长效机制，为学生的成长和发展提供高质量的育人服务。

工匠精神也是我国传统文化和民族精神的重要表现形式。各主体在共同构建校园文化环境建设时，要充分考虑自身的专业特色，建立知行合一、工学结合的专业社团，充分体现职业教育育人的优势。在课堂教学和项目实训中，要以技能高超、人格健全、品德高尚为综合性培养目标，利用网络线上教学平台分享各行各业的劳模、行业领袖、技术人才的先进事迹，拉近与学生之间的距离，培养学生自主学习、独立创新、敬业友善的品质，树立正确的职业价值观，使学生能正确看待职业教育和工作岗位，拥有积极进取、勇于攀登的精神品质。

近年来，在提升学生思想道德修养的同时，学生的职业观念和法治观念也逐渐成为高职课堂教育的重要组成部分。所以，在培养学生职业道德精神的同时，也要引导学生在学习过程中树立正确的职业观和劳动观，丰富高职院校校园文化建设的内容。围绕工匠精神的培养，高校校园环境的设计规划也要注重专业特色，主动将"工匠精神"的内涵融入环境设计。通过建筑外形、园圃设计、浮雕、文化墙、公告栏、实训基地等，弘扬校园内的劳动模范事迹，并且积极鼓励学生参与学校的校园文化建设，鼓励其主动设计创新创业项目，以提高其专业水平、技能水平。另外，高职院校要加大对企业、投资者和社会的开放性，使多元的文化互相交融，促进企业文化与校园文化进行融合，营造和谐、开放的文化环境，为高素质技术技能型人才的培养创造有利的条件。

三、师资力量

在"岗课赛证"综合育人模式下，师资力量在推动育人模式的改革中发挥了关键作用。教师是教育的第一要素，也是与学生直接接触的重要群体，能够及时发现学生在学习过程中的变化，结合学生的实际情况和教学目标进行适当的调整，保证育人模式与学生的实际发展情况相符合。同样，师资力量的强弱也关乎教学质量的高低，对学生的成长成才有重要的作用。当然，好的师资力量也是育人环境中不可分割的重要组成部分。在传统的教学模式下，教师在教学课堂中往往起着重要的引导作用，不仅有效传达专业知识，还能利用自身的师风影响学生，在潜移默化中对学生进行思想教育。同样，教师也是推动教学模式改革的关键，是创新教育教学方式的重要主体，更是有效连接市场需求和学生实际情况的桥梁，在"岗课赛证"综合育人模式中发挥关键作用。

综上所述，师资力量也是综合育人模式教学环境建设中重要的一部分。基于此，高职院校在育人环境的建设中也应着重提升师资队伍的力量建设，完善"岗课赛证"综合育人模式的育人环境建设体系。随着职业教育的迅速发展，高职院校教师队伍力量的建设也逐渐得到关注。职业教师的"教学功能"已经不能满足职业教育的发展需求，高职院校在招聘时也开始将教师的师风师德、实践教学经验纳入教师考核的指标，"双师型"的概念被提出。一方面，在新时代的职业教育体系之下，学生的个性化学习需求得到重视，教师的教学内容已经不再局限于课本知识，而是要为学生的成长成才提供更加完善的教学内容，形成全方位的教育教学环境，为学生的成长提供更加完善的服务。另一方面，在"岗课赛证"综合育人模式下，教师是开展课堂教学模式改革的推进主体，是直接了解教育需求的"前沿阵地"，对教学模式的调节、学生的个性化引导、促进学生实践能力的提高等方面具有重要的作用。因此，"岗课赛证"综合育人模式也对教师教学能力、管理能力、沟通能力、信息技术应用能力等方面提出了新的要求。

基于此，高职院校应加强院校师资团队力量的建设，完善高职院校"岗课赛证"综合育人模式的教学环境建设。实效性和发展性是高职院校教师培养目标的重要方向。从"岗课赛证"综合育人模式的内涵中不难看出，现代职业教育对师资力量的建设指明了新的方向。在课堂教学模式的改革过程中，学生是课堂教学的主体，而教师是课堂教学活动的组织者。在将教学模式应用到课堂实践中时，教师必须深刻理解"岗课赛证"综合育人模式的内涵，并将其与专业特色和学生的实际情况相联系，提升综合育人模式的普遍适用性。在此情况下，高职院校要立足于教学目标，定期组织专业教师进行系统性的培养，提升教师在教学过程中的综合能力。在培养形式上，高职院校必须采取丰富多样、特征鲜明、灵活的综合性培养模式。根据教师的发展需求和教学的实际需求，在培训目标、培训内容、培训激励方式等要素上灵活选择，联合企业、政府、社会团体等多个主体，共同开展培训任务，提升教师培训的质量。另外，在教师培养环节，要突出高职院校的专业特色，提升培训内容的针对性和导向性。

首先，高职院校在针对职业教师的培养时要制定相应的培训管理制度，保证各个专业、各个教学领域的学科教师都能受到现代化职业教育的培育，确保高职院校职业培训顺利开展。在教师培训的建设上，要强化教师培训的日常管理，提高教师参与教学培训活动的积极性，为高校教学培训的开展打下坚实的基础。高职院校在开展培训时自然离不开企业的参与，在针对专业教师培养体系的建设中也应突出企业特性。校企双方在搭建产教融合的教学平台时，不仅要促进学生的发展，还要注重教师院校教学和企业实践之间的双向交流学习，让一线教师到企业里进行学习，校企双方共同制定培养目标、培训理念，组织培训资源，提供培训保障。在制订教师培训方案时，校企双方应根据院校的实际情况制订具体的实施方案，保证培训内容与教学实际相衔接。

其次，"岗课赛证"综合育人模式中有多个育人主体，各主体应充分发挥自身的育人优势，为教师培训的开展提供相应的教学资源，提升师资力量。根据需求层次发展理论可知，教师在职业生涯的发展阶段会出现不同层次的需求。在针对教师培训的过程中，校、企、政三方都要切实考虑教师发展的需求，通过深入分析教师的个性特点、教学内容和需求发展，制定综合性的培训方案。根据教师能力和专业特色的不同，进行有针对性的培训。高职院校进行教师专业能力的培训旨在建设高水平的"双师型"教师队伍，强化高职院校与其他主体在"岗课赛证"综合育人模式中的关系，形成"院校+企业+其他主体"的培训模式。高职院校与企业建立深度合作的关系，双方必须明确自身在育人方面的职责，做好彼此之间的沟通和协调。针对教师的课堂教学能力、实践操作能力各方面进行重点培训，设计相应的专业能力发展目标。

最后，师资力量作为育人环境中重要的组成部分，其功能不同于基础设施和文化环境，对学生成长的影响也更为深远。作为"活的"育人环境，教师在学生成长和发展中的意义仅次于父母。加强高职院校的师资队伍力量建设，能充分发挥教师在育人方面的重要功能，强化教师的引导作用。在传统的教育模式中，教学环境建设的重点主要在于基础设施建设和校园文化建设两个方面，忽略了教师在育人方面的重要作用。从范围上看，基础设施建设和校园文化环境的构建针对性范围较广，具有普遍适用性，能够被大部分学生接受。随着信息时代的发展，学生的个性化需求越来越成为院校教学改革的重点，自然也就需要更加灵活的方式来增强育人环境的针对性。而提高教师的综合能力不仅能帮助教师在教学过程中找到适合的教学方法，还能提升教师的教学效率，关注更多学生的学习需求，以及灵活应对不同学生在学习过程中出现的问题，进行差异化育人。

以往，高职院校在培养"双师型"教师的过程中，会出现不同程度上"重理论，轻实践"、培训内容不具有针对性、培训课程缺乏连贯性等问题。在"岗课赛证"综合育人模式下，教师的培养培育对综合育人模式的有效实施起着重要作用。从综合育人模式的内涵上看，教师在推动多主体教学资源融通时必须具备相应的信息洞察能力、信息处理能力和信息使用能力，不仅能针对职业道德、职业精神、就业理念等理论知识进行课堂教学，还能开展丰富的课堂活动，紧紧跟随新时代马克思主义精神教育，在多个方面对学生进行有效的精神引导。同时在课堂教学中，教师能主动将职业技能大赛、职业技能等级证书考核的内容融入日常教学活动，有效利用各主体的教育教学资源，形成育人合力。除理论教学和活动组织能力之外，教师的实际操作能力训练同样重要。实践证明，学生是课堂教学的主体，课堂教学活动应围绕学生的需求展开；教师是整体教学资源的使用者，是教学方向的引导者，是进行差异化教学的实践者。差异化教学并不是指对学生进行区别对待，而是指在充分尊重学生个性化需求的情况下，为学生提供具有针对性的教学方案，及时关注学生在学生成长过程中的各种变化。尤其是在教学内容的制定、教学方法的选择、教学评价的反馈等多个方面，教师都发挥着重要作用。因此，教师也应树立积极进取、精益求精的思想意识，与时俱进，用自身的力量感染学生，将工匠精神和职业道德落实到教学课堂和生活中，主动拉近与学生的距离，给予学生关心和指导。在教学过程中，教师还应积极主动地掌握现代信息技术平台的教学能力，充分利用和开发数字资源，结合课堂教学内容，丰富教学活动组织的形式。在技术的应用与实践方面，创新能力的培养也是重要环节。因此，高职院校要积极组织教师构建科研团队，鼓励学生积极参与新技术、新技能、新工艺、新规范的研究，重构专业体系，有效促进科研成果的推广和转化。

第三节　高职院校"岗课赛证"实训环境建设

实训环境是高职院校推进"岗课赛证"育人环境建设中的重要部分。随着我国产业技术的升级，对高质量技术技能型人才的培养提出了新的要求。对于企业而言，求职者的专业能力非常重要。与高职院校不同，企业是以营利为目的的经济组织，求职者是否能持续为企业带来长久的经济效益是其能否在企业内发展的关键因素。同样，高职院校毕业生在求职过程中，专业能力和相关证书的获得也是决定其薪酬福利的重要影响因素。基于此，提升高职院校学生的技术技能应用能力和创新能力对提升学生的毕业竞争优势、促进我国技能型产业人才结构调整具有重要意义。

实训环境的建设与"岗课赛证"育人模式中多个主体有着紧密的联系。因此，各主体应充分发挥自身的资源优势，共同搭建实训基地建设平台，保障"岗课赛证"综合育人模式的顺利推进。在实训基地的建设中，实训实验设备的保障和平台建设必不可少。而实验设备的升级和教学平台的搭建则需要庞大的资金、技术和资源支持。在传统的教学模式中，只有高职院校一个教育主体，受办学宗旨的限制，大部分高职院校在资金和资源的使用上存在明显的不足，在一定程度上制约了实训环境的升级和育人的最终效果。此外，高职院校有多个特色专业设置，不同专业的实训内容、同一专业不同时期的实训内容均有不同，对实训设备的要求也不尽相同。实训实验设备的升级换代需要大量的资金投入，涉及场地建设、设备更新保养、技术人员招聘等多个环节。因此，大部分高职院校的实训实验设备并不完善，而且会出现设备老旧不符合教学现状的情况。

一、保障措施

要想推进"岗课赛证"综合育人模式的实训环境建设，就必须结合多个主体的资金、资源力量，为教学模式的改进提供良好的财政支持。一方面，高职院校要与当地政府共同设立保障资金，加深校企之间的合作，通过校企合作为企业提供服务，解决学生培训、实习、就业的问题，增加学校的收入来源，并将此作为升级实训设备的重要资金来源。资源建设不仅可以通过增加资金来实现，还可以通过整合各主体之间的有效资源来丰富教学内容，各主体之间要达成一定的共识，尽可能为育人模式的升级提供有效的资源建设。利用学校已有的资源和企业的外部资源进行合作培训，让学生到企业里进行学习，共同打造综合性培训基地。

政府要充分发挥政策引导的作用，积极鼓励企业到高职院校进行投资，与院校达成深度的合作，共同针对专业特色、育人目标、教学方向进行深入的探讨研究，制订综合性的人才培养方案。不仅在政策上，也要在资金、技术、资源上对高职院校给予一定的补充，引进特色技术型人才，为综合育人模式的改革实践提供完善的保障措施。

在"岗课赛证"综合育人模式下，要实现课堂教学与工作岗位的直接对接，聚焦学生职业能力的成长。多主体融通的综合育人模式能够有效弥补高职院校在教育资金和教学资源上的不足，集结多主体的资源力量，为实训课堂的开展提供有效保障。为此，各主体要健全人才投入产出机制，保证在推进产教融合中的资金供给，积极协调各方资源，利用网络信息技术平台，实现多个地区、多个院校、多个企业之间的设备信息共享，鼓励多元主体参与综合育人模式的改革建设，打破传统的高职院校封闭式办学格局，打造深度融合的"教学共同体"。

此外，政府也要积极推进职业竞赛的举办，完善职业技能等级证书的考核制度。鼓励学生和教师积极参与技术技能、产业工艺的创新，积极促使创新成果升级转化，拓宽高职院校的资金收入来源。构建完善的职业技能大赛奖励制度，注重竞赛的内容，将职业技能大赛和创新创业大赛作为拓展课堂、丰富教学活动的形式。同时，提升职业技能等级证书的含金量和企业对高职院校毕业生的认可程度，实现高质量人才的转化，并以此作为扩大招生的重要依据。

二、实训设备

依据目标岗位来定位高职院校人才培养的目标，高职院校培养的高质量技术技能型人才必须满足企业产业链中生产、建设、管理、服务等一线工作岗位的需求。由于区域发展不均衡，以及各地区对第一、第二、第三产业的不同侧重，高职院校需要进行市场调研，明确不同产业所对应的目标岗位链条。根据目标岗位群体的人才层次需求、核心技能分析、工作内容规划及学生个人的职业成长规律等，制订可以量化的教学方案，并且反馈到实训环境的构建中。通过将产业界、教育界、竞赛界、证书界的标准、内容、过程、评价体系等育人要素与课程相连接，有效结合四个主体的资源建设，才能实现实训环境的最优化。前文提到，在高职院校的课程教学中，一般采用主辅结合的教学方式。在第二课堂的实践教学中，实训设备是学校开展教学活动所必须具备的硬件设施。但是，不同的高职院校在专业设置上有所不同。对于一些拥有特色专业的学校来说，实训设备和技术技能型人才的引进非常重要。同样，这也要求高职院校的教师必须具备丰富的工作经验，能灵活使用实验仪器设备，拥有良好的操作能力。

近年来，我国高职院校加大了对先进技术人才的引进，大批具有专业技术的人才加入职业教育的队伍。所以，高职院校也要重视相关技术人员的保障，提升高校实训实验设备的管理水平，构建人员多元化的实训设备共享管理模式，并由专职的教师和管理人员进行有效的监管。在实践课堂教学方面，专职教师具有较强的理论基础和科研能力，熟悉先进设备的工作原理，能够有效指导学生的理论知识培训。在实训设备的操作环节，高职院校应积极邀请企业工程师兼任授课教师，参与学生的日常教学安排中，指导学生完成企业产品的生产任务，进一步强化学生的专业知识和职业素养。

购置实训设备是高职院校完善实训育人环境的重要环节。在此之前，高职院校要做好充分的调研工作，明确实训设备购置的必要性、适用性和先进性，既要满足学生的学习需要，又要充分考虑院校的经济能力，保证所购置的设备能够实现各个专业之间的资源共享，将"提升设备利用率，增强服务能力"作为重要的建设目标。实训设备和技术人员是营造良好的实训环境的重要内容。无论是在设备更新上还是在技术人员的培训上，高职院校都应做到与时俱进，为学生的实训拓展打下良好的基础。

传统意义上，高职院校的实训环节一般指的是实践课堂教学，而在新时代下，实训环节不仅指学生在教学课堂中接受的实践操作训练，还包括学生到企业中参与的毕业实习、技能竞赛之类的关于实践操作的训练环节，其目的在于增强学生的动手操作能力和实践技巧。因此，"岗课赛证"综合育人模式的提出，正是将职业教育过程中各个主体包括进来，充分调动各主体的实践设备资源，为学生构建完善的实训环境建设。在企业实习也是学生接受实践教育的重要环节。企业拥有的实训设备更加先进，也更加全面。在学生进入企业实习时，企业要指派经验丰富的一线工作人员对学生进行针对性的培训，帮助学生了解设备的原理和企业运行的制度，使学生熟练掌握设备运营、维修、管理各个环节的知识，增强学生的实践经验，提高学生的社会适应能力。鼓励企业的工程师积极担任实训教师，结合学生的实际情况进行合理的教学安排，指导学生在企业中完成生产任务，并通过相关的考核和认证。企业也要积极鼓励员工之间进行技能比拼，提升员工的工作激情，加强职业教育。

在我国现有的管理体制之下，高职院校隶属于教育部门，而企业发展主要由经济管理部门负责。"岗课赛证"综合育人模式的提出，正是基于校企之间的开放性合作而达成的。在实际的操作中，各主体之间必须结成利益共同体，实现资源共享，才能为学生实践能力的提高提供良好的育人环境。搭建实训资源共享的基地平台不仅是现代化职业教育的发展需求，还是打通各主体融通机制的重要一环。在推进平台的建设上，各主体的优势不同，分工也不同。从"岗课赛证"的内涵来看，其中"岗"是指通过一线行业专家群策群力，分析当前行业发展的形势，确定该专业岗位群并制定相对应的学生需要达到的能力目标。从这点来看，企业是连接"岗"和"课"的重要主体，在构建育人实训环境建设中具有重要作用。企业应根据自身的发展定位，为实训环境的建设提供方向性的指引。部分专业对应的技术和岗位管理比较复杂，企业要利用自身的优势，在充分调研市场需求的前提下，进行针对性的规划和建设，并将学生的发展需求融入实训环境的建设。各个岗位所需要的核心能力不同，一线工作岗位需要的是耐心和责任心，管理岗位需要的是沟通能力和协调能力。校企双方要对此进行细致化分析，既要注重实训环境的普遍适用性，又要注重各个专业、各个岗位之间的针对性。在高职院校的专业设置中，不少专业涉及设备检测维修和开发管理，而企业则具有先天性的环境优势，能让学生在实习过程中切身体会生产环节的整个过程，将理论知识与实践技能相结合。为此，企业在为学生构建实训基地时，要注意学生实习内容的丰富性，让学生了解企业的运转机制，熟悉生产环节中的各个流程，并且让学生主动参与设备的创新研发。

校企双方在共同推动实训设备及课程一体化的过程中也要充分利用职业竞赛和技能等级考试的资源优势，实现以赛促教、以赛促训、以赛促研、"赛证"融通、"赛教"融通的效果。通过竞赛带动教师和企业员工技术技能提升、实训环境建设、课程改革创新的作用无疑是巨大的。例如，以国家对某个专业等级考核的标准为依托，针对学生在企业参与生产活动的内容为载体，联合多个部门组织关键技术技能竞赛，促使学校育人模式的方案更新，带动教师教学能力、企业实训环境的升级，推动行业创新发展建设。

三、合作平台

在"岗课赛证"综合育人模式下，各主体、各系统都应为职业教育体系的完善而服务，要充分调配各主体之间的资源，实现资源共享，保证高职院校的学生拥有良好的育人环境，助力学生的成长。在推进育人模式的改革过程中，各主体要建立共享机制。一方面，校企之间要实现实训设备共享；另一方面，政府和其他社会主体也要实现信息资源共享、育人标准共享、育人内容共享。政府要发挥主导作用，加强顶层设计，消除各主体之间的制度壁垒，出台相关的政策对高职院校与企业开展的校企合作实施一定程度的政策优惠补贴，引导各主体之间构建高质量的共享资源体系。依托相关政策，各主体要充分发挥自身的优势，建立长效合作的实训设备共享机制，明确各主体之间的权责关系和利益分配，调动各主体参与育人模式改革的积极性，为高职院校学生的实训课堂提供完善的设备力量支持。

合作平台的建设内容是多方面的。搭建多主体融通的合作教学平台，不仅能有效将各主体进行连接，还能高效实现教学资源的共享和利用，对学生的学习和成长具有重要的意义。互联网信息的快速发展给搭建多主体共通的实训平台提供了可能。从平台的需求主体来看，各主体是平台的设计开发者，而学生是平台的使用者和受益者。实训共享平台的建设旨在强化各主体之间的交流与合作，利用平台能及时发现和解决学生在育人环节出现的各种问题，并实时进行跟踪处理。结合学生本学期的学习任务和课堂表现、实践技能的掌握情况，各主体进行协同考核评价，提升智慧服务平台在育人方面的效果。

智慧服务平台的建设并不只是在线上建立，在线下也要搭建相应的实训基地来完善实训环境的建设。前文提到，在智慧平台的搭建中，要整合各主体的资源优势，为学生提供不同专业、不同领域、不同内容的资源信息，帮助学生有效了解最新的产业发展情况。学生能通过平台板块中的内容与自己的学习情况进行对比，找到更适合自己发展的学习方式。在实训基地平台的建设过程中，各主体要进行充分的沟通交流，明确实训平台建设的重点，在线上以视频的方式将实训教学资源上传到平台的信息资源库，方便学生主动获取和浏览，加深学生的记忆，平台管理者利用云计算和大数据对实训资源进行整合和分析，为学生提供针对性的教学资源。

随着"1+X"证书制度的实施，统一的教学任务和考核标准为高职院校实训基地的建设提供了方向，也促进了专业教育与职业技能的统一，确保专业教学与职业标准实现有效衔接。依据"岗课赛证"人才培养方案，对现有的实训设备进行相应的综合分析，检查设备的情况，淘汰旧设备，积极引入具有新工艺、新技术的设备，以满足高质量人才需求下对实训基地建设的要求。同时，提高实训基地的信息化建设程度，建设基于大数据和人工智能下的虚拟现实实验室，满足学生的需求。我国在推动"岗课赛证"一体化实训基地建设时，经常出现"重建设，轻管理"的问题。部分院校常常因为设备管理疏忽而导致设备过早地损坏，严重降低了实验设备的利用率；在校企共同搭建的校外实训平台，没有相应的技术管理人员进行管理和维护，而学生在实训实验设备使用完毕后，也并未树立相应的维护意识，长此以往，实训实验设备的维修管理处于盲区，导致实训基地的设备利用率不高，甚至沦为参观的对象。

为了营造更好的实训环境，各主体在推进实训基地建设之前必须搭建好实训基地的管理框架结构，完善实训设备的使用、维修维护的管理制度，聘请专业的技术人员定期对实训实验设备进行升级和保养，最大限度地发挥实训基地在育人环境方面的作用，保证实训基地建成后能够有效运行。实训基地的建设既然需要多方主体的参与，那就必须由多个主体共同进行信息化管理，明确各主体的管理职责。实训基地的建设需要对各专业的特色进行相应的分类，并对学生进行阶梯式的针对性提高，实现实训效果的最大化。首先是基础层，要以职业技能等级证书的考核内容为参考方向，由专业技术人员进行一对一的指导，保证学生既能根据自己的水平完全掌握技术的要领，也能通过职业技能等级证书的考核拥有基本的职业素养。其次是提高层，学生在专业技术人员的指导下能灵活掌握专业技能并加以实践与应用，掌握生产设备或者技术的基本原理，较好地完成学习任务，能通过较高的职业技能等级证书的考核，拥有良好的职业素养，具备参加职业竞赛的能力。最后是拓展层，学生能完全掌握设备生产或者技术技能的应用，灵活地运用所学的知识进行创新，在职业竞赛中能够获得相应的名次，具备较高的职业素养和职业精神，并且对自身的发展有明确的规划，能主动寻找相应的资源进行知识拓展，符合新时代下高质量技术技能型人才的要求。

在推进实训基地信息化管理的过程中，也要注重设备资源的共享性和学生个性化问题的针对性。利用信息平台，学生能直观地看到实训设备的使用情况，并根据学生的学习情况进行针对性的教学，满足学生的个性化发展需求。各主体也能有效利用信息平台开展各种实训知识、技术技能竞赛，丰富教学活动形式。在实训提升方面，高职院校不要拘泥于传统的实训形式，而要鼓励学生主动走出课堂，积极参与各种社会活动，提升自己的专业技能和职业素养。各主体也要积极组织各种技能培训活动，丰富职业课堂教学的形式和内容，定期组织学生到先进的工厂或企业进行交流参观，积极与多个企业进行合作，完善实训环境的建设。此外，各主体之间也要建立相应的实训效果评价机制，随时根据学生的实训情况进行合理的调整，并给予相应的反馈。

育人环境的建设是推进"岗课赛证"综合育人模式有效开展的重要基石。因此，各主体要统筹规划实训资源，深化"岗课赛证"综合育人模式的效果，为国家落实职业教育改革方案，提高高职院校社会竞争力，推动企业发展转型，建设高标准、高质量的职业教育人才体系，推动高等职业教育的稳定发展。

第八章　高职院校"岗课赛证"
综合育人的具体困境

增强职业技术教育的适应性是新时代发展格局下对我国职业教育高质量发展的新定位、新要求，也是新时代职业教育构建"面向人人的终身教育、面向市场的就业教育、面向能力的实践教育、面向社会的跨界教育"类型教育体系的使命担当。在新的发展格局下，技术变革和产业的转型升级会引起我国技术技能型人才专业素养能力的全面提升，也会给高新产业技术人才带来巨大的缺口。构建"岗课赛证"一体化职业教育体系，能将职业教育人才培养过程中四个重要的要素进行充分的整合利用，加快职业院校人才培养与产业技术岗位的对接，优化我国创新性技术技能型人才的结构，对推进职业教育改革、产业结构升级，以及增强职业教育人才素质与新时代社会发展的适应性具有重要意义。

"岗课赛证"综合育人模式是随着产教深度融合的需求和职业技能大赛、"1+X"证书制度等作为产教融合的推进器而被广泛认可的。该模式有效连接了职业教育课堂、职业技能大赛、产业岗位、职业技能等级证书四个主体，通过标准化、系统化的资源整合，实现职业教育人才体系中人力、物力、财力、文化资源、教育环境等要素的全面融合，形成全方位的、综合性的育人体系，培养符合新时代社会发展的高质量技术技能型人才。然而，在现阶段，由于"岗课赛证"综合育人模式与我国职业教育体系的结合时间较短，仍然存在一些问题尚未解决，这也在一定程度上阻碍了我国职业教育改革的进一步发展。在"岗课赛证"融合育人的过程中，需要多方主体的配合与支持，更需要四个主体之间的深度协调配合，才能有效完善"岗课赛证"综合育人模式的构建。现阶段，职业教育在推进教学模式改革的过程中，主要面临主体融合不充分、育人主体配合不足、评价体系不健全等问题。在此情况下，职业院校需要厘清"岗课赛证"综合育人模式的内涵和逻辑关系，在明确教学模式改革的价值基础上，对存在的问题进行深入的研究和探讨，优化职业教育育人模式路径，以期加强各主体之间的有效衔接，完善综合育人体系，推动我国职业教育高质量发展。

第一节　高职院校"岗课赛证"融合不充分

在产业转型和岗位技能需求的不断变化下，结合当前的市场人才需求和现代化职业教育体系改革建设的需求，将时代内涵与职业教育课堂进行融合，重新定位职业教育人才培养的质量标准，深入理解"岗课赛证"综合育人体系的内涵和逻辑关系，是新时代职业教育探索和发展的关键。从逻辑上看，"岗课赛证"综合育人模式的中心是对课堂教学改革的推进与实施，以职业岗位的需求为导向，将职业技能大赛与职业技能等级证书的考核作为课堂教学的辅助力量，优化职业教育人才培养系统。"岗课赛证"综合育人模式在职业教育改革中有着一定的特殊性。"岗课赛证"综合育人模式是多位主体共同推进的，如何提高各主体之间的衔接力度、优化其融合方式成为当前职业教育改革的关键所在。有关研究表明，在将"岗课赛证"综合教育模式融入职业教育体系建设时，多方主体之间的逻辑配合成了阻碍育人模式推进的关键所在。各要素在合作过程中仍然面临融合逻辑尚不明确、缺乏组合力和领导力、缺乏系统性、融合内容单一等问题，给职业教育教学模式的改革带来一定的挑战。

一、融合逻辑尚不明确

"岗课赛证"融合育人机制有效连接了职业教育人才体系中最重要的四个要素，市场人才需求侧和人才培养供给侧的双向结构要素需要深度融合，构建新时代职业院校人才培养的融合育人模式。要想将"岗课赛证"综合育人模式与职业院校的人才培养体系相融合，需要明确育人模式的逻辑内涵。

"岗"，即市场岗位能力的需求。在新时代发展之下，产业结构的优化和市场技术人才的不断升级引起了职业教育人才培养方面的新变化，职业院校要以产业行业最新用人标准、岗位职责、企业对岗位人员的真实需求为基点，以企业资源与职业教育资源相结合为课堂教学改革的载体，以企业与院校共同制订的人才培养方案为平台，以职业技能大赛为抓手，以职业技能等级证书的考核为检验手段，建立职业教育人才培养体系。以职业教育课程改革为中心，实现产业需求与专业设置、职业标准与课堂教学内容、生产过程与教学过程的全面对接，提高"岗"与"课"的适配程度。

"课"，即职业课堂教学改革。在新时代教育教学的背景之下，职业院校要摒弃传统的教育教学模式，紧扣新时代核心素质教育发展的需求，围绕产业专业发展的核心内容，从课程目标、课程内容、教学方式、教学评价等方面完善职业教育课程体系，逐步转向基于职业岗位内容的过程化、模块化的课程设置和项目设置的教学方式，推动职业院校教学模式的转型升级，提高在高等教育中的竞争力。

"赛"，即校级、市级、省级、国家级的行业技能竞赛，以相互切磋技艺水平和展示最新的技术技能为目标，引领教学改革。职业竞赛是高质量技术技能型人才培养的试金石，也是提高学生学习兴趣、激发学生钻研精神和探索精神的重要平台。

"证"，即"1+X"证书，职业技能等级证书是学生在学校内学习成果及对未来工作中掌握相关技术技能水平的有力证明，是国家对学生能够从事某一行业、某一工作领域最有力的证明，也是职业院校毕业生在就业市场竞争中最有效的竞争力。

在"岗课赛证"综合育人模式下，应以职业院校课程改革为中心，以岗位职责要求为目标导向，以职业技能大赛为抓手，以职业技能等级证书的考核为检验手段，推动职业教育育人模式向现代化、综合化的方向发展。由于"岗课赛证"综合育人模式与职业院校的融合时间较短，在许多方面各主体之间的配合协调尚不完善，在一定程度上降低了"岗课赛证"教育模式在推进职业教育改革发展中的重要作用。

"岗课赛证"综合育人模式在职业教育课程改革中的应用不光是产业、教育、竞赛、等级证书各主体相融合，更多的是产业岗位标准、课程教学内容、教学质量评价、职业技能等级证书考核的质量评定、职业竞赛的内容形式等方面的融合，其中涉及的人力、物力、财力、文化环境、资源环境等关系较多，如果不能明确"岗课赛证"综合育人模式的内在逻辑，就会导致多个主体之间的融合缺乏一定的组织性和系统性，融合的方式和方向出现偏差，最终导致融合效果难以评估，降低"岗课赛证"综合育人模式在推进职业教育发展中的效果。

在"岗课赛证"综合育人模式下，需要多个主体进行有效的配合协作，才能保证职业教育的顺利改革。"岗课赛证"综合育人模式并不是简单地将四个主体的作用进行"叠加"，而要进行系统性、科学性的整合利用，规范育人模式运行的内在逻辑，提高其与职业院校教学课堂的契合度。理论上来说，"岗课赛证"分属于不同的主体，自然也是四个独立的运行系统，各系统之间的运行逻辑也存在一定的差别。在岗位职责的需求方面，在市场需求下，职业技术人员在工作过程中不仅要具备较高的专业技能，还要有较强的沟通能力、组织能力、协调配合能力及创新能力，才能在日渐激烈的市场竞争中抓住核心优势，立于不败之地。因此，在产业主体的视角下，需要遵循的是以创新能力为导向的市场逻辑。在课程改革方面，职业教育是我国高等教育的重要组成部分，推进职业教育改革必须遵循以学生发展为中心的教育逻辑，不断健全综合育人的培养机制，提高职业教育学生在市场就业中的竞争力。而在竞赛的主体下，需要不断完善职业技能大赛的内容和赛制赛程的规范性，以激发学生的创新创造力为主，提高学生的职业素养，在竞赛中逐步引导学生树立正确的职业理想，以新时代工匠精神为指引，提高专业技能，树立崇高的职业信念。在以证书为主导的主体下，要不断建立健全职业技能等级证书的考核机制，以最新的时代科技为指引，更新证书考核的内容，建立标准化、制度化的职业证书考核体系，为职业院校推进教育教学改革做出指引。

综上，在以往的教学模式中，各主体之间遵循的逻辑有一定的差别，在"岗课赛证"综合育人模式的推进过程中也存在"重形式，轻内容""重结果，轻过程""重当下，轻未来"的现状，各主体之间应遵循的融合逻辑尚不明确。一方面，各主体、各系统之间没有明确"岗课赛证"综合育人模式的目标、内容、方法、机制、设备、资源等方面该如何进行有效协调，各主体之间的权责分工并不明确，导致"岗课赛证"综合育人模式的效果难以发挥，难以实现从局部到终端的有效连接。另一方面，职业院校推进"岗课赛证"综合育人模式的应用实践不是直接将职业技能大赛培训和岗位实践技能培养与课程教学内容进行简单的融合，而是应根据现代化职业教育的需求和教育大纲进行有选择、有目的的整合利用，提高职业教育育人的优势。由于改革推进的时间较短，各主体之间的配合默契程度仍然比较差，甚至出现互相割裂的现象，把"相互融合"的机制变成了"片面融合"。究其根本，各主体在推进改革的过程中缺乏一定的融合逻辑，各主体、各部门在开展工作时仍然处于传统的工作状态，并没有发挥多主体共同推进的综合作用，总体上处于一种"局部配合、分散培养"的参与状态。

二、缺乏组织合力和领导力

从主体关系上看，"岗课赛证"综合育人模式连接了学校、企业、政府、社会等各个育人主体，是不同利益关系之间的交流和碰撞。要想有效推进"岗课赛证"综合育人模式的实施，就必须有效地调节各主体之间的关系，强化彼此之间的合作，推动职业教育模式的融合创新。从当前"岗课赛证"综合育人模式与职业院校教育改革的融合程度来看，各主体缺乏一定的组织合力，且主体之间的协同关系没有完全形成，融合效果并不理想。一方面，各主体的权责范围不清晰。当前的职业教育人才培养体系呈现明显的行政主导的特征，其他主体是被动地参与教育模式的融合，并没有充分发挥积极有效的主体作用，引领教育模式的改革。另一方面，在融合过程中往往出现部分育人主体"脱节"的状态，产生"产与教相互割裂、赛与教内容不符"等现象。在以产业为引领的主体视角下，推进综合育人模式的融合需要时刻紧跟市场行业的发展需求，提高"岗"在综合育人模式中的指向作用，以市场需求为导向，调整教学模式的内容和方法，有效保证"岗课赛证"综合育人模式与当前的市场需求相符合，实现教学模式、教学内容与市场需求的精准对接。

但是，从教育的角度来看，投入使用的教材内容必须是经过实践检验的，符合教育教学规律，能经得起人民大众的实践检验。因此，从教学内容的制定到投入使用需要一定的时间，这就表明教育教学的内容本身存在一定的滞后性。不仅如此，职业技能大赛和职业技能等级证书之间也存在相对独立、资源融合程度较浅的情况。

首先，从针对对象上进行分析，职业技能大赛针对的是具有较高技术技能和创新能力的学生，需要进行层层选拔和比拼，参赛人员有一定的限制。而职业技能等级证书针对的是全体学生。其次，在内容上，职业技能大赛的内容具有一定的创新性和挑战性，更适合具有较高专业能力和灵活性思维的学生参加。职业技能等级证书的考核具有一定的普遍适用性，考核的内容需要符合最新的行业岗位标准和全国大部分职业院校专业学生的能力。最后，在制度体系上，职业技能大赛的竞技内容是多方面的，需要学生针对某一领域刻苦钻研，才能在竞赛中不断提高自己的竞赛成绩。而职业技能等级证书的考核标准一般适用于普通学生，代表了国家对学生在某一阶段的学习成果和能从事某一行业领域工作所具备的技术技能的认可。从难度上来说，职业技能大赛的难度要大一些。

各主体之间的体制机制并不统一，这给"岗课赛证"综合育人模式的融合带来了不小的挑战。各主体之间相对独立的运行系统使"岗课赛证"综合育人模式在主体协调上出现了比较单一的问题，教育资源的整合仍然停留在初级阶段，无论是内容、方法还是教学评价机制等方面的融合性并不强，导致"岗课赛证"综合育人模式流于形式。

除缺乏一定的组织协调能力之外，各主体之间还缺乏相应的领导力，导致主体与主体之间的配合默契程度并不高，不能有效调节各主体、各系统、各资源之间的作用。从理论上来说，"岗课赛证"综合育人模式要以课堂模式的改革为重点，以促进学生的成长与发展为中心，所以职业院校应在"岗课赛证"综合育人模式中发挥主导作用。但是从当前的职业教育课堂模式现状来看，事实并非如此。在"岗课赛证"综合育人模式下，仍然存在以政府、政策为导向的属性，职业院校依据政策导向推进课堂教育模式的改革，而其他主体由于受多方条件的制约也存在一定的被动参与现象。在多个利益主体之下，要想形成有效的融合共通的教育教学模式，就必须有效提高各主体之间的配合力度，变被动为主动，以教学模式的改革为发力点，推动"岗课赛证"综合育人模式系统化运行。

三、缺乏系统性

在多方主体的协作下，依据专业岗位职责来定位人才培养的目标，推进教学内容、教学方式、评价体系与产业生产过程的有效衔接，优化人才培养体系，明确各主体之间的权责，系统性地推进课程教学改革是当前"岗课赛证"综合育人模式推进的重点。由于各主体之间的权责、分工、资源优势各不相同，如何系统性地推进各主体之间的融合协作成为当前职业教育改革的重要难题。深化职业院校教育"岗课赛证"综合育人模式，关键在于充分调动各主体、各利益相关者的能动性，其核心在于保障和维护各主体的利益需求。由于"岗课赛证"综合育人模式与职业院校融合的时间较短，各主体之间在责权划分、利益分配、资金投入、人才配置、教学资源等方面没有合理的划分，缺乏系统性。在"岗课赛证"教育模式下，要以"岗"为目标导向，以"课"为内容载体，以"赛"为辅助手段，以"证"为成果检验，系统性地优化整个职业教育人才培养体系，各主体之间也要拥有共同的目标，充分发挥各主体的优势，在育人功能上进行合理的分配，才能有效推进职业教育的现代化发展。但是，在多元化的主体下，有效的权责分配机制和系统运行机制尚未建立，导致各主体在育人模式的目标、内容和方向上有所差别。

职业能力成长的过程大致可以分为四个阶段，即见习阶段、一般胜任阶段、熟练胜任阶段、管理专家阶段。不同阶段对应的是技能等级证书中的初级、中级和高级。但是，各职业院校的教学情况、各专业教师的教学水平、学生的个体情况均有所不同，这就要求"岗课赛证"综合育人模式在与职业教育课堂结合时应充分考虑实际情况及各主体之间的责权分配关系，这样才能发挥综合育人模式在促进职业教育改革中的作用。教学改革质量与"岗课赛证"的融通效果相辅相成。但是，各主体要素在融合过程中缺乏一定的系统性规划，导致各主体没能主动跟上职业教育改革的步伐，往往呈被动的配合状态。在职业教育课程改革的过程中，本应以学生的实际情况为教学模式改革推进的重要因素，但是部分职业院校过于注重政府、职业技能大赛的指向作用，片面地将职业技能等级证书考核、职业技能大赛的内容作为教学质量检测的唯一标准。前文提到，在传统的教育模式中，职业技能大赛的内容往往具有一定的拓展性和延伸性，并不适合所有的学生学习，如果片面地将竞赛内容作为课堂教学内容的重要参考，则会在一定程度上提高教学内容的难度，不符合国家职业技能人才培养的初衷。

另外，学生在学习的过程中也需要循序渐进，职业院校在推进教学模式改革的过程中需要结合学生各阶段的学习状况制定系统性、科学性、阶段性的教学内容，以职业素养和职业技能为核心，由简到繁、由易到难，循序渐进地提升学生的综合能力。在各个阶段，各主体发挥的优势、资源并不相同，需要教师结合学生的实际情况和市场就业形势进行相应的调整。在不同的教学阶段，各主体需要发挥的领导作用和配合作用也不尽相同。例如，学生在学习的过程中，职业院校需要充分发挥院校的教学资源、师资力量的优势，帮助学生打牢理论知识和实践技能的基础；在企业实训的过程中，企业需要充分发挥市场导向性的优势，让学生在实习中熟悉岗位的工作流程，做到理论知识与实践内容相结合。技能竞赛和职业技能等级证书的考核要充分发挥其指向作用，让学生明确当前行业发展的前景和方向，提高职业教育育人的实效性。

就当前的融合现状来看，融合效果并不理想，各主体之间缺乏统一的领导和规划，资源利用率并不高，当遇到实际困难时，部门与部门之间缺乏呼应。从教学目标的制定到教学评价体系的构建应是一个完善的、系统性的过程，但在部分职业院校的应用过程中，各主体之间的配合程度仍然不高，缺少相应的评价体系来完善整个育人模式，这些问题也在一定程度上降低了"岗课赛证"综合育人模式的效果。

四、融合内容单一

"岗课赛证"综合育人模式与国家政策之间有着非常紧密的联系。从理论内涵上看，"岗课赛证"综合育人模式的融通是构建育人路径的重点内容，其内在逻辑是实现"岗课赛证"多主体之间的相互影响、良性循环。职业院校推进"岗课赛证"综合育人模式与课堂教学改革相适应，需要校企双方的共同努力及政府和社会各界的大力支持，从而形成多方合力，为学生搭建良好的实践平台，促进职业教育的良性发展。在"岗课赛证"综合育人模式构建的过程中，如何建立科学有效的融通标准、融通机制，以及各方如何在育人体系中发挥最大的优势成为社会各界最为关注的话题。从"岗课赛证"的理论内涵中不难发现，课堂改革是整个育人模式的核心载体，也是推动"岗课赛证"综合育人模式融合的关键。而其他主体是形成合力的重要部分。所以，在"岗课赛证"综合育人模式下，要以职业教育课堂改革为载体，丰富课堂教学内容，创新职业课堂教育教学模式，完善评价体系。

在核心素养的教育理念下，在推进"岗课赛证"综合育人模式与课堂教学相结合时，并不是将各主体的优势、资源全部投入教学课堂，而是根据学生在不同阶段的学习成果、个性特点及兴趣爱好进行有选择的结合。由于我国"岗课赛证"综合育人模式与职业院校结合的时间较短，各主体之间的配合缺乏默契，无论是在融合内容上还是融合形式上都较为单一。在职业教育中，各专业的特点有所不同，但是往往包含理论教育和实践教育两个部分，且实践教育所占的比例较多，自然地，在技术技能培养方面的教学模式改革也是推进"岗课赛证"综合育人模式与职业院校教育教学深度融合的关键。但是，在"岗课赛证"综合育人模式的实践中，无论是企业实习、技能竞赛还是职业技能等级证书的考核，都偏向实践课堂，而对职业教育中理论课堂的融合并没有过多的涉及。

一方面，在核心素养的教育理念下，帮助职业院校学生树立正确的职业道德观念和职业精神是职业院校的重要责任。在新时代下，理论课堂不仅要传授专业的基础理论和思想价值观念，还要结合时代发展的重要内涵，帮助学生正确认识本专业的价值，树立人人平等、职业平等的思想价值观念，并让学生了解最新的行业发展信息，树立明确的人生方向。但在推进综合育人模式的融合中，各主体往往偏重于教学实践改革，而对职业教育理论部分并不重视，出现了"重实践，轻理论"的现象。部分职业院校在推进各主体融合的过程中并没有充分认识到理论知识对指导教育改革的重要意义，理论知识教学仍然停留在职业观念、专业知识基础等简单的内容上，对新时代的产业发展现状、国家人才结构调整方向、新时代工匠精神等涉及较少。这也导致部分学生在毕业后，虽然掌握了较高的专业技术，但对自己今后未来的发展方向和就业前景并没有深刻的认知。另外，除基础的理论知识外，在日益激烈的就业竞争中拥有正确的心态面对职场压力、有效地与同事进行沟通、提高自身的团队协作能力等也是企业在招聘中非常看重的综合素养。在"岗课赛证"综合育人模式下，各主体应充分发挥自身的育人优势，无论是在理论指导方面还是在实践操作方面，都要给予学生正确的引导，只有这样才能有效地提高职业院校学生的就业竞争力。

另一方面，在实践部分融合的过程中各主体之间的融合标准、融合内容并不统一。在以企业为主体的视角下，岗位的需求是综合性和多方面的，学生不仅要具备较高的技术应用能力，还要有较强的信息素养，能有效地解决工作中出现的问题，为企业的发展提供源源不断的动力。职业道德素养和人际关系处理能力也是影响企业招聘的重要因素。但是，学生在企业中实习的时间毕竟有限，企业无法为学生提供系统化的培养服务。要想提高学生的综合素养，企业需要投入大量的人力、物力、财力支持。如果不能建立稳定的人才培养产出机制，为企业带来相对稳定的经济效益，则会在一定程度上降低企业的融合积极性。在学生实习的过程中，企业为了保证学生的实习安全和自身的经济效益，往往不会让学生涉及过多的核心内容，只是给学生分配一些较简单的工作内容。在职业技能大赛方面，职业技能大赛往往由政府或者社会机构牵头进行组织，参赛的主体包括一定区域内的多家职业院校。受多方条件的限制，并不是所有的学生都适合参与技能竞赛。竞赛的内容相比于教学课程来说有一定的难度，如果片面地将职业技能大赛的全部内容作为课堂教学的重要参考，则会影响职业教育开展的效果。但是，在"岗课赛证"综合育人模式下，部分职业院校片面地将职业竞赛中的内容融入课堂教学，并没有与学生的学习情况相结合。而部分教师在将竞赛中的内容加入教学时，并没有进行合理的简化或增强其普遍适用性，在内容上也没有进行相应的选择，最终影响了职业教育课堂教学的效果。

第二节　高职院校"岗课赛证"育人主体配合不足

深化职业院校"岗课赛证"综合育人体系，关键在于充分调动各主体的主观能动性，合理配置教育教学资源，建立明确的利益相关者之间的产权划分、利益分配、资源调度等制度，并给予政策或者法律上的有效保护。通过多主体的参与投入机制，实现"岗课赛证"综合育人模式的全面推进，优化职业教育高质量人才培养体系，构建产教深度融合的利益共同体。

在"岗课赛证"综合育人模式中，包含多个主体。不同主体之间的运行逻辑和运行系统也不尽相同，这导致各主体之间的配合不足，总体上呈现一种"局部配合、分散培养"的状态，主体之间的割裂现象频出，不能有效地参与融合应用。

一、主体之间割裂现象频出

"岗课赛证"综合育人模式连接多个教育主体，是不同教育主体之间的利益协调、碰撞交流，各主体之间需要遵循以学生发展为中心的原则，共同构建新时代下职业教育人才培养体系。但是受多方因素的影响，各主体之间的割裂现象频频发生。许多职业院校和企业没有深入理解"岗课赛证"综合育人模式的内涵，也没有建立相应的组织机构进行有效协调，各主体遵循的系统原则不同，自然在构建"岗课赛证"综合育人模式中的重点也不一样。无论是企业、政府还是其他主体在向职业院校传达市场信息、政策导向的过程中，都要充分考虑职业院校、学生的适应能力。由于各职业院校的专业设置导向、人才培养标准并不相同，职业院校在与企业的合作过程中单个企业制定的人才培养标准并不能代表行业的发展方向，因此部分职业院校盲目地强化了校企合作中企业对人才培养的导向作用，导致院校人才培养的结果并不理想。

要想使"岗课赛证"综合育人模式发挥最大的育人作用，就必须有效调动各主体之间的资源，制定统一的融合目标和导向机制，打破彼此之间协调方式单一封闭的现状，建立更深层次的合作机制。受传统教育模式的影响，职业教育在推进改革的过程中呈现出明显的政府主导的特征，在教育资源的使用和调配上仍然存在一定困难。职业院校的学生基数较大，能为学生提供的实践平台有限，学生要想接触最先进的产业信息技术，就必须深入企业中。从当前的产教融合现状来看，职业院校与企业之间的深度合作仍然存在一定的差距。职业院校受传统教学理念的影响，以教材为主的教育方式短时间内难以改变，学生的信息技术掌握能力并不相同。学生进入企业实习后，需要很长的一段时间进行调节，才能有效激发学生的创造力。企业参与"岗课赛证"综合育人模式的建设，需要建立稳定的产出机制，才能保证企业与职业院校之间进行深度的合作。而在融合过程中，各主体之间的利益分配并不能达到理想的状态，资源建设也缺乏有效的安排。政府、企业、院校、社会各主体之间投入的资金、设备、人力资源也需要得到有效利用，促进职业教育人才构建体系的良性循环，实现资源共享。但是，各主体之间的资源、利益调动分配并未达到理想的状态，甚至出现一定程度上的资源浪费，导致各主体之间出现互相割裂的现象。

二、权责范围不清晰

通过对"岗课赛证"综合育人模式的研究内容进行梳理及研究现状的分析，就目前的研究成果而言，社会各界对"岗课赛证"综合育人模式的研究仍处在初级起步阶段，各主体之间的协作还存在一定的盲点，在融合质量上有待提高。在"岗课赛证"综合育人模式下，各主体关于推进育人模式的构建呈现出多角度特征。这虽然在一定程度上有助于深入理解"岗课赛证"综合育人的内涵，但是各主体在融合的过程中出现了热点和盲点共存的现象，关于"综合育人"这一问题的研究还有待深入。目前，部分高职院校已经不同程度地开展"岗课赛证"高素质技能人才综合培养，但是从人才培养的内容和结果上来看，现阶段"岗课赛证"融合效果的呈现偏重于职业技能等级证书的获取率、职业技能大赛的获奖率和课程分数等，融合的效果"重结果，轻过程"。究其原因，各主体之间的权责范围不清晰导致在资源协调方面并不理想。

学校作为培养高素质技术技能型人才的主体，崇尚公益性，追求的是"岗课赛证"融通的育人价值；企业主体谋求的是人才投入与产出所带来的经济效益，在保证经济效益的前提下，企业更愿意投入大量的资源（即人力）到新技术、新工艺、新材料的研发应用。在以职业技能大赛为主体的情况下，注重的是社会效益，在竞赛中弘扬新时代工匠精神，帮助学生树立刻苦钻研、精益求精的精神，主体之间的理念差异影响了"岗课赛证"的融通程度。而"岗课"双主体的融通程度与企业、职业院校责任权利的统一性密切相关。由于目前缺少相关的法律法规保证各主体之间的利益平衡，地方政府的财政配套立法也不能对企业和职业院校的"岗课赛证"综合育人模式形成强制约束，因此出现了多方融合的理想状态变成片面整合的尴尬局面。

除相关的利益分配之外，资源、设备、资金的提供和使用，以及育人主体之间的责任划分等还需要强有力的约束制度才能保证育人模式的顺利推进。由于"岗课赛证"中的每个环节都需要发挥各主体不同的作用，各环节的融通质量也会影响职业教育人才培养的整体水平，如果不能建立有效的责任权利约束机制，就会导致各主体出现不同程度的脱节状态，反馈到职业教育课堂改革中的效果也就不理想。产教深度融合、校企紧密合作是基于育人价值共享和技能价值互补的治理原则，切实赋予了企业和职业院校"岗课赛证"环节的融通自主权，但是目前，在"岗课赛证"的融通标准制定上仍然存在不足。

首先，"岗课赛证"综合育人模式要改变传统教育模式中各主体分散教学的现象，以整体设计思维、多元化的治理思维、关联互动化机制有效推进四个主体之间的标准融合、内容融合、过程融合、评价融合，实现师资、场地设备、资金投入、环境文化等资源要素的创新整合利用，使教育教学模式变被动为主动。由于相关政策制度的建立并不完善，本应由职业院校为主导、其他主体为配合的模式被打破，部分职业院校在教学模式的改革实施上依赖于政府或者企业的带动，并没有深入了解当前职业院校学生的真正需求。前文提到，各主体在参与融合实践的过程中存在一些热点和盲点。企业、职业技能大赛、职业技能等级证书考核等主体之下，偏向于对专业实践课堂的改革，在技术创新应用、工艺制造、设备创新等方面的资金、人力等设备投入的支持力度较大，而对就业政策普及、面试技巧、职业理想规划等理论课堂则处于"盲点"的尴尬位置，导致学生并不能运用理论知识有效指导实践活动的开展。

其次，部分职业院校的课程改革力度不足，一定程度上存在课程设置与企业岗位要求、课程标准与新技术技能标准、教学实践项目与大赛项目标准之间融通性并不高的问题。要想有效地推进"岗课赛证"综合育人模式与职业院校的课程改革深度结合，各主体就应围绕产业发展需求重新构建课程教学体系，开发新的课程，更新教学内容，研发与时俱进的实训项目。但是将各主体之间的资源进行有效整合与利用，就需要一定的时间来调整课程与产业技术不同步的问题。职业院校在将企业技术技能标准和职责导向引入课堂教学时，并未重视国家职业技能大赛的标准及国家创新创业大赛的标准，未能全方位地构建以综合能力为本位的"岗课赛证"融通教学模块。

最后，"岗课赛证"综合育人模式的融通包含两大类要素，一种是课程内容、课程标准、课程评价等基本的载体要素，另一种是人力资源、设备、场地、文化、管理等教学支持要素。一般职业院校在教学过程中已经具备基本的载体要素，而要想发挥综合育人模式的最大优势，各主体必须最大限度地发挥资源力量。但是，企业在生产过程中的情况瞬息万变，很难长时间、持续性地投入较多的人力、资金、设备支持。在企业生产任务较为紧张的情况下，企业参与的教学活动也会出现"打折扣"的现象，造成实践教学与支持要素脱节。当"岗课赛证"综合育人模式的效果不能有效达到预期的目标时，各主体之间就会出现推脱责任的现象。在"岗课赛证"综合育人模式下，各主体、各教学环节必须紧密相连、环环相扣，因为任何一方的要素出现脱节现象，都会影响整个育人模式的有效衔接，最终影响职业教育人才培养的质量。

三、参与主动性较低

目前，我国"岗课赛证"综合育人模式与职业院校课程改革的融合时间并不长，各主体仍然处于一种"观望"的状态，参与的主动性较低。一方面，推进"岗课赛证"综合教育模式的改革实践不仅需要调动各主体之间的资源力量，还需要调整各主体在育人机制上的目标导向和内容体系，甚至可能对某些专业课程来说需要颠覆传统的课堂教学模式，重新构建专业教学体系。这对职业院校的教师、企业、政府等参与主体来说是一次挑战。另一方面，推动各主体之间的融合需要各主体共同确立融合运行机制，保证资源、设施、人才的调配，紧密结合各主体之间的关系，推动"岗课赛证"综合育人模式环环相扣，激发各主体的有生力量，促进职业教育体系的改革与建设。基于此，提高各主体的主动参与性是非常有必要的。

就目前"岗课赛证"综合育人的实践效果来看，各主体的主动参与性较低，能有效利用的具体资源有限。主体的主动参与性较低，导致育人模式中各环节之间的连接性并不强，部分职业院校在推进"岗课赛证"融通的过程中，由于育人理念的差异，责权利统一的机制尚未确立，因此在一定程度上影响了育人的效果。

一方面，"岗课"是综合育人模式中重要的双主体，"岗课"双主体的融通程度决定了"赛证"融通的质量和效果。要想保证"岗课"融通机制的有效建立，就必须保证职业院校和企业建立长期稳定的合作关系。职业院校为企业输送高质量的人才，而企业则利用自身的实训基地、资源为职业院校的学生提供相应的实习场所，强化学生的实践能力。在以学生发展为中心的前提下，校企双方要共同制订学生实习计划方案，保证学生在企业实习的过程中得到充分的锻炼和发展，并与职业院校的育人体系相衔接，保证最终的育人效果。但校企双方是两个不同性质的育人主体，职业院校在育人体系的建设中属于公益性主体，企业则属于利益性主体，这就导致双方主体在育人目标、育人过程、育人评价的内容上有所不同。在搭建"岗课赛证"综合育人模式初期，双方需要投入大量的资金、人员、技术、设备来推进课堂教学改革，而人才的培养和教学模式的调整需要一定的周期，这就导致最终的育人效果需要长期的投入才能看得见。企业作为利益性主导者，一旦不能有效保证企业的核心利益，那么就会降低企业的主动参与性。

另一方面，在"岗课赛证"综合育人模式的内涵中，以"岗"为目标导向，以"课"为教学载体，以"赛"为教学辅助，以"证"为教学检验，各主体在各个环节中必须充分发挥自身的优势，实现资源共享与价值互补，如此才能有效推进综合育人模式在职业院校的广泛开展。但是，各职业院校、各企业、各地方政府主体在运行机制上有所不同，要想深入推动"岗课赛证"综合育人模式与我国职业教育相契合，就必须强化"岗课赛证"综合育人模式的普遍适用性，与各职业院校的专业特色、育人内涵深度结合，才能推动我国职业教育的创新发展。在此过程中，部分职业院校并没有深刻理解"岗课赛证"综合育人模式的内涵，并未与教学实际相结合，导致在推进育人模式的实践中出现了照搬照抄其他院校开展课堂教学模式的行为，各主体之间出现配合机制混乱、育人体系不健全的尴尬局面。在每个育人环节中，各主体的参与程度、资源利用、育人内容等都需要按照职业院校的教育教学步骤进行，符合学生的实际发展规律才能被学生有效吸收。就目前"岗课赛证"综合育人模式在职业院校的实践效果来看，并没有建立明确的责任机制来调节各主体之间的关系，部分院校在课程改革的推进过程中甚至出现了"一部分主体投入较多，一部分主体投入较少"的局面。如果最终的利益分配、人才协调不能达到各主体的要求，也会导致部分主体不愿意再参与教学改革。

从某种程度上来说，教育是一项需要长期投资的事业，各主体必须明确职业教育改革是一场攻坚战，需要各方长期付出才能推动职业教育向现代化方向发展。只要有任何一个环节中的要素投入不足，就会造成整个"岗课赛证"综合育人体系的不完善，进而影响融通的质量，降低职业教育的人才产出效果。职业院校在推进育人模式的融通过程中，除了要结合各方主体的资源以外，还要强化自身的基础教学能力。拥有良好的教学基础设施和完善的师资力量建设也是开展课堂教学模式改革的重要前提。但是，受多方条件的影响，职业教育的基础设施和师资力量往往不如其他院校。此外，企业在选择校企合作的对象时，除了要考虑院校的专业设置与企业自身的岗位需求是否匹配之外，还看重合作院校的综合实力。这就导致部分职业院校的市场竞争力不强，往往也没有机会与较强实力的企业进行合作，"优更优、差更差"的合作现象频出。企业自身的经济实力不强，自然也不能在经济、安全、培训、就业等方面为学生提供良好的资源，产教融合的环节相脱节不仅影响了各主体参与育人模式的积极性，也降低了职业教育创新发展的效果。

四、投入产出机制尚未确立

产教融合、校企紧密合作是基于育人价值共享和技能价值互补的治理原则。要充分发挥各主体之间资源共享的优势，其核心是构建完善、稳定的投入产出机制。

确立稳定的投入产出机制对推进"岗课赛证"综合育人模式的实践非常重要。一方面，稳定的投入产出机制是确保利益稳定增长的关键所在，也是充分调动各利益主体能动性的重要前提。在此基础上，建立明确的各利益主体的产权划分、利益分配、资金退出等基础性制度，并给予政策、法律上的保护，最终才能确保"岗课赛证"综合育人体系的有序运行,构建深度融合的产教融合利益共同体。另一方面,从某种程度上来说,稳定的投入产出机制是"岗课赛证"综合育人模式开展效果的重要检验方式,也是各主体核心利益分配的有效保障。推进"岗课赛证"综合育人模式的实践探索,仅有理论研究是不够的,还要深入职业院校的专业课程教学,才能深度挖掘当前职业教育存在的痛点、难点,进行针对性的优化,合理调配各方资源,最终促进职业教育的创新发展。而有效稳定的人才投入产出机制是"岗课赛证"综合育人模式实践成果的最好证明。

从目前部分职业院校构建的"岗课赛证"综合育人模式来看,并没有建立完善、稳定的人才投入产出机制来确保最终育人效果,导致各主体之间的合作关系呈松散的状态。投入产出机制是调动各主体积极合作的关键,是确保"岗课赛证"综合育人模式平稳运行的有力保障,是各主体构建合作模式的出发点和落脚点。但是,多元主体之间尚未建立具有稳定性、明确性的投入产出机制,无法对各主体形成有效的约束力,这也导致部分主体在投入资源之后,并没有得到相应的产出性收益,降低了继续投入的积极性。

另外,构建完善、稳定的投入产出机制需要在资金、设备、教学资源上的投入,以及利益分配、资源调度、人员使用等方面建立完善的运行体系和责权划分制度,否则将会降低"岗课赛证"综合育人模式的效果。目前,各主体对资源如何投入、投入比例、使用机制尚不明确,且相应的人才产出机制效果并不明显。部分企业在与职业院校的合作过程中,一旦出现"入不敷出"的情况,就会选择马上终止校企合作。在这种情况下,校企合作的对象频繁更换会使产教融合的关系变得极为松散,而企业获得的市场行业信息也会变得极不稳定,最终影响职业教育的效果。除企业外,职业技能大赛和职业技能等级证书的考核也需要相应的人才产出给予支撑。事实上,职业技能大赛的举办和职业技能等级证书的考核带有一定的公益性质,以政府和社会为主导,对职业院校学生取得的成果予以肯定,达到激励学生继续深入钻研的目的。获得竞赛的名次或者通过职业技能等级证书的考核并不是"岗课赛证"综合育人模式的最后考核环节，学生在接受完职业教育后能继续为社会、行业的创新发展作出相应的贡献才是"岗课赛证"综合育人模式改革的根本目的。但是，在推进"岗课赛证"综合育人模式融合发展的过程中，多主体之间相应的投入产出机制并未建立，导致其他主体在长期的投入下，未能直观地看到产出的收益，降低了其他主体参与的积极性，影响了"岗课赛证"综合育人模式的融通质量。

第三节　高职院校"岗课赛证"评价体系不健全

自"岗课赛证"综合育人模式提出以来，我国许多职业院校已经不同程度地开展"岗课赛证"高质量技术技能型人才的综合培养，并取得了阶段性的成效。无论是在"课证"融通还是在"赛教"融合方面，都提高了我国职业教育人才培养的质量。随之而来的是如何对"岗课赛证"综合育人模式进行评价的问题，评价的结果不仅是对"岗课赛证"综合育人模式效果的检验，还是对其育人质量的综合评估，也能对未来的改进指引方向。建立完善的评价机制，能明确模式改革的重难点和不足之处，根据评价的内容制定相应的教学反馈，完善职业教育育人的总体方案。

一、融合效果难以评估

"岗课赛证"综合育人模式的效果不仅表现在职业院校毕业生的输出结果和输出质量上，还表现在四个系统之间的衔接力度、融合情况，以及包括标准、内容、过程、评价等育人要素的对接情况和人力、物力、财力、教学、环境等资源要素之间的调配互补情况。此外，还要结合职业院校、专业的育人目标和学生的个性化发展需求来评估"岗课赛证"综合育人模式的效果。基于此，"岗课赛证"综合育人模式的评价内容和评价标准具有多元化、综合性，能够结合多元主体的评价标准。但是，从整体上看，现阶段"岗课赛证"融合效果呈现的形式是单方面的，偏重于技能等级证书的获取、职业技能等级证书考核和课程分数等，部分院校甚至将职业技能等级证书的考取和技能竞赛的获奖名次作为课堂教学改革的重要标准，不能有效评价"岗课赛证"综合育人模式的效果。

首先，职业院校是开展课程教学模式改革的主体，也是评价效果制定的主体。就目前职业院校评价体系的制定来看，部分职业院校在推进教学模式的改革过程中仍然采取简单的"理论知识+实践技能"作为课堂教学改革的主要评价模式。这种独立于工作过程之外的"去情景评价"模式并不能有效评价学生在职业教育方面所接受的能力和素质培养，也会模糊职业教育中职业价值观、职业精神和学生实际能力的情况。这种评价模式并不能得到其他主体的认可。在"岗课赛证"综合育人模式下，对学生的能力培养、责任感培养、品质精神的培养是多方面的，而统一的评价体系并不能涵盖学生在职业教育期间的所有表现，也无法给其他主体带来具有一定指导意义的反馈，或满足其他主体深化改革的需求。

其次，"岗课赛证"综合育人模式的融合效果并不单单体现在职业教育人才的输出数量和质量上，各主体之间的融合配合程度、育人要素之间的对接情况、资源利用情况、学生的个性化需求等也是"岗课赛证"综合育人模式的重要评价内容。各主体、各系统之间的配合不仅关系育人体系的建设是否顺畅，还关乎整个职业教育课堂模式改革的最终质量。就目前来看，多主体之间并未建立完善的评价体系来满足评价需求，各主体对教学模式改革评价制定的方向、内容、标准并不相同，直接导致"岗课赛证"综合育人模式的融合效果难以评估。另外，各主体之间没有制定明确的标准来划定各体系、各主体之间的配合标准和资源的利用标准，导致融合效果难以实现评估。

再次，"岗课赛证"综合育人模式的改革是为了满足我国技术技能产业对复合型人才培养的要求，而在产业升级更新换代速度加快和就业竞争日趋激烈的形势下，企业对人才的需求瞬息万变，如果一味地迎合市场需求而忽视了职业教育的根本育人目标，则会顾此失彼，丧失职业教育的初衷。瞬息万变的市场需求也使各主体在育人机制的评价标准上难以衡量。部分职业院校为了制定明确的、可衡量的融合效果评价标准，则以职业技能等级证书的考取、技能竞赛的名次为导向，重回职业教育的考证怪圈，导致原本的课程教学内容简单化，将考核作为职业院校教育的常态，最终违背了"岗课赛证"综合育人模式培养人才的本质。

最后，无论是什么样的教学模式都必须与职业院校、专业特色、学生的基本情况相适应，才能契合我国职业教育创新发展的核心要义。但是，我国各行各业的分类较多，所对应的人才需求标准也各不相同。而地方职业院校的专业设置、育人目标往往与当地的产业结构相对应。所以，在一定程度上，地方院校、企业、政府所搭建的产教合作平台具有较强的兼容性和适应性。正因如此，部分职业院校往往忽视了"岗课赛证"在构建育人模式中的综合性主旨，在发展过程中慢慢转化为订单式的定向人才培养，即职业院校、当地的职业技能大赛、职业技能等级证书考核三方主体共同为地方企业培育专项人才，丧失了"岗课赛证"综合育人模式改革的初衷。定向人才培养也使多主体之间的融合效果、复合型人才培养的效果变得难以衡量。

二、评价导向与实际相脱节

在我国传统教育模式的影响下，职业教育的人才培养也越来越趋向于应试教育，存在不同程度的"重形式，轻内容""重结果，轻过程"的现象，考核内容缺乏梯度性设计。目前的职业教育考核评价的导向偏向技术技能的掌握应用，对新技术、新工艺、新产业标准、新设备的研发使用和对未来工艺发展趋势的预测并不重视，在教学上处于"立足当下，忽视未来"的现状，片面地根据当前的市场需求制定评价的内容，而忽视了职业教育育人的根本内涵，最终导致职业院校的人才培养结果不能长期符合产业转型发展的核心用人需求，更无法满足我国对创新型人才结构调整的要求。

一方面，"岗课赛证"的融合效果难以评估，各主体在育人模式中发挥的导向作用也难以衡量，导致院校只能以最终的育人结果来衡量教学模式的改革效果。"岗课赛证"综合育人模式的改革以课程教学为载体，部分职业院校认为各主体的育人作用也会以不同的形式反馈到教学课堂上来，所以针对"岗课赛证"综合育人模式的效果评估也全部是以课堂考核的形式来体现的。但是，在课堂考核的过程中，部分职业院校教师受传统应试教育的影响，对过程考核并不看重。首先，将过程考核纳入评价体系需要大量的师资力量和信息技术支持，也需要多方主体的配合调动，过程考核更需要对学生进行长期的引导、观察才能获得相应的评价结果。其次，过程考核的内容、标准等需要结合学生的具体情况才能进行完整的分析。最后，在各主体相互融合的过程，在某一阶段某个主体发挥的作用、提供的资源对课堂改革的影响效果也是难以评估的。部分企业在生产任务紧张的时间段内并不能及时地参与课堂改革。基于上述内容，部分职业院校在评价体系的建设时会把过程导向变为结果导向，其评价内容并不全面。

另一方面，职业教育课堂教学主要采用的是主辅结合的方式。主线为第一课堂教学，涵盖公共基础课程、岗位技能课程、实习实践课等课程，主要进行"宽基础、准定位、强能力"的岗位群应对教学；辅线是课堂拓展实践，主要针对岗位技能这类实践性较强的专业性课程，采用导师指导、项目实施的方式，以专业技能竞赛、创新创业比赛、职业技能等级证书考核等项目任务为载体，围绕竞赛项目、内容、过程、评价等方面进行第二课堂教学，对第一课堂做出有效的补充和延伸。部分职业院校在"岗课赛证"教学评价体系的建设时，过于注重对第一课堂教学效果的评价，将学生的课堂学习成果、技术技能掌握程度、竞赛参与程度、职业技能等级证书考核等纳入评价体系，而对第二课堂项目竞赛、创新创业竞赛、职业技能等级证书考试中学生展现出来的创新能力、合作能力、沟通能力、拓展能力却没有形成合理的评价标准。

诚然,在"岗课赛证"综合育人模式的字面意思中,并没有将核心素养纳入综合育人体系的建设,这造成部分职业院校对"岗课赛证"综合育人模式的片面理解,简单将专业技术技能岗位的职责要求与课程教学体系相融合,而并未深刻理解"岗"作为职业教育教学模式改革导向的真正内涵。在新时代,我国高新技术技能产业对"岗"的职业要求是多方面的,职业素养和综合能力逐渐成为企业招聘看重的主要内容。第二课堂是体现学生综合能力和职业素养的重要阵地,也是直接连接其他主体的重要平台。但是,部分职业院校在评价体系建设中仅将实践项目比赛的结果、证书等级纳入评价内容,并不重视学生综合素质能力的培养,导致最终的育人效果与社会实际需求脱节。另外,其他主体作为育人模式的参与主体,也应参与课堂教学评价体系的制定环节,职业院校应将其他主体对职业教育人才培养的评价标准作为评价体系建立的重要参考。从目前来看,部分职业院校并未将其他主体对人才构建的评价标准作为课堂教学改革评价的重要参考,教学主体单一,影响了最终评价结果的科学性和全面性。

三、评价标准难以统一

除融合效果难以评估以外,在"岗课赛证"综合育人模式的融合中还存在各主体之间的评价标准难以统一的问题。在多元化的合作主体下,各主体遵循不同的运行系统和育人目标,自然在育人要求、育人标准的衡量上存在一定的差异。在核心素养的教育目标下,一方面,既要求职业院校的学生拥有较高的专业能力和技术水平,又要求学生拥有良好的职业素养,能与新时代的工匠精神紧密贴合,为我国的产业建设提供长期有效的动力和支持。另一方面,在实践教学课堂中,学生的创新创造能力、沟通能力、表达能力、思维能力越来越成为近年来提高学生综合能力的重要方面,各部门对职业院校学生的培养标准不同,自然在评价的内容和形式上也存在较大的变化。

在"岗课赛证"综合育人模式的教育理念下,对学生的评价必须是多方面的和综合性的，但这并不意味着各主体之间对学生的评价标准可以自成体系，脱离总体的评价系统。各主体虽然对职业院校学生的评价重点有所不同，但在评价的标准和总体内涵上必须保持一致，才能有效保证评价结果的科学性。但是，部分职业院校在推进"岗课赛证"综合育人模式的融合中，忽略了统一教学评价的标准，使各主体对教学效果的评价标准并不相同。例如，在课堂教学中，为了提高学生的学习积极性，对学生的教学评价是基于本学期学生的理论知识和实践课堂的学习成果而做出的，评价标准对大部分学生来说具有一定的普遍适用性。教师在制定过程考核和期末考核的内容时，一定是经过多方面的调查，确保本学期教学评价的内容能够合理地评价学生在本学期的学习成果。为了保证学生的学习动力，激发学生的内在潜能，给予学生一定的自信心，教学评价的标准往往属于一般的难度，既能让学习成绩较好的学生树立学习的自信，又能让基础较差的学生明确自身存在的不足。在教学课堂的评价中，学生的学习能力、思考能力，以及细心、耐心、持之以恒的学习精神都能得到一定程度的体现。在实际的调查中，学习成绩较好的学生一般具有良好的学习习惯和思考习惯，并且拥有较高的职业道德。在企业的实习过程中，学生进入职场之后，往往在课堂表现优秀的学生成绩并不突出，反而是那些拥有灵活思维、创新思维，以及良好的沟通能力、表达能力、组织能力的学生更受企业的青睐。

在推进产教融合的过程中，学生需要深入企业中进行实习，深入了解企业在生产制造中的细节，以提高自身的社会适应能力。企业为学生提供相应的实习场所，自然学生也要为企业提供一定的经济利益，以确保校企合作的顺利进行。从企业的角度出发，能否为企业带来稳定的经济利益是评价学生实习成果的重要标准。不仅如此，职业技能大赛的举办方作为育人模式的融合主体之一，自然也有着相应的育人标准和评价标准。但是，从职业技能大赛和创新创业大赛的举办赛制上看，拥有较高的专业技能和理论知识才能通过层层选拔参与竞赛。所以，职业技能大赛的育人标准和评价标准上往往比一般的评价标准要高，并不适用于全体学生。

部分职业院校在推进教学模式的改革过程中，各主体并没有制定统一的教学评价标准，导致学生在受到多主体、多方面的教学评价后，一时分不清评价的重点，学生在企业实习或者竞赛的过程中，其他主体对学生的了解时间较短，给出的教学评价并不具备全面性和科学性。如果学生一味地对各主体给出的评价进行吸收，不仅会给予学生较大的压力，也会丧失教学评价的真正意义。

"岗课赛证"综合育人模式融通效果的衡量标准、衡量内容并不适宜用具体的标准进行衡量，各主体之间的投入、产出、联系的紧密程度、互动效果、育人结果等是融通效果的重要参考指标，而各主体之间的融通效果由谁进行评价、怎样评价是"岗课赛证"综合育人模式与构建教学评价体系应思考的问题。此外，就目前多主体建立的教学评价体系来看，并没有将学生纳入"岗课赛证"教学评价体系的主体。学生作为职业教育"岗课赛证"综合育人模式的直接受益者和教学活动组织的核心，对教学模式的合理性和适用性拥有较高的发言权。但从整体上看，各职业院校在制定评价体系的过程中并未重视学生给予的教学反馈，在一定程度上降低了教学评价的科学性和准确性。

四、评价反馈体系缺乏

制定教学评价的最终目的是获得合理的教学评价反馈，让学生、教师、各主体深刻了解育人模式存在的不足，并进行合理的优化，提高"岗课赛证"综合育人模式人才培养的综合性和复合性。评价反馈是构建评价体系的重要环节，就目前部分职业院校在推进"岗课赛证"综合育人模式改革的过程中，并没有建立相应的评价反馈机制，教学评价的制定流于形式，不能真正发挥在育人模式中的督促、引导作用。部分职业院校的评价反馈仅仅是以简单的分数考核、过程评定来充当评价反馈机制的内容，并没有具体结合教学评价的最终结果为学生制订合适的优化方案，促进"岗课赛证"综合育人模式更加贴合教学实际。

理论上来讲，教学评价反馈机制的建立是为了使教学活动形成一个完整的闭环，有效指导教师和各主体针对教学改革活动中出现的种种问题进行针对性改进，促进"岗课赛证"综合育人模式推动职业教育的创新发展。教育的最终目的是帮助学生形成更加完善的人格和适应社会发展水平的综合能力。完善教学评价反馈体系不仅能让学生形成良好的反思习惯，还能让教师和其他主体了解当前职业院校学生发展的核心需求，最终使职业教育更加贴合学生的个性化发展需求，达到育人目的。许多职业院校在构建教学评价体系时，往往忽视了教学评价反馈体系的建设，把最后的教学考核或者职业技能等级证书的考取作为教学活动的最终结果，教学评价反馈体系的建设并不健全。一方面，部分职业院校在推进"岗课赛证"综合育人模式实践后，片面地认为学生只要通过了最终的学业考核和职业技能等级证书考核就已经完成了教学任务，并不重视考核后的反馈。这也导致部分学生存在"60分万岁"的思想。这不仅影响了学生养成良好的学习习惯，还在一定程度上制约了学生的反思思维，不利于学生综合素质的提高。另一方面，教学反馈除包括学生本学期的考核成绩评定之外，还应包含学生的思想行为习惯、学习心得体会、综合素质拓展等一系列内容。因此，教师应根据学生在本学期的课堂表现、项目活动参与、行为习惯等制订相应的改进方案，帮助学生对自身形成正确的认知。但是，部分职业院校在构建评价体系的过程中仅将学生的课堂学习表现作为简单的总结，而其他内容并没有过多的涉及，与综合育人模式改革的初衷相违背，教学活动首尾不能有效衔接，综合育人模式的开展呈现出"头重脚轻"的状态。

另外，教学评价的主体是多方面的，自然教学评价反馈也应涉及多个方面、多个主体。但是，大部分职业院校的评价系统仅停留在职业院校内，对其他的育人主体并没有过多涉及。前文也提到，部分职业院校在开展"岗课赛证"综合育人模式的过程中存在一定的政府导向行为，学生或者职业院校在对以政府为主体的竞赛考核评价时会失之偏颇。在"岗课赛证"多主体综合育人的情况下，各主体之间也应形成"闭环型"的融通反馈机制，让各主体正确认识到自己在推进育人模式改革中的不足，并依据教学反馈形成完备的改革方案，推进各主体的深度合作。

教学反馈必须建立在对学生的全面了解和综合评价上。学生是随着教学模式改革的推进而实时变化的，具有一定的自主性，这也要求职业院校在制定教学评价反馈系统时，评价的内容、评价的方式、评价的标准必须符合学生的特点，从而形成具有针对性的教学评价反馈。大部分职业院校在制定教学评价体系时，为了节约教学成本，采用的往往是统一的教学评价标准，并没有根据学生的特点制定针对性的教学评价体系。在传统的教学评价模式中，教学评价的时间往往以年为单位，教学评价的周期过长，当学生在某一学习环节中出现问题时，教师和学生也不能及时地收到反馈信息，采取相应的措施。而期末最终的教学评价标准又相对笼统，缺乏一定的针对性。要想制定个性化的教学评价体系，就必须拓展互联网教学评价的有效应用，才能根据学生的表现制定实时更新的教学评价系统，让学生随时随地通过互联网了解自己在学习和生活中存在的不足，制订新颖的改进和优化方案。利用大数据，能有效优化教学评价的方式，并给予学生、其他主体更加细致的反馈内容。

但是部分职业院校忽视了信息技术平台在推进教学改革中的重要作用，学生的信息素养不高也影响了"岗课赛证"综合育人模式的效果。在新时代，产业设备更新换代的速度加快，信息素养也是职业院校学生在发展过程中必备的重要素养。部分职业院校无论是在课堂教学、实践活动还是在教学评价环节，都忽视了线上教学平台的广泛应用，导致学生在学习过程中只掌握了相应的设备使用技术，并没有过多涉及深层次的信息技术。职业院校不仅是技术技能型人才的培养阵地，也是我国新时代信息技术应用型人才培养的摇篮，还是职业院校创新教学课堂和教学方法的重要工具，在构建"岗课赛证"综合育人模式的过程中发挥着重要作用。只有将信息技术纳入综合育人评价体系，才能有效推动"岗课赛证"融通，实现职业教育的创新发展。

第九章 高职院校"岗课赛证"综合育人的实施路径

第一节 推进"岗""课""赛""证"全面融通

一、"岗课赛证"综合育人的前景展望

当前，相关教育工作者对"岗课赛证"的研究已经进行到关键阶段，其作为新时代重要的研学课题，受到广大院校的重视，对此展开了系统的、深入的探析。现阶段，我国对"岗课赛证"的背景、内涵、理论依据等也有了高度理解，研究的深度和广度不断增加，进一步触及"岗课赛证"综合育人模式的本质。然而这一切尚处于理论分析阶段，对具体实践步骤的探索还有所欠缺，面临一系列尚待攻克的难题。以下基于对"岗课赛证"研究现状的整合梳理，对其发展前景进行理性展望。

（一）"岗课赛证"发展重心向综合育人倾斜

就当前研究成果而言，教育界对"岗""课""赛""证"全面融通的研究还处于起步阶段，虽具有一定的规模，但研究质量有待提高，向着综合育人目标前进的动力也相对不足。与此同时，"岗课赛证"的相关解析在整体上还存在一定的盲点，关于新时代面临的转型要求与职能的转变等问题尚须进一步的探索。从当前研究主题来看，呈现出多样化、多维度的

态势。基于此，关于如何将"岗课赛证"的研究与我国社会对高素质专业技术人才的需求紧密结合，以及如何调整"岗课赛证"发展重心向"综合育人"倾斜，成为未来几年相关研究人员重点关注的问题。

"岗课赛证"发展重心向综合育人倾斜的关键在于培养学生能力和素质的全面发展。传统的高等职业教育只注重对学科知识和技术理论的学习，很大程度上忽视了学生实践能力、职业道德及综合品质的培养。"岗课赛证"综合育人模式以实践为基础，将岗位实践、课程学习、竞赛选拔和证书评价有机结合，更加注重对学生实际应用能力的提升，对学生的职业生涯发展产生重要影响。首先，通过实践，学生能够学会如何高效地将所学的理论知识应用到实际工作中，深化对理论知识的理解和掌握，在实际运用中锻炼学生解决问题的能力。这种实践经验十分宝贵，能为高职学生未来的职场生活打下牢固的基础。其次，综合课程的学习可以为学生提供更加全面的素质培养，传统的教育注重课本知识的传授，却忽视了学生的综合素质培养，如今全新的课程体系涵盖了多个学科领域，致力于培养学生的思维分析能力、职业道德修养、创新意识等，还能加强其团队合作能力和沟通能力，使学生具备更加全面的能力素质。最后，通过竞赛选拔的方式，可以相对客观、整体地衡量一个学生的真实能力水平，再结合职业技能等级证书考核进行综合评定。传统的评价方式只能单一地体现学生的学科知识掌握程度，无法完整地对学生的素质水平进行评价。公平透明的竞赛选拔则可以完美地解决这一问题，通过实际操作和项目实践来综合评定学生的知识水平和专业能力，更加贴近社会要求的实际工作需求，同时具备高社会认可度的评价结果也有助于学生的升学和就业选择。

要实现"岗课赛证"综合育人的发展目标，还面临一些困难和挑战。首先，全新课程体系的建设和推广需要投入大量的教育资源和教职员工的精力，教师需要积极参与，学生也需要付出更多的努力。其次，评价体系的设计和实施需要考虑不同专业、不同学生的差异性，要具备针对性、灵活性，需要与教学目标和学习内容相匹配，保证评价结果的有效性和可靠性。最后,岗位实践的保障需要得到社会民众的认可和支持,建立与相关企业良好合作的具体机制,以保证校企联盟网络的有效展开。"岗课赛证"发展重心向综合育人倾斜具有十分重要的现实意义,实现这一目标还需要社会、学校、教师及学生等各方的共同努力,勇敢面对不可避免的挑战,进一步推动"岗课赛证"综合育人工作的深入和完善。

(二)"岗课赛证"相关研究中问题意识不断增强

"岗课赛证"综合育人工作的意义在于能更好地解决教育工作者面临的实际问题,进一步推动教育教学工作的发展。在当前教育领域,综合育人理念的推行面临许多问题和挑战,需要具有针对性的方法去——解决。增强相关研究中的问题意识可以帮助教研人员确认问题存在的重要性,并集合大众智慧提出相应的解决方案。首先,增强问题意识有助于研究者从实际问题出发,确定整体的研究方向和目标。"岗课赛证"综合育人涉及多个方面的教育内容和要素,如课程设计、评价体系、教师培训等。通过提升问题意识,教研人员可以更加轻易地抓住重点,切实地关注实际问题的解决方案,从而确定研究的大致方向,避免理论脱离实际的尴尬情况发生。其次,增强问题意识有助于研究者深入分析问题的本质及产生的原因。在综合育人的实施过程中,不可避免地会产生多个问题,如理论知识与实践能力课程排布的平衡、评价体系的透明公正性、岗课结合的调和标准等,通过增强问题意识,教研人员可以敏锐地捕捉到相关的问题细节,并由此入手进行深入的分析和探讨,找出其核心要素,为问题的解决提供理论和实践依据。最后,增强问题意识有助于研究者提出更具创新性的解决方案。众所周知,综合育人工作的全面实施需要不断地对原有教育思维和方法进行革新,以适应飞速变化的社会需求和科技发展。通过增强问题意识,教研人员能找准问题的症结所在,开拓思路,提出有建设性的解决路径,在推陈出新中促进"岗课赛证"综合育人工作的完善和发展。

另外,问题意识的增强和解决问题能力的提升需要研究者具备一定的能力和素质。首先,研究者需要具备扎实的学科理论知识,掌握研究方法细则等，相互进行深度分析和学习。其次，研究者需要具备良好的观察和思考能力，能从复杂的问题中迅速分析出研究的重点，并明确切入点。最后，研究者需要具备优秀的科学研究精神和团队合作能力，以推动相关研究的顺利进行和最终成果的有效应用。总而言之，在"岗课赛证"综合育人的相关研究中，应大力增强研究者的问题意识，以更快更好地确定研究大方向和整体目标，深入解析教育工作的本质，结合时代发展背景提出创新性的解决方案，推动综合育人工作的进一步发展。

（三）推动学生综合素质和就业竞争力的提高

"岗课赛证"综合育人的主要目标是培养学生的实践能力、提高综合素质，通过将岗位实践、课程学习和竞赛评价相结合，学生能更好地在实际工作中应用所学知识和技能，提高创新意识和解决问题的能力。同时，综合评价能全面考查学生的知识、技能、态度和价值观，提升学生的整体素质水平，如团队合作能力、沟通交流能力、领导能力等。随着"岗课赛证"综合育人模式的不断推广和完善，会有更多的学生受益，并在实践中展现出更高水平的专业能力。"岗课赛证"综合育人工作的顺利开展离不开教职人员的不懈努力，这要求教师在教学中更加注重理论知识和实践应用的结合，通过项目实训、社会实践等各种方式，提高教学体系的针对性和实效性。当前社会对教育质量的高标准、严要求推动着教师改变传统的教学方式，更加注重培养学生主动学习、自我思考、亲身实践的能力。同时，高职院校也开始加强对师资团队的指导和培训，运用各种手段提升在职教师的知识储备和教学能力。这种改革和创新的举措将促使专业教学更加贴近实际生活需求，进一步培养出更符合社会发展需求的全面型人才。

在"岗课赛证"综合育人模式下，衡量学生素质能力的评价方式也更加贴近工作实际，能够真实地反映每一位学生的专业能力水平，通过参与学校组织的社会实践活动，报名参加市级、省级竞赛等途径，高职学生能积累丰富的实践经验和奖项成果，在未来就业时提升自己的竞争力，更容易找到心仪的岗位。同时，随着"岗课赛证"综合育人模式在越来越多的高职院校中普及，逐渐形成一种新型的人才评价标准，并一跃成为高职学生求职和升学的重要依据，"岗课赛证"综合评价的结果被社会民众、企业广泛认可和接受。学生在求职过程中可以直接展示自己在校期间获得的成绩，招聘人员也能更加直观地了解求职者的真实技术水平，并判断是否符合公司需求。

当然，要实现上述展望的美好前景，还需要克服一些不可避免的问题和挑战。首先，理论与实践完美融合的教育体系建设前期需要投入大量的人力、物力和财力资源，各大高职院校和教育工作者需要积极投入其中，学生也必须付出更多的努力。其次，各大赛事的参与、培训需要考虑不同专业、不同学生的个体差异性，需要教师根据日常教学中观察到的信息进行针对性安排。最后，评价体系也需要与教学目标和学习内容相匹配，保证最终结果的有效性和可靠性，其推广和应用需要得到社会的认可和支持，需要在初期就与相关企业建立良好的合作机制，以保证"岗课赛证"综合育人模式的流畅运行。

综上所述，"岗课赛证"综合育人模式的总体发展前景是较为积极的，通过不断完善教学制度、改革和创新授课手段等，能有效增强高职学生的专业素质能力，提高就业竞争力，为新时代高等教育的发展带来积极的影响。当然，要想完美地实现这一目标，需要各方共同努力，相互合作解决发展过程中遇到的问题，进一步推动"岗课赛证"综合育人工作的深入和完善。

二、根据岗位能力要求构建专业教学体系

"岗课赛证"综合育人模式的根本目标是提高新时代人才培养的高效性和复合性。近年来，不少高职院校以全面型技术技能型人才的培养为重心，主动根据相关岗位能力要求，构建"岗课对接"的专业教学体系，同时辅以"赛证促学"的多重实践活动，再加上"以评促改"的全新

评价制度，共同推动"岗课赛证"综合育人模式的发展，期望从根本上解决高职院校人才培养的导向问题。首先，依据各专业所对应的岗位准确定位学生培养目标。众所周知，高等职业院校培养出的技术人才是契合我国产业链中下游生产线、基础设施建设、管理、服务第一线的目标群体，但由于各地区发展的差异性和各产业岗位技能的侧重点不同，需要基于市场调研数据详细划分不同产业所对应的具体岗位。其次，依照岗位职业能力需求确定对应课程安排，依据目标岗位的人才技能需求、具体工作内容等确定需要掌握的基本能力和核心技术，并从知识储备、实践手段、职业价值观三个方面提炼可视化的相关能力指标，按照"基础能力共享+核心能力精练"的目标制订各学期的课程计划，并在学习的中期、后期将相关专业技能等级考试的培训和专业水平大赛的训练融入课程体系。最后，结合社会行业标准和学生学习水平构建新型的教学方案。通过社会行业、技能竞赛、证书考评的标准、内容、过程、评价等育人要素与专业课程对接，设计出高职人才培养的完整方案。以建筑工程专业为例，该专业旨在培养在建筑产业链中发挥极大作用的构件生产员、装配施工员、造价员等高素质技术人才，针对这一明确的需求，可以拟定该专业方向的核心课程，并进一步细化各个岗位的工作内容、技能标准等，以更好地锁定课程内容和排课比例。

构建专业教学体系是为了培养学生的综合素质能力，使其具备工作岗位所需的专业技能，以便更好地胜任相关工作任务。构建专业教学体系有以下几个要点：其一，明确岗位能力要求。高职院校应分析总结不同工作所需的具体技术，包括理论知识、实践技能和职业态度等方面，可以通过与相关行业的直接对接进行了解，以及对现有岗位进行分析和研究。其二，制定清晰的教学目标。高职院校应根据岗位能力要求，制定具体、明确的教育目标，以确保教师据此展开对应的知识技能传授。其三，完善现有课程体系。根据制定好的教学目标，教研人员要设计出相应的课程体系，注意要囊括核心课程和专业选修课程，覆盖学生所需的专业知识和技能。其四，确定教学内容。高职院校日常的专业课程应与对应岗位的能力要求相匹配，更加注重实践应用能力和及时应变能力的培养。其五，选择教学方法。高职教师要根据不同专业学生的学习特点，运用合适的教学手段，采用案例教学、项目实践、小组讨论等方法，培养学生的实际操作能力和团队合作能力。其六，建立科学的评估体系，对学生的学习绩效进行考核。评估应以岗位能力要求为依据，以包括考试成绩、作业完成度和实习成果在内的各个环节作为参考元素。其七，定期对教学成果进行评估总结，分析其中的不足之处，及时进行调整和改进，不断提高教学效果以适应行业的需求变化。总而言之，要想根据岗位能力要求构建专业的高职教学体系，需要制定合理的教学目标，设计严谨的课程体系，采取先进的教学手段，并参考学生建议进行持续完善，这样才能为高职学生群体提供有针对性的专业技术培训，使其真正具备目标岗位所需的职业能力。

三、更新教学内容，建立"岗课赛证"融合课程标准

高职院校建立"岗课赛证"融合课程标准，可以更好地整合规划实践教学和竞赛活动，进一步提升学生的综合素质能力。首先，学校应深入解析相关政策文件的指导意见，明确"岗课赛证"育人要求对高职学生提出的具体期望和要求；对现有的教学内容进行审查和评估，找出与"岗课赛证"育人要求不符合的地方，并及时进行修改；更新教学目标，充实课程内容，将社会实践和竞技比赛活动融入专业课程体系，使学生有广阔的空间尝试应用所学理论知识和专业技能，提升综合素质能力。高职院校应结合各学科特点，依照"岗课赛证"育人要求，不断完善教学模式，定期组织实地考察、社会研学、科技创新等活动，培养学生的动手能力和创新能力。高职教师要将良性竞争意识融入教学过程，激发学生的学习动力，鼓励学生参加学科竞赛、科技创新比赛、大学生创业比赛等高质量的赛事，在此过程中培养高职学生的竞争意识和团队合作精神。

其次，高职院校要整合教材资源，包括教科书、参考书、案例资料

等在内，以支持"岗课赛证"融合课程的开展。教材内容应与实践教学相结合，提供实用的知识和技巧，以便学生把所学内容应用到实际工作中。将各种形式的学习资源进行整理分配，可以提供更丰富且有针对性的学习体验。高职教师可以选择不同出版社的教材，结合自身教学经验和学生的实际学习需求，从多个来源选择合适的参考书目，这样可以丰富教学内容，满足不同学生的学习风格和水平层次。利用如今发达的互联网科技，可以轻松获取庞大的数字化教学资源，借助搜索引擎和在线教学平台，能够迅速找到想要的电子图书、教育视频资料、电子课件等。高职教师可以根据教学需求，选择合适的数字教材，恰当融入课程，为学生提供多样化的学习内容，增强对多媒体教学的适应性。高职教师还可根据不同专业学生的实际情况，打造个性化的教材，以更好地提高学生的学习兴趣，增强整体学习效果。除传统教材外，高职教师还可以引入真实案例分析，为学生提供更贴近实际的学习体验，通过将实践与理论相结合，可以使学生更好地理解和应用所学知识。

最后，高职院校要积极了解国内"岗课赛证"综合育人教育的最新理论和实践成果，邀请相关领域的专家莅临指导，共同讨论研究融合课程标准的制订方案，吸收专家的经验和建议，确定合理的教育标准，明确课程核心要素，保障教育目标的完整达成，同时兼顾学科知识和跨学科能力的培养。课程体系应尽量做到详细具体、可操作和可评估，课程体系基本建设好之后，可以选择几个班级进行小规模试点，通过试行阶段的细节问题观察，进一步完善"岗课赛证"融合课程标准。同时要定期评估教学效果，收集学生和教师的反馈意见，根据实际情况进行调整和改进，做到持续优化教学内容，确保与"岗课赛证"综合育人要求保持一致。

四、开拓教学实践手段，发扬"岗课赛证"促学功能

"岗课赛证"的核心在于结合各种方法手段，促进学生的综合素质发展和专业能力提升。高职院校通过开拓教学实践手段，可以更好地激发

学生的学习兴趣，进一步提高学习效果。一方面，开展岗位实践可以让学生更好地在实际工作中学习和应用专业知识及技能，培养操作能力和职业素养。通过参与学校组织的社会企业实践活动，学生可以更好地了解各行各业的任职需求和职业发展方向，为将来的就业做准备。另一方面，通过开展"岗课赛证"综合教学，可以让学生在掌握学科知识的同时，提高创新思维和实践能力。教师可以结合社会实际案例，引导学生进行自主分析，思索解决方案，培养学生提炼问题核心的意识和解决复杂难题的能力。同时，高职教师还可以通过小组合作等教学方法，提高学生的互助意识和团队精神，举办校内知识竞赛活动，激发学生的竞争意识，侧面提高其学习积极性，通过参加各项活动，学生可以在实践中巩固和运用所学技能与知识，加强与同学间的交流和合作，培养浓重的集体荣誉感。在这一过程中不断发挥"岗课赛证"综合育人体系的促学作用，增强高职学生的综合素质水平，为他们未来的发展打下坚实的基础。

高职院校可以大力开展实践教学引入校园活动，将课堂知识与实际应用相结合，使学生得以亲身参与研学实验和实习项目，在实践运用中提高动手能力和应变能力。与正规企事业单位开展合作，组织学生进行岗位实习，让学生接触真实的职场工作环境和实际工作任务，进一步提升他们的职业素养水平。高职院校要提前和相关单位明确实习的目标和预期成果，包括学生在实习期间需要掌握的技能、知识及对实习单位的贡献和帮助等，确保实习单位具备良好的工作环境，能够提供学生所需的岗位和培训资源。根据学校的教学计划和实习单位的用工需求，商讨确定实习的时间安排，根据实习任务的复杂程度和学生的学习进度确定具体区间。另外，每个实习生都应配备经验丰富的导师以负责指导和管理他们的实习工作，导师可以是实习单位的员工，也可以是学校的教师，做到及时为学生提供专业的帮助反馈，同时根据实习目标要求，协助学生制订具有一定挑战性的实习计划，让其能够在工作中学到更多东西，成长为优秀的复合型人才。在实习期结束后，学校和实习单位可以共同进行整体评估，包括学生在实习期间的表现、工作成果和能力发展等方面，帮助学生总结其中的亮点和不足，对做得不错的环节予以表扬，对不尽如人意的部分则提醒他们改正。通过组织岗位实习，高职院校为学生提供了与企业紧密接轨的机会，帮助他们更深层次地了解职业领域的规则，同时也可以促进学校与实习单位间的互动交流，为日后的长期合作打下基础。

五、整合竞赛资源，建立健全学生能力证书制度

（一）参与校外赛事

为了更快、更好地增强高职学生的综合能力，为他们未来的职场生活提供有效的支持，各大高校必须整合现有竞赛资源，建立完善的学生能力证书制度。高职院校可以与各类竞赛组织机构建立合作关系，获取各专业模块的竞赛项目、参赛指导和培训资源等，为学生提供更多展现自我的机会。提前对每一学年内将要举行的赛事活动进行整理分类，按照不同专业领域分发给各学科代课教师，再由他们鼓励学生积极报名参加，把握住宝贵的参与机会，根据自身经验为学生提供帮助。同时，高职院校也要组织相关专业教师为学生提供竞赛培训和指导支持，开展对应的课程解析，举办知识讲座和研讨会，邀请经验丰富的优秀代表分享竞赛经验和技巧，手把手地指导学生进行操作实践。

高职院校还可以建立线上竞赛资源信息共享平台，将收集整理的各类竞赛活动资料进行集中管理和发布，这样一来，学生和教师就可以更加方便地获取相关信息，详细地了解参赛要求和报名流程等，能够在一定程度上提高相关赛事的参与度。通过整合竞赛资源，高职院校可以为学生提供更多的发展机会和更大的表现舞台，在紧张刺激的对抗中促进专业能力及综合素质的提升，进一步提高学校的教育质量，为社会培养一批又一批高水平人才。

（二）举办校内竞赛

高职院校也可以参考学生群体的兴趣和需求，策划多样化的校内比

赛活动，如学科知识竞赛、艺术创作比拼、科技创新大赛等，这些丰富有趣的赛事活动可以满足不同专业、不同性格学生的需求，为其提供更广阔的发展舞台。高职院校要严格制定竞赛活动的评价标准，并确保得到全体师生的广泛认可，保证竞赛活动的公正性和可信度。公正透明的评选标准、丰富多样的奖励机制可以有效地激发高职学生的学习积极性，提高他们的参与热情，在良性竞争中增强专业能力。

（三）建立学生能力证书制度

高职院校可以根据不同专业具体情况，分别制定相关的学生能力证书制度，确立评价标准和申报流程，鼓励学生积极参与各类竞赛活动，并根据参赛成绩和表现给予相应的证书认定。不必拘泥于学科专业竞赛，类似艺术创作大赛、体育竞技比赛等领域也可以进行评定，旨在更加全面、系统地观测每位高职学生的学习能力、创新能力、合作能力、道德修养等各项表现，并作出客观、公正的评价，如此可以有效激发学生的内在动力，使其自发地投入学习。具体的措施是如下：首先，根据整合梳理的竞赛资源，评估学生各阶段能够参加的比赛；据此设立不同层次的证书级别，从初级证书到中级证书再到高级证书等，不同层次的证书对应不同的能力水平，激励学生逐步提升自己的专业能力，为获得下一阶段的证书而不断向更高的目标冲击；构建认可和激励机制，如设立学分奖励、奖学金、荣誉称号等，通过这些具体措施，鼓励更多学生参与竞赛活动，努力拼搏夺取更高的名次。其次，注意能力认证内容的多样化，不仅侧重于学科知识，还应包括实践能力、创新能力、团队协作能力等方面的综合素质；能力认证内容可以涵盖学生参与的实践项目、竞赛成绩、社会实践等多个环节，从根源上确保能力证书的全面性和真实性；还可以邀请专业的评审机构参与证书认证工作，确保能力证书的权威性和公正性。高职院校应及时为学生发放相关能力证书，并将获得优异成绩的学生名单在校园内公示，这样既可以让努力奋斗的学生得到肯定和激励，也可以为其他学生树立榜样，促使他们向先进代表学习。最后，还应建立学生能力证书档案管理系统，详细记录每位学生参与竞赛的情况和获得的相应证书，为高职学生的综合素质评价提供依据，在未来升学或就业时可以提供有效的证明材料，增加学生的社会竞争力。长此以往，不仅有助于学生的个人发展，也有助于推动学校教育的改革和创新。

第二节　加强高职院校"岗课赛证"育人主体配合

一、大力开展校企合作，建立校外实训基地

（一）制订双方满意的合作计划

为了提高学生的实践能力和就业竞争力，高职院校应大力开展与企业间的合作，建立校外实训基地，为学生提供真实的工作环境和宝贵的实践机会，帮助他们更好地理解和应用所学知识。具体来说，首先，选择合适的合作企业，确定好目标行业后，收集相关资料，与当地具有一定规模和实力的优秀企业合作。这些企业需要提供与学生所学专业相契合的工作机会，并做好配备所需的设备、安排指引员等细节工作。之后，要制定双方都满意的合作协议。需要注意的是，与各企业签订的合作协议中要明确双方的权责和具体合作内容，协议应清晰标注实训基地的使用权、学生实习时间和实践任务等具体事项，以确保双方的合作得以顺利进行。可以在合作企业内部或其附属机构中建立实训基地，应在其中配备与学生所学专业相关的设备工具，为学生提供真实的学习实践环境。

其次，教师要根据不同学生的学习进度和实训基地的具体情况，制订具有针对性的实训计划，其中应包括任务安排、实训周期和阶段目标等相关内容，确保学生以此作为参考，在实践中获得有效的学习和锻炼。此外，高职院校要提前为带领学生入门的指导教师提供相关的培训，使他们

更加顺利地引导学生在实训基地中进行学习实践。指导教师应详细了解实训基地的具体情况，根据学生的实际需求进行帮助和反馈。高职院校还要建立有效的监督和评估机制，用明确的条例约束学生的行为，保障高职学生在实训过程中按照规定完成实践任务，并根据每个人的实际表现进行奖惩安排。教师要结合学生自我报告、实训成果展示和企业人员评价等各个方面的内容作总结评估，从各环节入手，以确保实训效果达到预期的目标。通过校企合作计划的敲定，学生有机会在真实的职场环境中展开工作尝试，从而有效提高他们的实践运用能力和职业道德素养，为其日后的求职打下良好基础。同时，制订双方满意的合作计划可以推动学校与企业的长期合作，为学生提供更多的实践机会和稳定的就业保障。

（二）明确企业用人岗位需求

在筛选出合作企业、制订好合作计划后，下一步就要明确企业岗位的具体需求，为学生提供参考。首先，对岗位职责进行分析，确认该岗位日常需要承担的具体工作内容、肩负的职责和工作技能、理论知识及经验等方面的要求。其次，梳理整个工作流程，进一步了解该岗位在公司运作流程中的位置和作用，明确与其他岗位工作人员的协作关系和沟通需求，以确保学生在工作时与同事交接任务的流畅和协调。再次，与部门其他人员的沟通交流，在完成本职工作的前提下，可以向其他部门的同事请教工作技巧，还可以与人力资源部门进行讨论和咨询，以获取更全面的信息。根据以上调研结果，将职位要求进行整合，详细列入文档，制作成包括职责描述、工作流程、技巧提示等环节在内的"实习攻略笔记"，以便后续正式求职时使用。此外，随着经济社会的发展和变化，行业的岗位需求也会发生相应的改变，因此，在实习期间需要定期评估和更新岗位需求细节，以适应企业的变化和发展。明确岗位需求，可以更好地为学生指明实习方向，也有助于学生提高工作效率，迅速融入团队协作，在岗位上发挥自身的最大价值。最后，调研专业市场需求，了解清楚市场上其他公司对该岗位的需求情况。通过招聘网站、行业报告等渠道和方式，确认该岗位在求职市场上的需求量和竞争情况，做到举一反三，进一步提高实习质量。

（三）根据企业需求建立相应的教学体系

根据岗位需求，在校园内建立相应的教学体系，制定合理的教育目标，确保课程内容与企业岗位的用人要求相匹配，为高职学生提供所需知识和技能培养。首先，教研人员需要充分了解相关岗位的具体工作要求和职责范围，包括职员需要具备的知识、技能和工作态度等各个方面，必要时可以与该企业的部门员工进行沟通，确保对职位需求有清晰的认识。其次，参照整理出的岗位需求，分析学生需要掌握的理论知识和专业技能，再将其转化为具体的教学目标。教学目标应具备可测量性，能通过直观的数据进行评估检测，判断学生是否达到规定目标；能对应岗位需求中的各个方面，对学生的学习内容、能力要求和道德修养等方面展开详细的描述。确立好整体目标后，可以将其分解为更具体的子目标，以便教师更好地进行课程排布和组织教学过程。子目标应具有递进性，按照学习的层次和难度进行划分，教师从一个个小目标入手，设计相应的课程活动帮助学生完成既定目标，借助多媒体授课、小组讨论、课外实践等形式，全方位锻炼学生的专业素质。最后，在教学过程中，教师还应通过各种考核标准对学生的学习成果进行评估，考核元素包含日常作业完成度、项目实践结果、期末考试成绩等，从各个维度确定学生是否达到了教学目标。综上所述，通过建立契合企业需求的教学体系，可以确保高职课程内容与职业需求密切联系，大幅提升教学效果，事半功倍地培养学生求职所需的知识和技能，提高他们的就业竞争力和实际工作能力。

（四）校企联合建立实训基地

建立校外实训基地是为了给学生提供与实际工作环境接轨的机会，增长他们的实践经验，提高其未来的就业竞争力，因此，各大高职院校都应高度重视实训基地的选址建设。首先，根据学校的专业设置和学生的总体需求，确定建立实训基地的类型，敲定好大致框架后，再在此基础上寻找合作伙伴。学校可以考虑与当地风评较好的企业、机构、工厂、实验工作室等进行合作，与潜在的合作伙伴分别进行深入洽谈，了解他们的工作环境、实际需求和资源情况等，选择与学校教学目标相契合、具备实训条件和设备的合作伙伴。其次，与合作企业签订具体协议，要明确双方的责任构成和合作细节，协议中应包括实训基地的使用权、使用期限、费用分配等内容。接下来根据学校的教学目标和合作企业的需求，共同设计实训项目，确保其与学校课程设置、学生专业能力培养的目标相匹配，同时应具有一定的挑战性，能为高职学生展现真实工作中可能遇到的问题和突发状况，锻炼他们随机应变的能力。再次，所有项目设计细节敲定后，下一步就是根据实训项目的设计需求着手建设相应的场地设施，参照专业需求的不同建立模拟实验室、工作坊、展示中心等，为学生提供实践操作的平台。最后，除了基础设施建设之外，还应为实训基地配备合适的指导员，他们应具备相关行业的丰富从业经验和高超的教学能力，能指导高职学生顺利开展实训活动，在此期间观察学生的一举一动，及时发现其不足之处并提供专业的指导建议。在一定周期的实践活动结束后，学校应参照企业提供的数据对学生的表现进行评估，了解每个学生的真实工作业绩和能力提升情况，随后根据评估结果，对实训项目进行适当的调整改进，以不断提高实训工作的效果，使高职学生得以更好地适应新时代用人需求。

二、加强师资队伍建设，培养高水平教师团队

（一）大力引进优秀教师

为了进一步提高教育质量，为学生带来更好的学习体验，各大高职院校应努力加强师资队伍建设，培养一批高水平的教师团队。首先，调整招聘政策，引进优秀教师人才。高职院校应明确当前岗位空缺情况，然后根据教学计划和发展需求，确定吸纳优秀教师的大体数量和专业领域，再结合教师队伍结构的平衡和学科建设的需要，作出细致划分。决定好人才需求后，高职院校应通过各种途径进行广泛宣传，在各大招聘网站发布招

聘信息，通过学校官方网站、社交媒体等渠道大力推送，清晰明确地列出招聘要求，方便求职者迅速了解，提高招聘效率。当收到申请人的简历后，由校内负责招聘的部门人员进行初步筛选，选择的标准通常包括教育背景、工作经验、学术成果等方面，将满足要求的人员名单陈列出来。通过初步筛选后，高职院校会邀请符合条件的求职者参加面试，由人力部门负责组织。参与面试的成员包括学院领导、对应专业学科带头人、教研组长等，面试内容通常包括个人介绍、教学理念讲述、教学方法展示、科研计划分享等。

其次，对于通过初面的教学岗位申请人，学校会要求他们进行模拟教学演示，演示内容可以是一堂课的教学设计和具体展示，也可以是教学案例的分析和解决方案等，这一过程是核心的教学能力测试，通过观察申请人的表现，可以很快确定其是否能够胜任教学工作。该环节结束后，便由学校人员带领申请人参观校园、实验室等教学和科研设施，为其介绍学校的真实情况，以便申请人更好地了解学校的教学条件和资源力量，保障双方的平等互选。通过面试表现、教学演示效果、职业素养考察等步骤，招聘小组可以从专业知识储备、教学能力水平、科研潜力、道德修养等方面对申请人进行综合评估，综合每个人的意见得出统一结论，向学校领导层提出招聘建议，由他们最终敲定是否录用申请人。通过层层筛选脱颖而出的优秀人才将与学校签订正式的工作合同，明确双方的权益和责任。最后，由学校安排新入职的教师进行岗前培训和适应性指导，帮助他们尽快融入学校教师队伍，参与教学和科研工作。通过以上流程，高职院校可以保障引进教师的能力水平，进一步丰富师资队伍、提高教学质量、促进专业建设和学校发展。

（二）积极开展师资队伍培训

在引进优秀人才、充实教师队伍后，高职院校应为现有教师提供持续的专业培训和进修机会，使他们不断补充知识、更新教育理念和教学方法，紧紧追随社会发展步伐，为学生提供先进的课堂教育。师资团队培训是为提升教师的专业能力和教学水平而组织的一系列培训活动，高职院校应邀请教育领域的知名专家学者来校开办教学讲座，为教师答疑解惑，提供最新的教育理念和方法。针对不同学科领域的教师，学校可以组织他们进行学科专业知识培训。在这个信息爆炸的时代，知识的更新换代是非常快的，高职教师每天忙于备课、上课、答疑等工作，很难有时间学习新的专业知识，因此学校要定期开展教师培训活动，整合第一手的国际研究动态、学科前沿知识、专业教学难点攻克方式等资料，传授给各专业教师，帮助他们保持相关知识理念的更新，提高学科教学的水平和质量。高职院校还要开展课程设计和教材开发方面的培训，包含教学目标的设定、课程大纲的制定、专业课程的排布、教学资源的开发等内容，帮助教师提高课程设计的整体质量，最大限度地发挥教材的功效性，使整个教学过程更具针对性和实用性。

另外，高职院校还应开展教学手段的培训。当前许多高职教师在课堂中仍然运用传统的陈旧教学方式，手段单一落后，难以调动学生的学习积极性。因此需要进行教学手段培训，让教师了解多种多样的有效教学方法和策略，学习诸如探究式授课、小组合作比拼、项目制学习等新型教学方式，使高职课堂焕然一新。具体的培训内容包括理论讲解、案例分析、教学演示等环节，旨在帮助教师尽快掌握灵活多样的教学方法，最终提高课堂教学效果。此外，随着互联网科技的发展，教育技术也相应地快速进步。在这一时代背景下，高职教师需要熟练掌握和应用各种网络教育工具和资源，如多媒体教具、在线教学平台、移动教育App等。教学技术的应用培训可以帮助教师团队了解最前沿的科技发展趋势和应用方法，提高对新兴技术的把握能力，同时丰富教学手段，为学生打造更具创新性和互动性的教学环境。除了专业教学知识和技能的培训外，高职院校还可以为教师提供专业发展方面的培训，包括教师职业道德和文学修养的提升、领导能力和团队协调能力的加强，以及自我反思和主动调节能力的培养等，定期组织教师间的交流研讨会，鼓励他们畅所欲言，分享自身教学经验和创新思想，达到互相学习提升的目的。

通过开展多种师资力量培训，可以大幅度提高全校教师的专业素养和教育教学能力，还能促进教师个人的成长和发展，进而推动学校整体教育质量的提升。

（三）整合课程内容，优化教学方法

在教师团队的培训步入正轨之后，高职院校应着手整合课程内容，优化现有教学方法，以提升教学效果，保障学生的学习体验。在正式进行课程内容整合前，教师需要明确学习目标，以书面形式列出学生需要掌握的知识、技能等各项能力，以便更好地安排相关课程内容。确定好教育教学目标后，教师就可以据此对相关课程内容进行整合梳理，使各学科课程有机地连接在一起，通过跨学科的方式，寻找不同领域知识点间的联系性，做到融会贯通，帮助学生更好地消化和应用专业理论知识。在日常的教学安排中，教师可以将各种实践案例、项目等引入课堂，更好地帮助学生将理论知识与实际问题相结合，在真实的案例分析过程中引导学生运用用所学知识解决各种问题，满足学生的内心成就感，激发学习兴趣，更好地帮助学生开拓创新思维，提高解决问题的能力。

高职教师可以利用多媒体设备与学生进行互动，丰富课堂教学的形式，可利用幻灯片、影音视频、虚拟现实等高科技工具将学习过程打造得更加生动有趣，提高学生的课堂参与度，使学生在轻松愉悦的氛围下学到知识。同时，高职教师可以按照学生的学习水平、个性特点等因素将班级学生划分为若干小组，鼓励他们进行小组合作学习，通过相互间的交流解决问题，共同讨论和分享自身经验，进一步培养学生的团队合作能力和人际交往能力。另外，高职教师还应根据学生的不同学习特点和需求，提供个性化的帮扶工作，可以通过分层教学、个别辅导等方式，帮助学生按照自己习惯的节奏学习，从而更好地掌握专业知识和相关技能。高职教师要及时给予学生反馈，帮助他们了解自己的学习进展情况和不足之处，同时，也要定期对教学效果进行评估，挖掘有待完善的地方，及时调整教学

体系。总而言之，通过课程内容的整合和教学方法的优化，可以使高等职业教育更具针对性，有效培养学生的学习兴趣，增强整体学习效果，提高学生的综合素质与创新思维，使其更好地适应社会发展需求。

（四）构建教师线上交流学习平台

互联网科技的发展给人们的生活带来了巨大的变化，越来越多的活动可以依托网络进行。构建线上交流学习平台可以为教师提供一个便捷、高效的学习和交流空间，有助于促进教师之间的知识共享和经验互助。首先，进行平台功能设计，最重要的自然是沟通功能。高职院校可以请专业人员做好设置工作，为不同年级、专业的代课教师创建主题讨论区，方便教师随时随地就特定话题进行讨论交流。高职院校还可以建立在线教学资源库，发动教师在其中分享自己撰写的教案，以及收集的教学资源、图文视频资料等，方便其他教师进行参考和借鉴；鼓励教师相互推荐优质的课程资源，做到共同学习提高。高职院校还可以在平台上设立问答区，教师在空闲时可以互相提问，共同研究探讨教学过程中遇到的难题，集思广益进行攻克；定期组织线上研讨会议，邀请相关领域的专家学者或优秀教师代表分享自身教学经验，发挥榜样的力量，多方位提升任课教师的专业素养。

其次，在线上平台的用户管理权限方面，高职院校要进行严格把控，建立教师账号数据系统，确保只有本校及友校范围内的教师才能注册加入平台，并及时完成本人认证。高职院校可根据各个教师的职称或教龄等条件因素，设置不同级别的用户权限，进一步保障平台的专业性和安全性。建立流畅、良好的互动交流机制，支持点赞、评论、私信等必要功能，更方便地促进教师之间的友好沟通互动。

再次，在专业支持与服务方面，平台应提供充足的线上培训课程，涵盖基础信息技术运用方法、教学手段、课程设计、教育理念等内容，做好全面准备，帮助教师提升专业能力。高职院校可以聘请教育专家提供线上指导和咨询服务，引导教师有效开展教学科研、解答教学中的疑问和难题。另外，高职院校还应设立教师评价和奖励机制，以此鼓励他们积极参与学习交流，提高平台的活跃度和整体质量。

最后，在技术支持与安全保障方面，要咨询专业互联网技术人员，确保平台的稳定性和可靠性，保护好用户信息隐私和教育资源的安全，加强数据加密和权限控制，避免发生信息泄露等安全事故，为教师提供良好的使用体验。高职院校还可以建立一支专业的信息技术支持团队，方便及时解决教师在使用线上平台的过程中遇到的问题和困难等。借助校园线上交流学习平台，各学科教师可以更加方便地在网络上进行知识共享、专业交流和学习充电，不仅大大促进教师的专业发展和教学水平的提升，还可以促进教师之间的友好合作，培养团队默契，提升高职院校整体的教育质量和文化氛围。

（五）完善教师职称评定制度

众所周知，建立科学的教师评价体系，可以对教师的教学质量进行定期评估和数据反馈，而教师职称的评定是鉴别高校教师专业水平和教学能力的重要参考依据。该制度的完善可以提高教师职称体系的公正性，更能从侧面激励广大教师不断进行学习，增强教育教学水平。教师职称评定制度的健全首先要设置合理的评价指标体系，包括教学能力、科研能力、创新能力、师德师风等方面的指标，用来全方位地评价教师的综合素质能力。除了传统的测试考核和论文评审外，高职院校可以引入多元化的评级方法，如公开课堂观摩、学生匿名评价、同行互相评价、社会风评口碑等，从多方面入手对教师的教学能力和科研水平进行完整评估。

高职院校要在校园内建立独立的评审部门和专家小组，由具有相关专业背景和丰富教育经验的专家学者专门负责评审和决定教师的最终职称，有效提高评审结果的公正性和专业性。同时，高职院校要明确评审的程序和流程，保障评审材料的提交、评审会议的召开、评审结果的公示等各个重要环节的透明度，确保评审过程的规范性。高职院校还要将教师的继续教育和专业领域发展作为特殊元素纳入评价体系，旨在鼓励广大教师积极参加学习培训、学术交流、科研项目等活动，紧随时代发展步伐，不断提高自身的专业能力和道德修养。建立激励制度，以评选优秀教师、先进个人等形式，为教师的职称结果提供相应的奖励和荣誉，激励教师自发地参与教育教学改革和专业发展探索工作。

高职院校要定期对职称等级制度进行观测和改进，根据实际情况和发展需求进行调整和完善，确保评价制度的科学有效性及与院校的适应性。

通过完善教师职称评定制度，各高职院校可以更好地衡量每一位教师的专业水平，更加容易发掘出不足之处并加以改进，推动教师教育质量和学术水平的提高，同时能促进教育系统的公平公正，长此以往形成良好的教师职业发展环境。

三、关注学生差异性，制订对应竞赛培养计划

（一）了解不同学生的特长和兴趣

为了更好地满足学生的个体差异性、发挥他们的特长，必须深入了解学生的真实兴趣，再据此制订对应的竞赛培养计划。教师可以通过日常观察、调查问卷、单独面谈等方式，发现学生感兴趣的东西和擅长的技能，挖掘学生在专业领域的独特优势，并询问他们对参与竞赛活动的意愿态度等。了解每一名学生的特长和兴趣是教育工作者促进学生全面发展的重要任务之一，主要途径如下。

其一，在接手一个新班级时，可以先让学生进行自我介绍，让他们大致描述自己在日常生活中的爱好和感兴趣的事物，这样可以对学生的兴趣有一个初步了解，为后续的个性化教学活动提供支撑。

其二，分别与学生进行单独交流，在放松的环境下循循善诱，鼓励他们深入讲述对不同学科、活动或某一领域的喜好及原因，通过适当问询和耐心引导，与学生建立良好的沟通关系，主动发掘他们身上的闪光点，并想方设法将其发扬光大。

其三，观察学生在课堂和校园活动中的具体表现，捕捉他们在不经意间流露出的喜好信息。例如，某个学生在音乐课上表现极其出色，他可

能对音乐有浓厚的兴趣；某个学生在体育活动中成绩突出，他可能有运动方面的特长。

其四，可以组织兴趣小组、爱好俱乐部等，让学生主动选择加入自己感兴趣的组织。通过这种方式，教师可以更直接地了解学生的兴趣和特长，并为他们提供相应的指导和支持。这种方式不仅有助于广大高职院校更好地满足学生的学习发展需求，为他们创造个性化的锻炼机会，同时也帮助学生更加深入地发展自身潜力，提高面对学习生活的积极性和满意度。

（二）辅助挑选适合的竞赛项目

在了解清楚不同学生的特长和兴趣后，就可以据此选择适合的竞赛项目。首先，比赛的核心是喜爱，因此项目的挑选必须着重考虑个人爱好。选择学生感兴趣的竞赛活动，可以使其具备充足的动力，更加热情地投入赛前训练。这一环节应交由学生主导，筛选他们特别感兴趣的某个领域或主题，这样更容易在取得良好成绩的同时收获快乐的心情。

其次，了解比赛的具体内容和要求，在正式决定竞赛项目前，要仔细了解比赛的主题、评分标准、赛程时间等关键信息，确保学生满足参加竞赛的要求，并且有足够的时间进行赛前准备。还要明确学生当前熟练掌握的专业技能，尽量选择与之相关的竞赛项目。例如，平时擅长数学科目的学生，可以选择参加奥数竞赛；在文学方面展露天赋的学生，可以考虑参加写作比赛等。天赋的恰当运用可以使学生在比赛过程中更有自信心，获得优势。需要注意的是，在这一过程中，指导老师要全程跟随，根据自身经验和对学生潜力的了解，提出建设性的建议，提供专业的指导和具体的解析，全面发挥出引导作用，帮助学生挑选出最适合的竞赛项目。在大致锁定目标后，要查找资料了解该项比赛的历史成绩，结合自身实力进行分析，评估可能取得的成绩，挖掘需要改进的地方。

最后，由学生设定自己想要达到的目标，并进行相应的规划，理智思考通过参与竞赛能够获得的个人发展和学习的机会，做好准备并及时把握。最重要的是，竞赛项目的选择要基于个人的兴趣和发展需求，参与竞赛不仅是为了获得荣誉和奖励，还是为了提升个人能力和实现自我价值。因此，高职学生要选择符合自身喜好的比赛项目，以充分发挥自己的潜力，实现个人的成长。

（三）制订相应的培训计划

科学合理的培训计划可以帮助参赛的学生有针对性地提升相关技能和知识，因此，高职院校应根据不同的比赛项目，分别制订相应的学生培训计划。从培训课程的安排、学习资源的提供、指导教师的配备等方面出发，明确地列出详细步骤，分阶段实施补充学习、冲刺提升等学习安排，以确保学生得到系统性的培训和准备。

首先，明确培训的目标。高职院校应组织教师团队详细研究各个比赛项目的要求和成绩评判标准，再据此制定相应的训练目标，明确短期内需要提高的特定技能、补充的理论知识储备等。接下来要深入了解竞赛项目的具体内容，包括题型、知识点、技能技巧等，根据这些元素所占的分值比例，敲定培训计划的重点内容，再结合不同学生的实际情况，选择合适的培训方式，包括理论知识的讲解、实践操作的指导、模拟训练的安排等必要内容，确保培训计划的针对性和系统性，循序渐进地完成提升。

其次，高职院校要根据学生的学习进度和空闲区间确定培训的具体时间和频率，可以选择"每天一次小型训练+每周一次大型训练"相结合的模式，根据培训内容和学生的时间、精力进行合理安排，确保培训工作的连贯性和高效性。同时，为了评估学生的学习成效和进展情况，学校还须制定相应的评估和反馈机制，可以选择安排定期的小测试或现场考核，也可以采用日常作业、项目展示等其他形式的评估手段，及时发现学生的问题，并给予学生相应的反馈和指导，帮助他们纠正错误、改进学习方法、养成良好的学习习惯。高职院校应为学生提供必要的学习资源和辅助支持，准备好各种学生可能需要的教材、参考书、学习资料等，以备他们挑选借用；教师要鼓励学生积极参与班级讨论，与同学进行友好的交流互动，在相互学习的过程中不断增强自身专业能力。

最后，高职院校还应根据学生初期阶段的学习效果和反馈意见，及时优化培训计划，契合学生的实际情况和需求，灵活地补充培训的内容，完善指导方法，调整学习进度等，确保赛前培训的有效性和普适性。培训计划的制订一定要依照不同的竞赛项目进行变动，及时观测学生的能力进阶情况，把握好关键点，不断完善培训内容和计划，帮助学生在有限时间内最大限度地提高相关技能水平，最终在竞赛时作出亮眼的表现，获得期望的成绩。

（四）挑选优秀教师指导，组织模拟比赛

在制订好培训计划后，接下来就要挑选经验丰富的教师为学生提供相应的培训指导。可以指派本校优秀教师领导培训，及时跟进学生的学习情况，观察他们在训练过程中的具体表现，提供个性化的指导和帮助；挑选适当的时机组织学生进行模拟比赛，让他们在真实的竞赛环境中展示真实实力，磨炼其意志力，可以更加直观地检验学生的专业技能掌握情况，及时评估学生的表现，并有针对性地提出改进意见。

高职院校要寻找具有丰富赛事指导经验的教师帮助学生，这些教师应熟悉竞赛项目规则，了解评判细节标准，能根据每个学生的实际情况进行相应的指导，具备高超的专业技术水平和教育教学能力，最大限度地激发学生的学习兴趣和内在潜力。教师要依照每个学生的不同水平进行分组，以小组模式进行对应的辅导教育，再根据实际教学情况开展必要的一对一帮扶，提供专业的学习建议和比赛技巧，帮助学生高效率地解决问题，事半功倍地提高能力。同时鼓励学生之间交流合作，引导他们在小组中分享经验、互相学习，定期组织组内讨论会，培养友好的同学关系，做到学生间相互督促、共同进步。借助历年竞赛录像等学习资料，使学生更加清晰地了解将要参加的项目的整体流程细节，细心研究其他选手的表现，查漏补缺、参考借鉴。

除此之外，模拟比赛也是培训计划中的重要环节，它可以帮助学生熟悉竞赛的流程、题型和时间限制等，丰富他们的应试能力和实战经

验。指导教师应根据竞赛项目的要求，模拟真实的比赛环境和题目，让学生之间展开对抗练习，在真实的赛场上发挥自身实力，获得领悟和提高。在模拟比赛后，教师要根据学生表现进行详细的分析讲解，使学生认清自己的优势和不足，并提供相应的改进建议，帮助学生扬长避短，增加竞赛优势。这样专业的指导和宝贵的实践机会可以提高学生的学习兴趣和整体自信心，培养他们的综合素质能力，帮助学生在比赛中取得更高的名次。

第三节　完善高职院校"岗课赛证"评价体系

高职院校的"岗课赛证"评价体系是为了监督和促进学生的职业素质与实践能力的培养而产生的制度，评价体系的完善要从以下两点出发：一方面，明确"岗课赛证"综合育人工作的目标和定位，确定好评价制度的核心在于全面准确地评估学生在日常课程、实践活动和专业竞赛中所展现的创新能力和综合素质，评价标准条例应与"岗课赛证"育人要求相对应，能有效衡量学生在专业课程学习中的具体表现，做到与职业需求相匹配。另一方面，建立标准化的评价指标，根据"岗课赛证"育人要求，评价指标应涵盖学生理论知识储备、专业技能掌握、实践能力提升和职业道德培养等方面，再进行实践项目设计、创新思维拓展、团队协作表现等具体的细分，结合每个学生的实际表现，设计多个评价维度，以更加全面地评价学生的能力水平。

高职院校要组建权威的评审团队。评审团队由具有相关专业背景和丰富教学经验的教师、声名远扬的行业专家和优秀企业代表组成，三方互补制衡，确保评审团队的整体专业性和公正性，做到准确评估学生的真实能力水平。三方共同协商敲定"岗课赛证"评价体系的具体操作流程和步骤，包括评审团队的轮值、评价细则的完善、学生表现的记录和最终结果的公示等，整个评价程序应严谨、透明，评价标准应明确、具体，保障具备极强的可操作性，以便评审员能够高效率地根据标准对学生进行科学、准确的评价。同时，评价标准还可以划分为不同层次，以根据学生当前阶段的优劣表现展开相应的评判。另外，在完成对学生的评价后，要及时向学生出示评价结果，帮助他们了解自身优缺点，并提供合理的改进建议。相应地，也要建立反向监督反馈机制，用于收集学生和教师对评价体系的意见，并据此不断提升整体评价质量和效果。

高职院校要灵活运用"岗课赛证"评价体系，根据不同专业的特点，量身定制相应的评价指标和操作流程。同时，评价体系应与院校的培养目标和课程安排相结合，形成有机的衔接、配合，保证其中的普适性和有效性。通过完善"岗课赛证"评价体系，可以更好地培养高职学生的综合能力和职业素养，提高就业竞争力和职场适应能力。

一、岗位实践评价

岗位实践评价是对实习学生在特定岗位上的工作表现进行评估的过程，旨在客观、全面地评价学生在实践中展现出的工作能力、职业素养等，为学生毕业后的就业发展和学校日后的人才管理提供参考案例。常见的岗位实践评价方法和指标包括以下几点：一是工作成果评价，即评估个体在岗位上取得的切实绩效，包括工作目标的实现情况、工作任务的完成质量、效率等。合作企业可以通过日常工作报告、工作量统计数据和客户满意度反馈等方式来评估实习学生的工作成果。二是专业知识的应用能力，指评估学生在实际工作中能否有效借助专业知识解决相关问题，以及职业技能的运用是否熟练等。企业可以通过技能测试、岗位培训成绩和同事匿名评价等方式对其进行评估。三是团队合作及沟通交流方面的评价，指评估学生在参与项目时与同事、上级和客户之间的沟通是否流畅，相互合作是否顺利等。这方面可以通过团队项目参与度、团建活动表现、沟通能力展示等方式进行评估。四是创新思维和自我发展评价，意在评估学生在实际工作中展现的创造力和自我学习能力。这方面可以通过观察学生在工作会议中是否积极发表新颖观点及开拓创新思路等，在阶段性目标达成后是否剖析表现优异和较差的地方，并进行总结整理，录入个人成长报告，再据此调整学习、工作计划。五是职业道德修养评价。从某种程度上来说，人品素质是评估一个人最重要的因素。因此，学校、企业必须着重注意这方面的监督引导，保障学生具备良好的职业操守和个人道德，做到诚实守信、遵守规章制度、富有责任感、团队意识强烈等。这一部分可以从同事风评、工作纪律记录、工作态度表现等方面作出最终评价。

总而言之，岗位实践评价应综合考虑工作成果、职业技能、沟通协作、自我发展和道德操守等多个方面的因素，全方位地体现学生在工作实践中的真实表现，为其日后的进一步发展提供有效参考。

二、课程体系评价

课程体系评价是对高职院校所设计的课程制度进行综合评估的过程，主要参考元素有教学目标设定、教学方法手段、教材选用、考核方式、学生参与度和教师能力水平等。第一，验证高职院校教学目标的明确性和合理性，评估学生是否能够达到这些目标，在这一过程中可以参考学生的课堂表现、作业完成情况和考试成绩等，综合起来评估大多数学生对教学进度的适应性。第二，评估教学方法的有效性和适用性，要仔细研究教师的教学设计、资源运用和实践活动组织等多样化手段的使用情况，可以通过参加年级公开课、邀请学生填写问卷调查等方式来评估当前教学方法的真实效果。第三，评估高职学生使用的教材内容是否与课程目标相符合，是否能够满足学生的学习需求，可以通过教材的编写质量、与教学大纲的契合程度、学生对教材的使用情况反馈等完成。第四，学生参与度的评价，即评估学生在日常课堂上的参与积极性，包括学生的课堂表现、学习态度和课外活动参与频率等，可以通过观察学生的行为、课堂发言的次数等方式完成预估。第五，教师评价，主要指评估高职教师的教学能力，观察其教育效果等，主要包含对教师的教学态度、教学方法和学生成绩的评价等，可以通过学生的反馈和教师间的相互评价进行，明确每位专业教师的教学质量。

总之，课程体系评价应综合考虑学生、教师和学校等多个方面的因素，其目的是优化课程安排，提升高职院校的课程质量和教学效果，促进学生的全面发展。

三、竞赛成果评价

竞赛成果评价是指对在校期间参与各类市级、省级比赛的高职学生在竞赛中取得的成绩进行评估。以产品设计大赛为例，主要参考因素如下：其一，创新性评价，即对学生的参赛作品或赛场上的具体表现进行审视，分析其是否具有创新性，解决问题的思路是否开阔，项目设计是否科学、合理等，从原创性、独特性和高光点来评估创新性达标与否。其二，实用性评价，具体是指分析参赛作品的实用性和应用价值，即是否能用来解决生活中的实际问题，是否具有广泛的可运用性等，可以通过分析市场需求和民众呼声推测产品的实际应用效果，判断其实用性。其三，技术水平评价，指评估参赛产品的技术水平和制作难度，具体来说就是细节设计的精巧度、所用工具的专业性和操作步骤的复杂性等，通过技术实现的难度来评估参赛学生的专业技术水平。其四，展示效果评价，即分析参赛作品的展示效果和表现能力，从展示的创意、表达的清晰度和观众反馈等方面进行评估。其五，团队合作方面的评价，要求评估参赛队伍成员间的合作水平和团队协作效果，要求评审员深入了解学生之间的具体分工安排、沟通交流情况等内容，观察比赛过程中团队成员的互动细节、对突发状况的处理方式等。

综上所述，竞赛成果评价应综合考虑高职学生参赛作品的创新性、实用性、技术水平等多个方面的元素，评估学生在竞赛中应取得的真实成绩。评价结果可以用于奖项的评选，并记录在参赛学生的个人成长档案中，以此促进各大高职院校积极组织学生参加比赛。

四、综合素质评价

综合素质评价是指对学生各方面的素质能力进行整体评估，客观地分析每个学生在理论学习、技能运用、道德品质、实践创新等方面的综合发展情况，能为学生的成长和发展提供一定的参考。常见的综合素质评价方法如下：一是学业成绩评价，主要是根据高职学生的日常学习情况、课后作业完成质量和阶段考试成绩进行判断，这些数据可以反映学生的学科知识掌握度、技能方法的熟练度、课程学习主动性等，对学业成绩的评估大有作用。二是能力发展评价，指的是评估学生思维能力、创新能力、沟通能力、协作能力和领导能力等方面的发展情况，具体可以通过社会实践成果、学期能力测试等方式展开评估。三是思想道德评价，包括诚信度、道德感、社会责任感等方面的评估，可以通过观察学生日常行为、收集同学评价等手段，了解学生在校园里的风评，结合各方信息进行总结评价。四是创新能力评价，即评估学生的创新能力、创造性思维和创意表达能力，借助学习过程中的新奇观点、实践活动中的创意作品等评估学生创新能力的强弱。

将上述不同方面的评价指标相互融合，进行综合评估，就可以形成综合性素质评价报告，要充分考虑不同学生的能力差异和发展潜力，注重对学生特长的深入发掘，综合学业成绩、能力发展、品德修养、实践创新等多个方面的因素，客观、全面地评价学生的综合素质发展情况，为高职院校"岗课赛证"综合育人工作的顺利开展铺平道路。

参考文献

安平, 2014. 对高职教育"课证融合, 一试双证"课程体系构建的思考 [J]. 教育与职业 (26):
124–126.

陈超群, 胡伏湘, 2020. 产业转型升级背景下高职一流"双师型"教师教学创新团队建设 [J]. 教育
与职业 (18): 76–79.

陈小娟, 樊明成, 黄葳, 2020. 高职教育产教融合: 诉求、困境、成因及路径 [J]. 黑龙江高教研究,
38 (4): 123–127.

陈星, 2019. 以市场为中心的共治: 高职教育产教融合治理机制改革探析 [J]. 教育发展研究, 39 (23):
56–63.

陈志杰, 2018. 职业教育产教融合的内涵、本质与实践路径 [J]. 教育与职业 (5): 35–41.

杜怡萍, 李海东, 詹斌, 2019. 从"课证共生共长"谈1+X证书制度设计 [J]. 中国职业技术教育 (4):
9–14.

冯朝军, 2022. 关于新时期我国高职教育新形态教材出版的思考 [J]. 出版科学, 30 (2): 40–46.

傅永强, 全祝年, 2016. 高职教育课证融合的问题与对策 [J]. 黑龙江高教研究 (11): 174–176.

何爱华, 2020. 行业主导的1+X证书制度实践: 以佛山市为例 [J]. 职业技术教育, 41 (27): 19–
23.

黄丽, 2015. "岗课证"创新人才培养模式探索 [J]. 中国高校科技 (7): 80–81.

李政, 2020. 职业教育新形态教材: 内涵、特征与编写策略 [J]. 职教论坛 (4): 21–26.

李志刚, 廉东昌, 2017. 高职英语校本课程开发的现状调查与对策研究 [J]. 信息记录材料, 18 (9):
131–133.

刘林山, 2021. 学习者视角下1+X证书制度实施的意义、困境与引导策略 [J]. 教育与职业 (6):

13-18.

罗水贞，2016.高职院校校本课程开发的现状及其对策研究：以三明职业技术学院学前教育专业公共英语教学的校本课程开发为例 [J].现代经济信息（30）：371-372.

马玉霞，王大帅，冯湘，2021.基于"岗课赛证"融通的高职课程体系建设探究 [J].教育与职业（23）：107-111.

聂争艳，李海，2020."岗课证融通"校本课程开发的关键问题研究 [J].职业教育研究（6）：63-67.

曲丽秋，2020.基于现代学徒制的职业院校岗课融通策略研究 [J].辽宁高职学报，22（5）：57-60，65.

饶培康，2020.电子商务专业"岗课赛证"融通的课程重构实践研究 [J].电子商务（5）：87-88.

宋京津，2015.CPA职业教育"行动导向"教学模式研究 [M].南昌：江西高校出版社.

田辰，2022.高职院校实施1+X证书制度的问题与对策 [J].西部学刊（3）：145-150.

王丽新，李玉龙，刘曲，2021.高职院校"岗课赛证"综合育人的内涵与路径探索 [J].中国职业技术教育（26）：5-11.

王艳芳，2021.基于"1+X"证书制度试点的高职纺织专业"岗课赛证"融通人才培养模式的研究与实践 [J].纺织报告，40（12）：103-104.

肖定菊，2012.巧用行动导向教学法培养高职市场营销专业学生关键能力 [J].成功（教育）（2）：114-115.

杨艾，2013.会计专业岗课证赛融合的人才培养模式探索 [J].教育与职业（33）：114-115.

曾茂林，涂三广，2015."双师型"教师三维一体培训原理与实践研究 [J].中国职业技术教育（32）：18-23.

曾天山，2021."岗课赛证融通"培养高技能人才的实践探索 [J].中国职业技术教育（8）：5-10.

曾天山，2022.试论"岗课赛证"综合育人 [J].教育研究，43（5）：98-107.

张慧青，王海英，刘晓，2021.高职院校"岗课赛证"融合育人模式的现实问题与实践路径 [J].教育与职业（21）：27-34.

张峤，2021."1+X"证书制度下应用型本科高校作为试点单位的路径探索 [J].中国多媒体与网络教学学报（中旬刊）（2）：233-235.

朱琴，2015.高职人物形象设计专业"岗课证"融通课程体系的构建 [J].教育与职业（19）：96-98.

后　记

　　高职院校"岗课赛证"综合育人的实施路径探究应从大方向着眼，从小细节入手，以当前教学现状为导向，深入思考"岗课赛证"综合育人模式的发展短板，从而提出更具实效性的建议。本书从时代背景、可行性、模式探究、环境建设、现状问题和解决方案等方面进行总结分析，深入探讨高职院校如何顺利建设"岗课赛证"综合育人格局。

　　随着社会的发展和经济的进步，高职院校培养的人才需求也在不断变化，传统的课程教学模式已经不能满足新时代对优秀人才的要求。因此，各大高职院校需要探索一种更为全面的育人模式，而"岗课赛证"综合育人模式的提出正是为了解决这个问题。传统的课程教学模式存在理论与实践脱节、专业实操能力不足等问题。学生在课堂上学到的理论知识和技能往往在实际应用中难以发挥作用，这导致了学生在工作岗位上存在一定的适应困难，而"岗课赛证"综合育人模式的提出就很好地解决了这一问题。该模式通过将课程教学与实践教学相结合，通过开展职业岗位训练和竞赛活动，使学生能够在实践中巩固所学知识，并培养实际操作能力和创新能力。这种综合育人模式，既能提高学生的综合素质能力，又能满足社会对优秀人才的需求。然而在实施"岗课赛证"综合育人模式的过程中，还存在一些问题和短板，需要进一步解决和完善。对于教师而言，他们需要具备丰富的实践经验和综合素质能力，才能够有效地指导学生。因此，高职院校应该加强教师的培养，提供更多的实践机会和培训，提高教师的实践能力和综合素质，同时高职院校还需要加强与企业的合作，开展实践教学，提供更多实践平台，让学生能够真实地接触到职业岗位，提高实践技能和实际操作能力。高职院校还应该加强对学生创新能力的培养，引导学生进行创新实践，提高他们的创造力和创新思维能力。

为了顺利建设"岗课赛证"综合育人格局，高职院校需要在时代背景、可行性、模式探究、环境建设、现状问题和解决方案等方面进行总结分析。首先，了解时代发展的要求和趋势。当前社会对综合素质人才的需求越来越高，高职院校需要及时调整教学内容和教学模式，培养适应社会需求的优秀人才。其次，确定"岗课赛证"综合育人模式的可行性，并制订相应的实施计划。通过对模式探究的研究，高职院校可以确定合适的教学方法和教学内容，提高育人效果。最后，加强校园环境建设，提供更多的实践平台和实践机会，为学生的综合素质能力培养打下良好的基础。

总之，"岗课赛证"综合育人模式的提出为高职院校培养优秀人才提供了新的思路和方法。通过合理探索和实践，高职院校可以顺利建设"岗课赛证"综合育人格局，培养更具实践能力和创新能力的高质量人才，为社会和经济的发展做出积极贡献。